“十三五”职业教育国家规划教材

有效沟通与实用写作教程

YOUXIAO GOUTONG YU SHIYONG XIEZUO JIAOCHENG

（第4版）

主　编◎吴　婕
副主编◎孙　丽　李　昱
参　编◎黄明明　张　玲　李　衡

中国人民大学出版社
·北京·

第4版前言

承蒙同行和读者的厚爱，《有效沟通与实用写作教程》已经面世十年，现在和大家见面的是第4版。这十年，是社会快速变革的十年，是教育理念、教育模式飞速发展的十年，也是我们和广大同行、读者共同在教学第一线实践、思考、总结、改革的十年。

2019年《国家职业教育改革实施方案》出台，明确了我国职业教育的任务是培养符合地方建设需要的高素质技能型人才。我们针对新时期职业教育类型化的特点，围绕沟通与写作能力在职场人才培养中的意义和目的重新进行了反思，并在此基础上进行了本版修订。

我们所理解的地方建设需要的高素质技能型人才，其主要特征是具备高尚的职业道德、具有良好的职业素养和扎实的专业技能。之前三版，我们的关注点主要集中在如何更有效地对沟通与写作专业技能进行训练。本次修订中，我们重点考虑如何将专业技能训练与职业道德、职业素养的培养结合起来，培养的人才能否更好地满足地方建设的需求。

为了培养学生爱国敬业的情怀，提高学生的职业道德素养，本版教材将职业道德内涵分解，在每个项目最后增加了“反思与成长”板块，提供反思材料，针对职业道德中的某一要素启发学生思考，引导学生认识沟通与写作专业技能背后的道德要素与职业操守。

本次修订中，我们还强化了本土化教学内容。如在教材中大量选用本土企业的工作案例，并在案例后设置有针对性的研讨问题，启发学生在社会主义建设的具体背景下思考、掌握该项学习任务的相关技能点，启发学生将技能学习与本上建设的需求自觉结合起来，尽可能缩短学生课堂学习与投身社会建设之间的距离。

当前，职业教育的重要性已经提高到了“没有职业教育现代化就没有教育现代化”的程度，而沟通与写作能力是重要的职场通用软技能。很多企业反映，目前职业教育培养的人才，最大的问题不是缺乏实际操作技能，而是通用软技能的缺失。我们深知，历经十年探索，我们的沟通与写作能力教学之路还远远没有到达终点。改版过程中，我们发现随着职业教育的发展和职场需求的变化，旧的问题没有解决，又出现很多新的困惑，我们明白社会的发展将永远不断地向我们提出新的要求。未来，我们愿意继续和广大同行以及读者共同探索，“苟日新，又日新，日日新”，为培养德才兼备的技能人才而努力。

由于编者水平有限，书中不当和错误之处必然存在，感谢几年来读者所给予的信任和帮助，给了很多中肯的意见，也感谢本书编辑一直以来认真帮助我们收集、整理反馈意见，提出了非常有价值的建议，希望未来能得到大家一如既往的支持。

吴婕

2022年1月

第1版前言

编写背景

当今世界，无论处理个人事务还是国际事务，合作、对话都是主旋律，沟通的重要性日益凸显。在工作中，沟通能力已经成为核心的职业能力。但是我国的学生在中小学阶段接受的应用型沟通技能训练比较少，迫切需要在大学阶段加强这一技能的训练。应用写作是沟通、交流的重要组成部分，学生只有学会沟通、交流，才能真正地理解和掌握各种应用文种的使用场合、使用目的和内容格式的安排规律。传统的应用写作课程教学往往过于着眼于写作技巧，就写作谈写作，学生无法真正理解应用写作的根本原则，因此也增加了他们学习时的厌烦、畏难情绪，学习效果不佳。因此，传统的应用写作课程还有很大的提高与整合空间。基于以上两方面的原因，我们尝试着在教学改革中将传统的应用写作课程名称改为沟通与写作。

编写思路

本教材是配合芜湖职业技术学院的课程教学改革而编写的，以提高学生的沟通能力为根本目的，在模拟沟通的过程中培养学生的口头表达技巧及应用写作能力。本教材的编写思路主要表现在：

（1）我们清楚认识到，沟通能力是一种高度综合的能力，良好的沟通效果源自对沟通背景的正确认识、沟通方式的准确把握、语言技巧的精确运用，所以本教材不仅着眼于语言技巧的习得，而且从各种沟通问题的产生背景、任务流程出发，启发学生掌握综合处理各种事务的能力，最终让学生真正理解和灵活运用沟通技巧。

（2）本教材采用任务驱动的方式，引导学生在完成任务的过程中自主学习。为了使学生能够顺利地进入给定情境，本教材所选任务契合学生生活中出现的、熟悉的场景，有助于学生在学习过程中充分理解任务，从而能在任务的解决、技巧的学习上投注全部注意力。另外，本教材的课后“拓展练习”模块尽量选取职业场景，强调沟通能力在职场中的拓展运用，旨在帮助学生将在校习得的沟通技能顺利运用到今后的工作中。

（3）在例文安排上，本教材也做了一些新的尝试。为了引导学生逐渐增强自主学习能力，并便于教师在课堂上组织学生讨论，在全书例文的提供及点评上采取由繁到简的方式。项目一、项目二的大部分任务后都同时提供瑕疵例文和优秀例文，并且进行详细点评，项目三开始只提供部分例文的文后简评。

（4）针对学生情况和课程特点，我们在编写过程中尤其注重给学生提供具体实用的技巧训练。在编写过程中，力图将任务标准化处理，将技巧程序化分解，在每个情境中提供具体的任务完成程序和所需要的知识技巧的指导。本教材技巧训练的难易梯度明显，前面所学的简单技巧在完成后面的任务时反复应用、不断深化拓展，最终达到学生真正掌握、灵活运用的目的，比如介绍的技巧、演讲的技巧、事务文书的写作技巧等都是如此。

编写体例

本教材是以学生进入大学校园后的成长过程为经线，以学生在学习、生活各方面不同类型的沟通事件为纬线来安排全书内容的。由导入项目开始，教学内容主要安排在五个大项目中。其中，导入项目旨在引导学生具备初步的沟通意识，其他项目对应不同的沟通类型。每个项目由若干任务构成，在每个任务中我们设计了任务导入、情境模拟、任务小结、例文简评和拓展练习几个模块。每个模块的侧重点如下：

(1) 任务导入。侧重交代学习任务，设置启发性问题，引导学生从专业角度重新思考学习生活中的相关事件，进一步理解学习内容。

(2) 情境模拟。这是核心环节，我们尽力在每个任务下设计两个或两个以上情境（项目三的任务三只设计了一个情境），根据任务的处理流程安排顺序，内容上囊括本任务执行中需进行的语言训练与写作训练，并且提供了相关知识拓展供学生参考。

(3) 任务小结。此模块是在任务完成之后，对于本任务执行中的经验或注意要点的总结，不求全面但求具启发性，旨在引导学生在完成任务后进行思考总结。

(4) 例文简评和拓展练习。这两个模块旨在帮助学生深化对相关知识的理解，熟练运用相关技能。

课时建议

全书设计的总课时是72课时，但本门课程在我校试行时根据实际情况向各系提供的课时有72、51、36、18课时不等。在编写过程中，考虑到各个学校和不同专业的情况有别，本教材在内容上力求全面，结构上采用模块式设计，每个情境都可视为独立的模块，教师在使用时可根据需要任意选择和组合。本教材各个项目的建议课时如下：

项　目	教学内容	建议课时
沟通概述	沟通的内涵	2
	沟通技能	2
日常沟通与日常应用文	生活中的交流	4
	演讲	4
	书信与电子邮件	4
组织沟通与事务文书、行政公文	招聘与求职	4
	总结与制定计划	6
	召开高效会议	8
商务沟通与经济文书	市场调查	4
	商务谈判	4
	签订经济合同	2
	成功推销商品	4

续前表

项　目	教学内容	建议课时
专业沟通与专用文书	介绍产品	4
	组织招投标工作	4
	拿起法律武器维护权益	4
职业发展与语言沟通	完成毕业前的最后考核	4
	应对公务员考试	2
	做好创业计划	4
	抓住竞聘机会	2

由于时间仓促加之编者水平有限，书中疏漏和不妥在所难免，恳请各位读者、同行和专家批评指正，以期进一步修订和完善，编者不胜感激（联系邮箱 wujieny@hotmail.com）。

吴婕

2011 年 8 月

目　录

导入项目

沟通概述

项目提要

人类文明能够绵延发达，在于人类能够通力合作战胜种种困难。在现代社会中，作为一个组织，分工越是明确，越是需要各部门间的紧密合作以更好地实现组织的目标，因此沟通技能成为现代人必不可少的技能之一。

案例讨论

案例	学习内容	主要知识点
处理寝室内同学间的矛盾	懂得通过沟通处理问题	什么是沟通 沟通的分类 沟通的过程
争取发挥才能的机会	通过沟通在特定对象面前展示自己的能力	常见的沟通障碍 有效沟通的原则 书面沟通的意义与运用

知识结构图

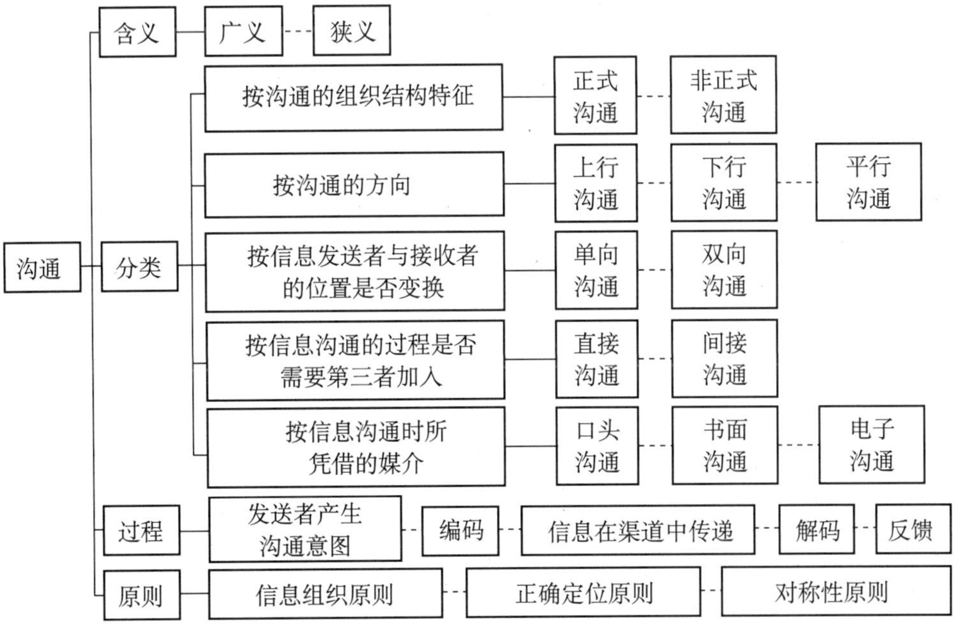

执行流程

任务分工及实训步骤与要求	
沟通情境的建立及解析	教师：建立生动的沟通情境。详细描述相关案例，并在学生分析过程中提示他们注意相关的沟通理论。 学生：解析沟通情境。分组讨论案例情境，提出可行的沟通方案。
沟通基本理论的学习和应用	学生：分组模拟采用不同的沟通方案解决教材中的沟通困境，并进行自评及互评。 教师：现场引导、点评、总结。

任务一　沟通的内涵

任务导入

寝室是我们在校园里的家，小王希望他的寝室整洁、温馨，室友们和睦相处，于是主动包揽了每天清扫寝室的任务。渐渐地，大家都习惯了由他来打扫寝室，觉得小王真是个好室友。

最近，小王参加了学校的很多活动，虽然活动安排比较紧凑，但他还是尽量抽出时间来打扫寝室，偶尔觉得委屈也尽量不跟大家抱怨，最多和老乡聊天时才会抱怨一两句。

不知为什么，最近室友小李老是处处跟小王过不去，常常在别人面前讥讽他，小王本想大家都是同学，忍忍算了。可是有一天，小王刚扫完地，小李就往地上吐了瓜子壳，小王和小李争吵了起来。最后，小王一气之下告诉了老师。老师严厉批评了小李。

思考：

1. 请回忆一下，你有没有遇到过类似的事件？你在其中扮演的是小王、小李还是老师的角色？事件处理的结果如何？

2. 请你评价上述事件中各方的处理方式并提出一个方案，怎样才能更好地平息这场风波？

基本知识

一、什么是沟通

据统计，现在全世界关于“沟通”（communication）的定义有一两百种之多。《大英百科全书》将“沟通”定义为“用任何方法彼此交换信息。即指一个人与另一个人之间以视觉、符号、电话、电报、收音机、电视或其他工具为媒介，所从事的交换消息的方法”。《韦氏大词典》则定义为“文字、文句或消息之交通，思想或意见之交换”。管理学大师赫伯特·西蒙认为，“沟通可视为任何一种程序，借此程序，组织中的一成员将其所决定的意见或前提传递给其他有关的成员”。

我们认为沟通有广义和狭义之分。广义的沟通是指信息的自我传承或个体间信息的有效传递与接受，并影响和产生实质的行动或结果。狭义的沟通是指不同个体间信息的有效传递与接受，即不同个体之间借助符号和媒介等方式交流信息以期发生相应变化的活动。本书立足沟通的狭义含义阐述内容。

二、沟通的分类

（一）正式沟通和非正式沟通

按沟通的组织结构特征，可分为正式沟通和非正式沟通。

1. 正式沟通

正式沟通是指按照组织明文规定的渠道（包括组织的结构系统和信息流动的路径、方向、媒介等方面）进行信息的传递和交流，它是组织内沟通的主要方式。例如：组织内部的文件传达，上下级之间例行的汇报、总结，工作任务分配以及组织之间的信函往来等。正式沟通具有严肃性、程序性、稳定性、可靠性及信息不易失真等特点。其优点是正规、严肃，富有权威性；参与沟通的人员普遍具有较强的责任心和正义感，从而能保证所沟通信息的准确和保密。缺点是比较刻板，缺乏灵活性，信息传播范围受到限制，传播速度比较慢。

2. 非正式沟通

非正式沟通是指在一定社会系统内，通过正式组织以外的途径进行的信息传递和交流。这种沟通主要是通过个人之间的接触以传递信息，途径繁多且无定式。例如：员工之间私下交换意见、交流思想感情或传播“小道新闻”等。非正式沟通具有自发性、灵活性、迅速性、随意性等特征。其优点是作为正式沟通的有效补充，易于表达真实思想状况，容易获得在正式沟通的情况下难以得到的有用信息，能够在一定程度上为组织决策提供依据；能增进情感交流，对于改变人的态度和行为具有重要的积极作用。缺点是随意性强，信息扭曲和失真的可能性较大。因此，既不能完全依赖非正式沟通获得必要的信息，又不能完全忽视它。

总之，正式沟通是以正式方式达到主要目标，非正式沟通是以感情、兴趣为润滑剂辅助正式沟通，二者结合形成富有弹性的人际沟通。

（二）上行沟通、下行沟通和平行沟通

按沟通的方向，可分为上行沟通、下行沟通和平行沟通。

1. 上行沟通

上行沟通是指在组织或群体中从较低层次向较高层次的沟通，是群体成员向上级提供信息、发表意见以及对情况的反映。如果上行沟通渠道畅通，便于下级员工向上级反映自己的意见和愿望，获得某种心理上的满足，同时也可使组织领导者及时、准确地掌握下级情况以及组织全面情况，为做出符合实际的正确决策和采取改进管理的措施创造条件。因此，组织领导者应大力鼓励下级向上级反映情况，从而确保上行沟通渠道的畅通无阻。

2. 下行沟通

下行沟通是指在组织或群体中从较高层次向较低层次传递信息的过程，是组织的领导

者把组织的目标、规章制度、工作程序向下传达的沟通方式。下行沟通不仅可以使下级员工明确工作任务、目标，增强责任感和组织归属感，而且可以协调组织各层级的活动，加强各层级间的有效协作。

3. 平行沟通

平行沟通是指组织或群体中各平行部门之间的交流及员工在工作中的相互交流等。平行沟通能够保证部门间的相互通气、配合和支持，从而减少矛盾和冲突，有利于组织中各种关系的平衡和稳定。

（三）单向沟通和双向沟通

按信息发送者与接收者的位置是否变换，可分为单向沟通和双向沟通。

1. 单向沟通

单向沟通是指信息的发送者与接收者之间的相对位置不发生变化时的沟通方式，即信息的交流是单向的。例如：演讲、做报告、广播消息等。其优点是信息传递速度较快，缺点是缺少信息反馈，信息的准确性较低，当接收者不愿接受意见或任务时，容易引起发送者的不满与抗拒。

2. 双向沟通

双向沟通是指信息的发送者与接收者的位置不断变化的沟通方式，即信息交流是双向的。例如：组织间的协商、讨论或者两个人之间的谈心等。其优点是能及时获得反馈的信息，信息的准确性较高，有助于联络和巩固双方感情。缺点是信息完整传递的速度较慢，接收者可以反对发送者的意见，在一定条件下可能给发送者造成心理上的压力。

（四）直接沟通和间接沟通

按信息沟通的过程是否需要第三者加入，可分为直接沟通和间接沟通。

1. 直接沟通

直接沟通是指信息发送者与接收者直接进行信息交流，无须第三者传递的沟通方式。例如：面对面的交谈、电话交谈等。其优点是沟通迅速，双方可以充分交换意见，交流信息，迅速取得相互了解。缺点是信息的有效传递依赖于时间和空间上的一致性，有时存在一定困难。

2. 间接沟通

间接沟通是指信息发送者必须经过第三者的中转，才能把信息传递给接收者。其优点是不受时间和空间条件的限制。缺点是较浪费人力和时间，而且可能造成信息失真。

（五）口头沟通、书面沟通和电子沟通

按信息沟通时所凭借的媒介，可分为口头沟通、书面沟通和电子沟通。

1. 口头沟通

口头沟通是指以口头语言为媒介的沟通，如演讲、口头汇报等。口头沟通是人际关系中最常见的一种沟通形式。人们借助口头语言的表达方式彼此传递着不同的信息、思想和情感。其优点是信息的发送和反馈快捷、及时。缺点是信息传递经过的中间环节越多，信息被曲解的可能性就越大。

2. 书面沟通

书面沟通是指以书面文字为媒介的沟通方式，如通知、文件、备忘录等。与口头沟通

相比，书面沟通更加规范、正式和完整，常见于组织和群体中正式、规范的场合。其优点是沟通的内容具体、直观，沟通信息能够被永久保存，便于查询。缺点是花费大量时间，缺乏及时的反馈，而且不能保证接收者完全准确地理解信息。

3. 电子沟通

电子沟通又称e沟通，是指计算机技术与电子通信技术结合而产生的基于信息交流技术的沟通方式。它是随着电子信息技术的兴起而发展起来的一种新的沟通方式，包括传真、手机短信、网络聊天、电子邮件、博客留言等。随着网络通信工具和手机功能日新月异的发展，电子沟通也蓬勃兴起，其具有以下优点：

（1）从表现方式来看，电子沟通使组织内的电子沟通方式多于口头沟通方式。

（2）从信息传递速度来看，电子沟通实现了书面信息如同口头信息一样的快速传递。

（3）从沟通范围来看，电子沟通实现了远距离、跨地域的即时沟通，方便跨国公司、集团公司中各部门的沟通运作，并大大降低成本。

（4）从沟通网络来看，电子沟通使员工在组织内可以跨越纵向层级工作，从而建立了在组织内全通道开放式的沟通网络，模糊了组织内的地位等级界限，无形中会对中层管理人员的地位形成挑战。

（5）从沟通造成的影响来看，电子沟通使员工可以在办公场所以外的地方工作，从而可以方便地与同事交流。

（6）从企业的会议召开方式来看，由网络技术和视频技术结合出现的视频会议可代替传统意义上的会议，从而实现了随时随地进行跨地域、空间的“口头”沟通的可能。

当然，电子沟通也有其缺点。在某些通过网络的沟通交流中，参与者甚至搞不清对方的真实身份。

三、沟通的过程

总的来说，沟通涉及五个基本要素，即信息发送者、信息接收者、传递的内容、传递的渠道、沟通的环境。沟通的过程包括以下环节（见图0-1）。

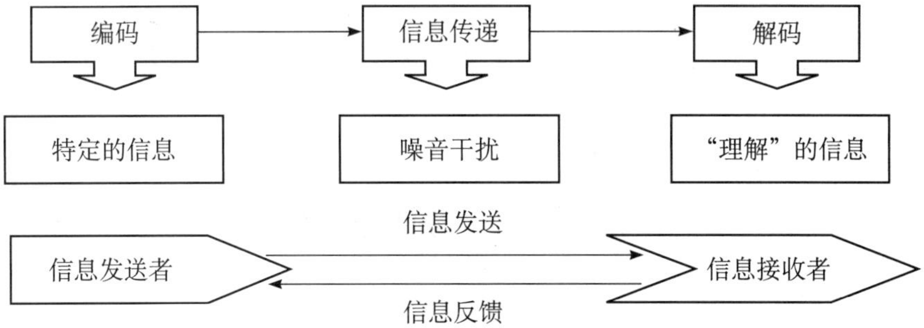

图0-1　沟通的过程

（一）发送者产生沟通意图

发送者是沟通过程的发起者，占据主动地位，需要向接收者传递信息。这里所说的信息是一个广义的概念，包括观点、想法、资料等。

（二）编码

编码是指发送者将所要发送的信息转化成接收者能够理解的一系列符号。为了有效地进行沟通，这些符号必须适应媒介的需要。例如：如果媒介是书面报告，符号的形式应选择文字、图表或照片；如果媒介是讲座，就应选择文字、投影胶片或板书。发送者编码能力的评价标准有三个：（1）“对不对”；（2）“通不通”；（3）“好不好”。

（三）信息在渠道中传递

由于选择的符号种类不同，传递的方式也不同。信息传递的方式可以是书面的，如信件、备忘录等；也可以是口头的，如交谈、演讲、电话等；甚至还可以通过身体动作来传递信息，如手势、面部表情、姿态等。

（四）解码

解码的过程包括：

（1）接收者根据发送来的符号的传递方式选择相应的接收方式。如果发送来的符号是以口头方式传递的，接收者须仔细听，避免符号丢失。

（2）接收者要将接收到的符号还原为原始信息。一般来说，由于沟通过程中存在许多干扰和扭曲信息传递的因素（通常把这些因素称为噪音），还原后信息的内容和含义经常会被曲解。

（五）反馈

发送者通过反馈来了解其想传递的信息是否被对方准确地接收。一般来说，由于沟通过程中存在许多干扰因素，这使得沟通的效率大为降低。因此，发送者了解信息被准确接收的程度是十分必要的。信息反馈实现了信息的双向沟通。

任务小结

本任务介绍了沟通的含义、分类和过程。在沟通过程中，要明确沟通对象和沟通目的，选择正确的沟通方式和步骤。现代社会越来越强调团队协作能力，沟通技能也越来越受到大家的重视，成为现代人必不可少的技能。因此，我们要在生活中树立沟通的观念，以积极的心态去把握沟通，这样才能与他人更好地相处。

任务二　沟通技能

任务导入

小王是企业管理专业的一名学生，他个性热情、直率、坦诚。在学校里，与老师和同学相处得都非常好。今年暑假，小王决定找一份暑期兼职工作以锻炼自己的能力，最终他选定了一家销售卫生洁具的公司。这家公司是一个典型的小型家族企业，正处于高速发展期，占据了本市高端洁具市场一半以上的销售份额。公司中的关键职位都由老板的亲属担任，公司内部充斥着各种裙带关系。经过一段时间的观察，小王觉得公司的管理水平非常滞后，不足以支撑公司的发展，这正好给了自己施展才能的机会，因此在到公司的第十天，小王决定去和经理谈一谈。

“经理，我到公司已经一个多星期了，我有一些想法想和您谈谈，您有时间吗?”小王走到经理办公桌前说。

“好啊，我本来早就应该和你谈谈了，只是最近一直忙，就把这件事忘了。”

“据我目前对公司的了解，我认为影响公司发展的问题主要是职责界定不清、员工薪酬结构体系较随意，因此薪酬的公平性和激励作用难以体现……”小王按照自己事先准备的提纲开始逐条阐述。

经理微微皱了一下眉头说：“我们公司发展得很快，这说明公司目前的体制有它的合理性。”

“可是，眼前的发展并不等于将来也可以顺利发展。”

“好了，那你有具体方案吗?”

“目前还没有，这些还只是我的一点想法而已，但是如果得到了您的支持，我想方案只是时间问题。”

“那你先回去工作吧，改天我们再好好聊聊。”话毕，王经理的注意力又回到了销售报告上。

小王此时真切地感受到了不被认可的挫败感，他陷入了困惑之中，不知道自己是应该继续和上级沟通还是干脆放弃这份工作，另找一个学习、发展的空间。

思考：

1. 你觉得小王和经理的沟通为什么会失败？如果你是小王，接下来你会如何处理？
2. 讨论上述事件中各方的处理方式，并提出较佳方案。

基本知识

一、常见的沟通障碍

沟通障碍是指在信息传递和交换的过程中，由于信息意图受到各种因素的干扰或曲解，而导致沟通受到阻碍。常见的沟通障碍包括：

（1）发送障碍：信息过滤、信息表达失真或信息发送不适时造成的障碍。

（2）信息通道障碍：沟通媒介不当、沟通渠道不畅、外部干扰造成的障碍。

（3）接收障碍：信息解码不准、接收者心理障碍造成的障碍。

二、有效沟通的原则

任何沟通都是有目的的，沟通双方希望通过沟通满足自己某方面的需要。如果沟通双方在沟通中能够清楚地了解对方的沟通目标，在不损害自身利益的前提下提供对方期待得到的东西，那么沟通双方就会实现双赢。若要使沟通顺利、有效，我们需要制定明确的沟通目标并遵循一定的沟通原则，其关键之处在于沟通双方在沟通中是否能够换位思考，即是否能站在对方的角度考虑问题。有效沟通的原则包括：

（一）信息组织原则

沟通双方在沟通之前应该尽可能地掌握相关信息，提供全部必要信息；根据对方的提问及反馈回答相关问题；为了实现沟通的目的，在需要时提供额外的信息。必要信息是指向沟通对象提供5W1H，即何人（Who）、何时（When）、何事（What）、为何（Why）、何地（Where）和如何（How）六个方面的信息。

（二）正确定位原则

沟通中的正确定位原则具体包括问题导向、责任导向和事实导向三方面的原则。

问题导向原则是指沟通关注于问题本身，注重寻找解决问题的方法以及对事不对人的定位原则，即从解决问题的目的出发进行沟通。

责任导向原则是指在沟通中引导对方承担责任的定位原则。管理者通过连贯性的提问引导下属员工从“人们如何认为”转变为“我如何认为”的回答方式。这样一来，员工自然而然地开始对自己的行为承担责任。

事实导向原则是指在沟通中以描述事实为主要内容的定位原则。在这种沟通方式中，人们通过对事实的描述不仅可以避免对人身的直接攻击，而且能避免对双方的关系产生破坏性的影响。

（三）对称性原则

对称性原则是指提供的信息对于沟通双方来说应该是准确对称的，即在沟通中应根据环境和对象的不同，采用不同的表达方式，从而帮助对方准确领会全部的信息。

对称性原则的基本要求是：信息来源对于沟通双方来说都应该是准确和可靠的。对称性原则的另一个要求是沟通双方应采用彼此都能接受的表达方式进行沟通：第一，要采用双方都能理解的媒介手段；第二，要采用恰当的语言表达方式。媒介手段包括会谈、书面报告、电子公告栏等各种各样的形式。在选择媒介手段时，不能仅凭信息发送者的意愿，而要根据沟通对象的特征、沟通的目的以及各方面的环境因素等进行综合考虑。

三、书面沟通的意义与运用

书面沟通在沟通中占有重要的地位，有效运用书面沟通方式（如文件、报告等）具有如下意义：

（1）有利于信息的充分、准确传播。口头沟通使用稍纵即逝的语音作为媒介，其不可避免地具有传播范围小、信息容易失真、随意性大等缺点。在一个组织的运作过程中，这些缺点常常会造成沟通混乱，而一份比较正式的书面文件或报告，可以使信息完整地传递给所有潜在接收者，从而有利于信息的充分、准确传播。

（2）有利于提升执行力。采取书面沟通方式时，信息传播准确到位，有利于个人更好地开展工作，从而提升整个组织的执行力。同时，书面沟通可以防止口说无凭的事后抵赖，使组织中部门或个人的职责划分更加清晰。

在书面沟通中，运用最为广泛的是应用文。应用文是指个人或组织在处理事务、传播信息的过程中，采用书面沟通的方式而产生的具有特定格式和规范的文体。应用文作为一种特定的书面沟通方式，其写作要求可以看作口头沟通要求在应用文写作领域的具体化，两者之间的对应关系如表0-1所示。

表0-1　口头沟通与应用文写作要求对应表

口头沟通要求	应用文写作要求
确定沟通对象	正确确定收文对象
选择适当的沟通方式	根据对象、范围、内容等选择适当的文种
明确沟通目标	主旨要明确
信息传递完整	内容要完整充实
精确表达	格式正确、表达得体

任务小结

本任务介绍了有效沟通的原则、书面沟通的意义与运用等内容。要进行有效沟通，最核心的是具备换位思考的能力，即同理心。这是人与人之间可以有最起码的互相理解的基础。“己所不欲，勿施于人”是人们运用换位思考，在交流、沟通、处理实际事务过程中逐渐总结出来的友好相处的根本原则，也是我们前文所提到的有效沟通原则的基础。沟通技能是一个人对自身知识能力、表达能力、行为能力的发挥。因此，我们应增强记忆的准确性以消除沟通障碍，正确地使用语言文字，拓宽沟通渠道，这样才能实现有效沟通。

案例简评

研发部梁经理才进公司不到一年，工作表现颇受主管赞赏，不管是专业能力还是管理绩效，都获得了大家的肯定。在他的缜密规划之下，研发部一些延宕已久的项目都在积极推进中。

部门主管李副总发现，梁经理到研发部以来，几乎每天加班。他经常第2天来到公司打开电脑，看到梁经理电子邮件的发送时间是前一天晚上10点多，接着甚至又看到当天早上7点多发送的另一封邮件。这个部门下班时总是梁经理最晚离开，上班时第一个到。但是，即使在工作量吃紧的时候，其他同人似乎都准时走，很少跟着他留下来。平常也难得见到梁经理和他的部属或是同级主管进行沟通。

李副总对梁经理怎么和其他同事、部属沟通工作觉得好奇，开始观察他的沟通方式。原来，梁经理都是以电子邮件交代部属工作。他的属下除非必要，也都是以电子邮件回复工作进度及提出问题，很少找他当面报告或讨论。梁经理对其他同事也是如此，电子邮件似乎被梁经理当作和同人们合作的最佳沟通工具。

但是，最近大家似乎开始对梁经理这样的沟通方式反应不佳。李副总发觉，梁经理的部属对部门逐渐没有向心力，除了不配合加班，还只执行交办的工作，不太主动提出企划或问题。而其他各部主管也不会像梁经理刚到研发部时，主动到他房间聊聊，大家见了面，只是客气地点个头。开会时的讨论，也都是公事公办的味道居多。

李副总趁着在楼梯间抽烟碰到另一部门的陈经理时，以闲聊的方式问及部门工作，陈经理表示梁经理工作相当认真，可能对工作以外的事就没有多花心思。李副总也就没再多问。

这天，李副总刚好经过梁经理房间门口，听到他打电话，讨论内容似乎和陈经理业务范围有关。他到陈经理那里，刚好陈经理也在讲电话。李副总听谈话内容，确定是两位经理在谈话。之后，他找了陈经理，问他是怎么回事。明明两个主管的办公房间就在隔壁，为什么不直接走过去说说就好了，竟然是用电话谈。

陈经理笑答，这个电话是梁经理打来的，梁经理似乎比较希望用电话讨论工作，而不是当面沟通。陈经理曾试着要在梁经理房间谈，而不是当面沟通。但梁经理不是以最短的时间结束谈话，就是眼睛还一直盯着计算机屏幕，让他不得不赶紧离开。陈经理说，“几次以后，他也宁愿用电话的方式沟通，免得让别人觉得自己过于热情”。

了解这些情形后，李副总找来梁经理与其聊了聊。梁经理觉得，效率应该是最需要追求的目标，所以他希望用最节省时间的方式达成工作目标。李副总以过来人的经验告诉梁经理，“工作效率固然重要，但良好的沟通绝对会让工作进展顺畅许多”。

资料来源：百度文库，见 https://wenku. baidu. com/view/366e9696a2116c175f0e7cd184254b35eefd1a9e. html.

［简评］

很多管理者都忽视了沟通的重要性，而是一味地强调工作效率。实际上，面对面沟通所花的些许时间成本绝对能增强沟通效果。沟通看似小事情，实则意义重大。沟通通畅，工作效率自然就会提高，忽视沟通，工作效率势必下降。

反思与成长

1. 现代社会飞速发展，父母、子女两代人的成长环境有很大差异，同学们可能会在某些事情上感到与父母难以沟通。回顾你的生活实践，说一说你与父母沟通最成功的事例。

2. 千百年来，孝道文化一直深刻地影响着中华民族，有很多关于孝道的感人故事。李密是蜀国名人，晋武帝请他出来做官，李密无法应诏便写下《陈情表》一文，细叙祖母含辛茹苦抚育自己的大恩，以及自己应该报养祖母的大义，同时也一再表达对朝廷知遇之恩的感谢，全文真情流露、言辞恳切。晋武帝最终同意李密暂不赴诏，还赏赐奴婢数人，令所在郡县发给他赡养祖母的全部费用。请问你如何看待晋武帝的做法？你认为孝道在现代社会具有什么意义？

引导：孝道是中华传统美德的重要组成部分，所谓百善孝为先。若以孝德实践为圆心向外扩展，孝文化就会成为人际沟通、家庭和睦、社会和谐的润滑剂，社会道德建设也能获得坚实稳固的基础。

从心出发、换位思考、懂得感恩、善于表达感恩之心是新时期孝文化的基础，也是一个人学会尊重他人、善待他人、共同创造美好社会的起点。

项 目 一

日常沟通与日常应用文

项目提要

我们的人生旅程是一个持续前进的过程，不断地进入新的环境，接触新的人，展开新的人生篇章。进入大学殿堂、进入社会工作是其中两个重要的阶段。在这些人生节点，如何迅速融入新的环境，同时又与以前的同学或朋友保持良好的关系，需要掌握一些日常沟通技巧和日常应用文写作技巧。

项目框架

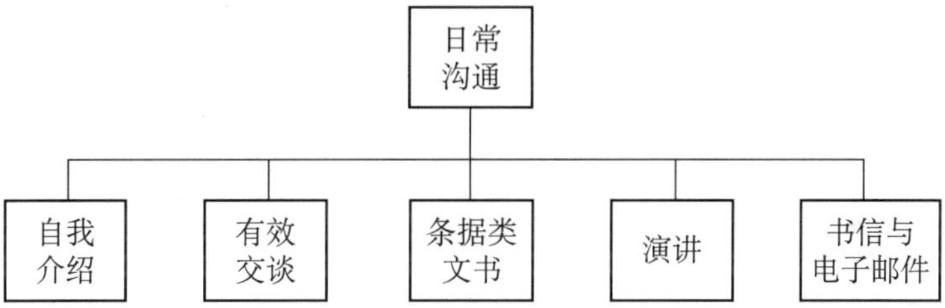

情景模拟

学习内容	模拟项目	主要知识点
展现自我及结识新伙伴	模拟在不同场合的自我介绍 模拟有效交谈 演讲比赛	自我介绍的内容、技巧和注意事项 有效交谈的前提和技巧 即兴演讲的技巧、演讲稿的撰写技巧
运用条据处理日常事务	模拟处理室友生病等日常事件	留言条、请假条、借条的格式和撰写要点
运用书面形式进行远距离沟通	给亲友、老师等写信、发电子邮件	书信的格式 电子邮件的格式和发送、接收与回复时的注意事项

知识结构图

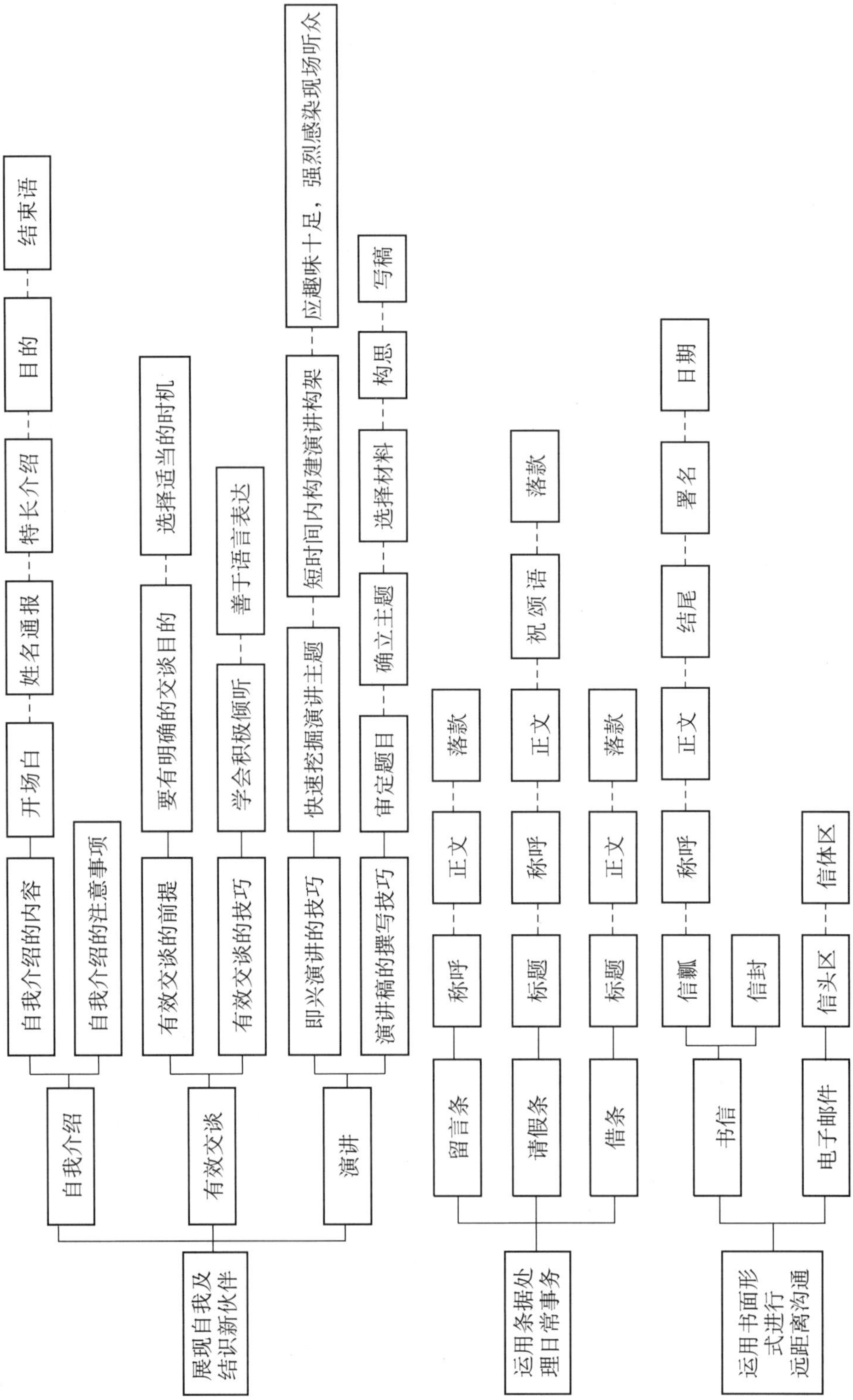
展现自我及结识新伙伴
自我介绍
自我介绍的内容
开场白
姓名通报
特长介绍
目的
结束语
自我介绍的注意事项
有效交谈
有效交谈的前提
要有明确的交谈目的
选择适当的时机
有效交谈的技巧
学会积极倾听
善于语言表达
演讲
即兴演讲的技巧
快速挖掘演讲主题
短时间内构建演讲构架
应趣味十足，强烈感染现场听众
演讲稿的撰写技巧
审定题目
确立主题
选择材料
构思
写稿
运用条据处理日常事务
留言条
称呼
正文
落款
请假条
标题
称呼
正文
祝颂语
落款
借条
标题
正文
落款
运用书面形式进行远距离沟通
书信
信瓤
称呼
正文
结尾
署名
日期
信封
电子邮件
信头区
信体区

任务一　生活中的交流

学习目标

1. 掌握自我介绍的注意事项。
2. 掌握有效交谈的技巧及礼仪。
3. 掌握几种日常条据的格式和撰写要点。

任务导入

当你进入大学校园这一全新的环境，开始独立生活，你会发现和中学相比，生活有了很多不同之处。你需要根据不同的场合进行不同风格的自我介绍，与新结识的朋友交谈，并且独立处理日常事务。

思考：

1. 在日常生活中，你能自然地向陌生人介绍自己吗？在不同场合进行的自我介绍有何差异？

2. 你觉得自己跟同学交谈时表现如何？有没有特别愉快或无话可说，甚至交谈双方发生激烈争执的情况？

3. 有没有从交谈技巧的角度思考回顾过某次谈话过程？

情境一　自我介绍

情境描述

开学以来，你陆续在不同场合做了多次自我介绍。例如：在全班第一次班会时进行自我介绍；参加学生会招聘时，主考官要求你做自我介绍；参加老乡聚会时，你主动向老乡小王做自我介绍。

执行流程

任务分工及实训步骤与要求	
沟通情境的描述与理解	教师：描述自我介绍练习的具体情境，描述中应包括自我介绍的场合、介绍人和被介绍人的关系以及进行自我介绍的目的。 学生：小组讨论自我介绍的情境细节，确定自我介绍的内容和恰当词汇、语序。
任务执行	学生：选派代表模拟某一场景下的自我介绍。 教师：结合学生表现，归纳自我介绍的一般结构及惯用语。
现场展示及评估	学生：观摩学习后，继续模拟不同场合的自我介绍。 教师：点评学生表现，强化重点难点。

基本知识

一、自我介绍的内容和技巧

自我介绍是向他人展示自己的一个重要手段，自我介绍的好坏直接关系到你给他人的第一印象的好坏。

（一）自我介绍的内容

一般而言，自我介绍包括五个基本要素。

1. 开场白

一个礼貌性的开场白是必不可少的。这是对对方必要的尊重，同时也为后面的话做好铺垫。开场白必须非常简洁，一个不恰当的或冗长的开场白会在瞬间使对方对你失去兴趣。

研究发现，在人际交往中，与“说了什么”相比，人们更加重视“怎样说的”，即当话语与肢体语言发生冲突时，人们会根据肢体语言进行判断。因此，说开场白时，最重要的是语气、语调、神情等应使对方产生好感。充满活力的声音、微笑的表情配合简洁的话语就构成了自我介绍时最完美的开场白。

错误示例：“对不起，打扰大家了，下面请允许我做一个自我介绍。”

正确示例：“您好”“大家好”“早上好”等。

2. 姓名通报

首先要准确地通报自己的姓名、称呼，为了使对方更清楚明了，通常结合自己的身份介绍，力求简单清晰。

错误示例：“我叫小李，我这个姓很常见。”

正确示例：“我叫李××，你就叫我小李好了，我是住在你对面寝室的老乡。”

3. 特长介绍

在进行特长介绍时，要注意针对性和具体化。

（1）针对性。要根据具体情况，在诸多特长中选择一到两个介绍。在面试的自我介绍中，应针对应聘职位介绍自身与该职位相匹配的优点；在人际交往中，应根据具体场合与交谈对象介绍自己的特长等。

（2）具体化。在自我介绍时，使用空泛的词语无法给对方留下深刻印象。

错误示例：“我认为自己还不错。”“我有一些优点和长处。”

正确示例：“我的特点是比较爱交朋友，很看重友情。”“我的个性温和、做事细致，非常适合这个职位。”

4. 目的

在自我介绍中，应具体直接地阐明自己的目的，这样对方对你的来意会更加清楚，从而有利于后面的交流。吞吞吐吐、语焉不详会使对方困惑甚至反感。

错误示例：“我觉得我今天也没什么想法，还是先向您做一个自我介绍。”

正确示例：“我今天来是应聘贵公司的××职位。”

5. 结束语

结束语是自我介绍结束后，对方脑海里印象最清晰的话语，最好能让对方对下次的交谈或接下来的谈话充满期待。

错误示例："我的介绍就是这样，对不起，耽误了您的宝贵时间。"

正确示例："以后有时间，我们可以进一步交流。"

（二）自我介绍的技巧

成功的自我介绍应给对方留下深刻而良好的印象。要在短则数十秒、长则几分钟的自我介绍中达到这一目标，首先，在礼仪方面要得体周到，无论穿着打扮，还是语气姿态都以大方得体为佳；其次，在内容上要清晰完整，让对方觉得非常明了；再次，要用最简洁的方式突出自己的某些优势；最后，最重要的是向对方说明自己的身份以及具备什么样的特点。

二、自我介绍的注意事项

（一）使用普通话

语言是沟通交流的基本工具，进行自我介绍时语音要清晰流畅，一定要保证对方能听懂你的话。由于我国方言众多，方言之间的巨大差异会给人们的情感交流和思想沟通带来很大的障碍，因此使用普通话会使交流变得容易、清楚，进而达到有效沟通的目的。在正式场合或者非正式场合中有非同乡在场时，应该用普通话进行自我介绍。有些同学不能熟练运用普通话进行交流，自我介绍时满口方言，别人常常听不懂，自己也很苦恼。究其原因，主要有以下三个方面：

1. 没有用普通话进行思考的习惯

有些同学可以用方言将一件事情表述得清晰明了、生动风趣，但用普通话表述时却总是结结巴巴、毫无特色，甚至词不达意，最终达不到交流沟通的目的。这是因为这些同学在日常交流中一贯使用方言，只有在朗读或背诵等特定时刻才使用普通话，没有用普通话思考、表达的体验和习惯。

解决这个问题的有效方法是：多听、多看普通话节目；用汉语拼音写日记、文章；方便的时候，在心中默默将听到的方言语句翻译成普通话。

2. 没有掌握说普通话的技能

有些同学受方言影响很重，没有掌握普通话跟方言的语音对应的变化规则，所以，讲起普通话来发音、语调总是不准。

解决这个问题的有效方法是：注意总结方言中与普通话对应的语音规律；掌握高频字的正确读音；掌握普通话的语音流变。

3. 没有说普通话的环境

有些同学与每天接触的人多在用方言交流，他们觉得没有说普通话的必要，甚至觉得说普通话会遭到别人耻笑。一旦开始说普通话，即使遭到嘲笑，也要坚持。

解决这个问题的有效方法是：多与用普通话交流的人接触；社交活动不要局限于老乡圈子。

（二）正确看待紧张心理和克服过度紧张

1. 正确看待紧张心理

对大多数人来说，自我介绍时的紧张心理是必然存在的，想要自己完全放松的努力不但徒劳，而且常常加剧了紧张心理。自我介绍就是自我剖析和自我展示，在陌生的环境或陌生人面前展示自己，紧张是理所当然、不可避免的。如果试图将这种正常的反应抑制住需要极大的努力，很多人会不知不觉地将注意力全部投注在自己的紧张情绪上，结果适得其反。实际上，适度的紧张感可以使我们在自我介绍时更加认真专注，效果好于毫无紧张感。因此，适度的紧张是必然的，也是必要的，自我介绍时不要对自己的紧张情绪过于关注。

2. 克服过度紧张

然而，过度紧张会导致自我介绍失败。有些同学会紧张得频繁发生口吃或口误，大脑空白、无法思考，甚至心慌胸闷等，这些都是过度紧张的表现，会影响自我介绍的效果。那么，怎么才能克服过度紧张呢？

（1）充分的准备工作有助于克服过度紧张。开始自我介绍前，先要打好腹稿，在心中演练一遍。如果是预先安排的正式场合的自我介绍，可以拟订草稿，预先演练。

（2）自我介绍时，注意与听者的互动。自我介绍看似是一个人在表达，其实是沟通交流的一种方式，听者的反应决定自我介绍的成功与否。做自我介绍时，应尽量正视对方，通过眼神和表情进行交流，这样不仅会取得对方的好感，而且会使自己从局促无助的过度紧张感中解放出来。

知识拓展

介绍中的社交礼仪

在人际交往中不仅有自我介绍，在一些场合中，介绍他人的情况也很常见。

（1）谁当介绍人。单位来了客人，视情况不同，一般是三种人当介绍人。第一是专职人员、公关、文秘等单位里负责对外接待工作的人员；第二是对口人员，即客人要拜访的部门的有关人员，如客人是销售经理，则可以由本单位的销售部经理负责介绍；第三是本单位领导，当单位来了贵宾时，由本单位的领导负责介绍，以示对贵宾的尊重。

（2）介绍的顺序。介绍时应注意如下两点：

1）先递名片再做介绍。按惯例，自我介绍时应先递名片再做自我介绍。这是一种谦恭的表现，同时也显示对对方的尊重。

2）地位低者先介绍。按照礼仪，介绍晚辈和长辈时，先介绍晚辈，后介绍长辈。介绍上级和下级时，先介绍职位低的，后介绍职位高的。介绍主人和客人时，先介绍主人，后介绍客人。有时候宾主双方都不止一个人，应注意介绍主人的时候，应该按照地位由高到低排序，如先介绍董事长和总经理，然后介绍部门经理。介绍客人时，也先介绍职位高的，后介绍职位低的。

情境二　晚会上的交谈游戏

情境描述

在迎新晚会中，大家玩了一个游戏，具体规则如下：

故事背景：一架私人飞机坠落在一个无名的荒岛上，其中有七人存活。此时，逃生工具只有一个仅能容纳一人的橡皮气球吊篮，岛上没有水和食物。七名成员的情况具体如下：

（1）孕妇：怀胎八月；

（2）飞机机长；

（3）医学家：多年研究艾滋病的治疗方案，已取得突破性进展；

（4）宇航员：即将远征火星，寻找适合人类居住的新星球；

（5）生态学家：负责热带雨林抢救工作；

（6）流浪汉；

（7）国务院总理。

请你模拟其中一个角色，设计与别人的交谈，说服其他人同意你使用唯一的逃生工具，获得最高支持票者获胜。

要求如下：

（1）每位同学发言前需先简单叙述上一位同学的发言内容。

（2）在交谈过程中，每位同学不得有使交谈卡住的言行。例如：不可以说“算了，跟你这样的人没什么好说的”之类的话语。

（3）保持交谈气氛，不要采用辩论赛方式。

执行流程

任务分工及实训步骤与要求	
沟通情境的描述与理解	教师：描述交谈练习的背景故事，给出具体细节和人物关系。 学生：理解背景故事中的人物关系，分析自己模拟的角色的发言目的，选择恰当的交谈内容，考虑表达时的语气、语调、句式等要素。
现场展示及评估	学生：（1）七位同学在设定的故事中分角色模拟交谈； （2）其他同学点评谈话效果。 教师：分析交谈过程，引导同学学习与交谈技巧相关的知识点。

基本知识

交谈是指在日常生活和工作中，人与人之间的言语交际活动。它可以促使人们交流思想、交融情感、交换信息。交谈有一定的目的性，但这种目的性常常会被随意性、灵活性所淡化。要将自己的意思通过对话方式准确、恰当地表达出来，以促使对方接受，需掌握有效交谈的前提和技巧。

一、有效交谈的前提

（一）要有明确的交谈目的

由于日常交谈的随意性很大，因此很多人在交谈过程中会忘记谈话的目的，最后漫无目的地闲扯下去，长此以往，会成为大家避之不及的废话王。一个善于沟通的人，一定不会在说话时不知所云、东拉西扯。实际上，令人愉快的日常谈话都是带有目的性的。例如，增进双方了解，熟悉对方的心理特点，向对方请教某个问题，交换双方对某件事的看法，以及请求对方完成某件事情等。

（二）选择适当的时机

1. 足够的交谈时间

足够的交谈时间并不是指每次交谈都要长篇大论，而是至少要给双方完整表达和从容倾听的时间。下面的例子说明了足够的交谈时间的重要性。

一位销售经理向总经理汇报工作，总经理对销售经理说："我手头还有一份文件要看，看完后马上要去参加一个项目的剪彩仪式。干脆我边看文件边听你介绍吧。"这位经理非常有经验，他没有抓住这明显不够的一点点时间不放，而是很礼貌地说："总经理您先忙吧。待会儿我也要去那儿，我可以和您一道吗？"在赴项目地点的路上，总经理专心听销售经理汇报了工作，并就几个问题给予现场答复，达到了很好的交谈效果。

2. 良好的精神状态

良好的精神状态是进行有效交谈的重要前提。如果交谈的一方精神萎靡不振，势必会影响其在交谈过程中的理解与表达，也会影响对方的情绪，最终一定会使沟通质量大打折扣。另外，如果意识到对方精神很差，在表达意见之前，要先确定对方是否愿意听你说话，否则往往会事倍功半，甚至弄巧成拙，增强对方的抵触情绪。所以，在重要谈话前要充分休息，并在谈话过程中注意观察对方有无兴趣、精神状态如何，适时调整谈话内容，从而保证交谈效果。

3. 尽量在自己熟悉的环境中交谈

据研究，在交谈过程中，处于自己熟悉的环境中的一方在语言影响力和谈话主导权上有相对的优势。

二、有效交谈的技巧

交谈是为了更好地沟通，它是信息、想法与感觉交换的过程。交谈过程由倾听和表达两部分组成，只有凝神倾听对方的话语，流畅表达自己的想法，才能形成交谈中的良性循环。因此，一个好的交谈者必须首先是一个好的倾听者。夸夸其谈令人生厌，适度沉默才能知晓对方传达的信息。在有效交谈的过程中，信息在交谈双方之间的交换过程如图1-1所示。

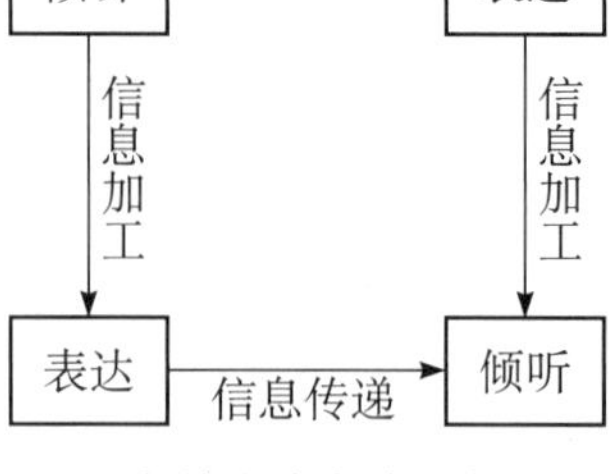

图1-1 有效交谈中的信息交换过程

为了达到良好的交谈效果，我们要学会积极倾听对方的话语，用语言有效表达自己的意思，并且要注意交谈礼仪。

（一）学会积极倾听

1. 积极倾听的过程

倾听的过程包括：

（1）根据经验作出预期。根据我们对交谈对象的了解，对其可能的反应方式、表达方式及话语的深层含义作出预期。

（2）过滤信息。倾听是对他人全部反应的复杂的知觉过程，包括语言沟通以及非语言沟通。因此在倾听时，我们会根据预期自动剔除无关的信息，将注意力集中在重要的信息上，以便更好地理解对方。

（3）集中注意力。据研究，大多数人一分钟之内能听 600 个词，然而，即使语速快的人一分钟也只能讲 100～150 个词。在倾听与讲述的过程中，很少有人能对信息完全集中注意力超过 20 秒。幸运的是，如果我们感兴趣的话，能很快地重新把注意力集中在相关信息上。此外，我们有一种本能倾向，会将厌烦的事情排除在自己的注意范围之外。所以，对课堂感到厌烦的学生就必须特别努力才能使自己专心听讲。

（4）赋予含义。当你的脚不小心踩在别人的脚上时，对方可能会问："你能抬一下脚吗？"当你因为脚部受伤去看医生时，医生也可能会问同样的问题，但我们很清楚，这两句话的内在含义是完全不同的。在积极倾听的过程中，我们会不断地将外界新的信息整合为自身的知识和经验的组成部分，然后我们会对交谈者所传递的信息进行衡量，在这个过程中，我们不仅要关注对方说了什么，而且要考虑他是怎么说的，在什么语境下说的。

我们除了注意对方的语言，同时也对他们的非语言信号（如腔调、手势和面部表情等）赋予含义。当非语言信号和语言信号发生矛盾时，我们更倾向于通过非语言信号赋予含义。例如：当一个人满脸愁容地说"我很高兴"的时候，我们通常会认为他并不高兴，并且赋予其话语更多的含义，如认为他强颜欢笑或虚伪违心等。

（5）记录信息。我们的人脑会主动遗忘自己认为无意义的信息，能在大脑中留下印象的信息，都是对我们具有特别意义的。大多数成年人对自己不理解的信息的记忆力较弱。所谓"好记性不如烂笔头"，如果交谈中对方提供的重要信息比较复杂，最好能用纸笔记录，这样可以帮助自己更准确地理解信息。

2. 积极倾听的技巧

在交谈中，很有价值的消息有时可能只是说话人一时的灵感，对听者来说却很受启发。所谓"说者无心，听者有意"。实际上大家交谈时对某事的评论、看法以及意见的交换等，都可能蕴涵有价值的消息，如果不积极、主动地倾听，我们是不可能抓住这些信息的。在积极倾听时，通常要运用以下技巧：

（1）展现主动倾听的态度。主动倾听是指主动找出某人所说的话在文字和情感上的含义，倾听的同时在脑海中总结对方的重要观点，并对不理解的地方提出疑问或对其提出的观点进行质疑。主动倾听是一种投入的方式。在上课时，如果进行主动倾听，你会惊奇地发现，时间过得真快，课堂中可以学到很多东西。

因此，我们要向对方展现主动倾听的态度，提高对方对交谈的兴趣。主动倾听者常常表现出像身体前倾、点头、微笑和皱眉这样的非语言暗示，以及发出如"啊""哈""嗯"

“我明白了”这样的声音来显示自己的兴趣。同时，他们也会提问、复述或评论对方所说的内容，进行充分反馈。

（2）有效分配注意力并整理信息。若想迅速抓住对方讲话的主题，充分理解对方的意图，需要倾听者在倾听的过程中有效分配自己的注意力，并且按自己的方式整理接收的信息。一般来说，步骤如下：

首先，注意倾听并识别对方贯穿于整个交谈内容的中心思想；其次，提炼对方阐述的观点，即围绕、加强中心思想的若干观点；最后，提取对方的支持性材料，即支撑其主要观点的各种依据。

设法将以上步骤中获得的相关信息，在头脑中形成框架，并尽量将对方的观点与自身已有的经验联系起来，寻找相似点和区别，这些都有助于对交谈内容的理解。

（3）提问和复述。提问和复述不仅能帮助倾听者准确理解对方的意思，而且是向对方发出的积极正面的反馈信号。

在主动倾听时，经常会有各种疑问产生，应掌握提问的技巧，对有疑问的地方及时提问，可以使用以下句子。例如：“你能否再讲具体一点?”“不好意思，没有听清楚，麻烦您再说一遍好吗?”等。需要注意的是，问题的内容应该是要求对方提供信息，不宜对对方所讲的内容进行具体评论，尤其不宜进行负面评价。

适时地复述在交谈过程中是非常有效的。积极倾听的最后一个环节是用自己的语言复述对讲话者所表达的思想与感情的理解，同时配合点头、微笑、手势等非语言反应，给讲话人以反馈，从而完成倾听的全过程。复述的方式有三种：

1）基本逐字逐句地重复讲话者的话。例如：

甲：昨天商场里的人真多。

乙：哦，商场里昨天人很多。

2）重复讲话者的话，只是把第一人称改成第二人称。例如：

甲：我高兴坏了。

乙：你高兴坏了。

3）用自己的语言解释讲话者的意思。例如：

甲：瞧给我冻得抖抖索索的，我今天穿得不少啊。

乙：这两天降温太快了。

（二）善于语言表达

1. 选择合适话题，激发对方兴趣

在交谈过程中，选择的话题不仅要使自己感兴趣，更重要的是使对方感兴趣，避免枯燥的话题，才能够激发对方的谈话兴趣。首先，可以根据现场情况，提出恰当的问题，寻找对方的兴趣点，创造良好的谈话切入点。其次，注意了解对方的思想境界、个性特征，选择对方容易接受的内容和方式阐述观点。

2. 表达要准确、简洁

准确是语言表达的首要要求，即把意思准确无误地表达出来，做到吐字清晰、措辞准确，切忌啰唆、重复。

3. 语言要生动通俗

遣词造句及说话的口吻语调要尽量口语化，可以举例子、打比方、讲故事、引典故，甚至是讲述有趣见闻。同时，应尽量谈论一些通俗易懂的话题，避免谈论晦涩难懂的话题，更不能制造背书或演讲的感觉。苍白无力、枯燥乏味的语言往往非常令人厌烦。

4. 讲流利的普通话

普通话是我们日常交谈的基本工具。若要在交谈中准确地表达自己的想法，离不开流利的普通话。我们应熟知普通话中每个字的正确发音，但在实际的交谈过程中，仅仅能咬准每个字的发音是远远不够的。要讲流利的普通话，还要注意停连（停顿和延续）、重音（轻重变化）、语速（快慢变化）、语调（高低变化）四个方面。

（1）停连。停连是指语流中声音的停顿和延续。停顿不仅是生理上换气的需要，更重要的是表情达意的需要，用以揭示句子的结构和句意的重点，停连的位置和时间要进行恰当的安排。停连的类型包括：

1）语法停连。语法停连是反映词句间的语法关系，显示语法结构的停连，用“/”表示，“/”的多少表示停连时间的长短。

语法停连基本以标点符号作为依据，停顿时间的长短由标点的类型决定。根据停顿时间的由长到短，常用的标点符号的排序一般是：句号、问号、叹号＞分号、冒号＞逗号＞顿号。例如：

盼望着，/盼望着，//东风来了，//春天的脚步近了。///

在上句中，逗号后短时间停顿，而句号后稍长时间停顿，语法关系反映得很清楚。

2）强调停连。强调停连是为了强调某一事物、突出某种语意或感情，或加强语气而作的停连。它不受语法停连的限制，而是依据表情达意的需要来决定停连的位置和时间。例如：

花生的价钱/便宜，谁/都可以买来吃。

在上句中，“价钱”“谁”后面作了停顿，可以准确表达说话者的特殊语意。

（2）重音。重音是指在说话或朗读时，对那些在表情达意上起重要作用的词语加以突出强调的音，以体现话语的重要意思，并给色彩鲜明、形象生动的词增加分量。它用黑体表示。重音分为两种：

1）语法重音。是指根据句子语法结构对某个句子成分所读的重音。它是根据语句的结构自然表现出来的，不表示特殊含义。一般句子中的谓语、名词前的定语、动词前的状语、动词补语都是语法重音。例如：

山朗润起来了，水涨起来了，太阳的脸红起来了。（谓语）

只有机器房的声音。（定语）

我特地起个大早。（状语）

燕子飞倦了。（动词补语）

2）强调重音。是指为了突出某种特殊的思想感情而把语句中的某些词语加以强调的重音。它在语句中没有固定的位置，可以根据所要强调的语意的需要来确定。例如：

你们爱吃花生吗？（强调谁爱吃）

你们爱吃花生吗？（强调爱不爱）

你们爱吃花生吗？（强调爱吃什么）

（3）语速。在说话时，依据内容的不同，适当掌握语速快慢，可以制造不同的情绪和气氛，从而增强语言的表达效果。

（4）语调。是指语句里声音高低升降的变化，其中以结尾的升降变化最为重要，一般是和句子的语气紧密结合的。在说话、朗读时，如能注意语调的升降变化，语言就会呈现动听的音律，也能够更细致地表达不同的思想感情。语调分为四种：

1）升调。升调多在疑问句、反诘句、短促的命令句，或者是表示愤怒、紧张、警告、号召等感情的句子里使用。说话时，注意前低后高、语气上扬。用“↗”表示。例如：

怎么你也喜欢到这来？↗

让暴风雨来得更猛烈些吧！↗

2）降调。降调一般在感叹句、祈使句或表示坚决、自信、赞扬、祝愿等感情的句子里使用。表达沉痛、悲愤的感情的语句，一般也用降调。说话时，注意调子逐渐由高降低，末字低而短。用“↘”表示。

3）平调。平调一般多在叙述、说明或表示迟疑、思索、冷淡、追忆、悼念等感情的句子里使用。说话时，始终平直舒缓，没有显著的高低变化。用“→”表示。

4）曲调。曲调多在表示讽刺、讥笑、夸张、强调、双关、诧异等特殊感情的句子里使用。说话时，由高而低后又高，或由低而高后又低，把句子中某些特殊的音节特别加重、加高或拖长，形成一种升降曲折的变化。用“∨↘”或“∧↗”表示。

三、交谈的注意事项

（一）交谈礼仪

在交谈中应注意以下礼仪：

（1）姿态自然，举止大方。说话时，面带微笑，眼神不游离、不闪躲，不目中无人。

（2）用语恰当，礼貌待人。应根据不同的对象、场合及话题，使用恰当、得体的语言；还应根据表达的需要，正确使用礼貌用语，并辅以正确的动作。

（3）不要随便打断别人的讲话。当与人交谈时，随便插话打岔，改变说话人的思路和话题，或者任意发表评论，都被认为是一种没有教养或不礼貌的行为。

（4）失言时应立刻道歉。当你发现自己的言语伤害到他人的时候，应立即设法更正；留意他人的言语或其他方面的反应，借以判断是否需要道歉。如果你确实说错话了，就必须立刻道歉，敢于承认错误。

（5）避免辩论式谈话。很多人在交谈时，常在他人的话里寻找漏洞，为某些细节争论不休，习惯性地纠正他人的错误。总之，一定要分出个高下对错，这是把交谈当成了辩论，这种辩论式的谈话风格是交谈的大忌。

（二）非语言表达

（1）适时沉默。沉默是人际交往中的一种手段，往往会传递一定的信息。一定要运用得体，不可不分场合，故作高深而滥用沉默。因此，我们要学会适当地保持沉默，从而避免失言或麻烦。

（2）交谈中辅以动作和表情。在与人交流沟通时，应善于运用姿势、面部表情、触摸等身体语言，如微笑、点头等，这些会使谈话氛围更加融洽。

情境三　小条据解决大问题

情境描述

当你回到寝室时，室友小王忽然肚子疼，其他人都不在寝室，手机又暂时联系不上，此时你需要撰写留言条，告诉其他室友，你陪小王去医院了；检查结果出来后，小王因急性阑尾炎需要住院一周，但身上未带足够的现金，需要向朋友借钱以支付医药费，此时你需要以小王的口吻撰写请假条、借条。

执行流程

任务分工及实训步骤与要求	
沟通情境的描述与理解	教师：描述条据练习的具体情境，描述相关事件的背景。 学生：小组讨论分析不同条据的写作目的、撰写者与阅读者的关系。
任务执行	学生：根据上一阶段分析结果理解各种条据的内容要素、惯用词汇、文种格式，根据案例情境撰写不同条据。
现场展示及评估	教师：展示学生习作并点评，总结、强化知识点。

基本知识

一、条据类文书的格式

日常生活中，我们常使用简短的条据来交流信息、处理事务，这类文书被称为条据类文书，例如留言条、请假条和借条等。总的来说，条据类文书可分为两类（见图 1－2）：一类主要用于传递信息，被称为信函式条据；另一类主要作为经济活动中的凭证，被称为凭据式条据。

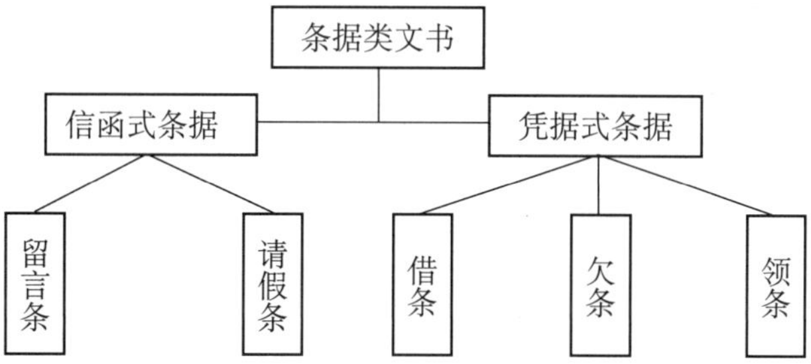

图 1－2　条据类文书的分类

（一）留言条的格式

在日常生活中，有事情要通知或托付对方，对方不在，却又没时间等候对方回来，需要写张字条留给对方。这种文书就是留言条。无论从内容上还是格式上，留言条都可看作简化了的书信，其分为三部分：称呼、正文、落款。

（1）称呼。称呼要顶格写。

（2）正文。在称呼下一行空两格写，简洁明了地把你要告知对方的事情写清楚。

（3）落款。右下角写明署名和日期。

［例文1-1］

××： （称呼）

（略） （正文）

×× （落款）
××年×月×日

（二）请假条的格式

请假条是因事、因病不能够正常地学习、工作，而向老师或领导请假而写的便条。根据请假的原因，请假条分为病假条和事假条两种。请假条分为五部分：标题、称呼、正文、祝颂语、落款。

（1）标题。在第一行居中写标题“请假条”。

（2）称呼。顶格写部门的名称或老师、领导的尊称。

（3）正文。写明请假的事由和请假的时间。

（4）祝颂语。“此致敬礼”即可，不需用其他较为花哨的祝颂语。

（5）落款。右下角写明署名和日期。

［例文1-2］

请假条 （标题）

（尊敬的）××： （称呼）

我因为……（请假事由），需请假……（请假时间），敬请批准。 （正文）

此致 （祝颂语）

敬礼

×× （落款）
××年×月×日

（三）借条的格式

借条是人们在处理借贷关系时，借方写给贷方作为按期归还和借款数额凭证的条据。借条分为三部分：标题、正文、落款。

（1）标题。在第一行居中写标题“借条”。

（2）正文。写明贷款人、借款数额、借款及还款的日期等。其中借款数额须大写。正文后加“特立此据”，起强调证据作用，以防他人蓄意涂改。

（3）落款。右下角借款人签名或盖章并写明日期。

［例文 1-3］

借　条　　（标题）

今借到××（贷款人）人民币__________元整（借款数额），本人承诺于××年×月×日归还（还款日期）。特立此据。　　（正文）

借款人：××　　（落款）
××年×月×日

二、条据类文书的撰写要点

以留言条、请假条、借条为例。

（一）留言条的撰写要点

（1）不需写标题。留言条是极简化的私人书信，写标题反而不好。

（2）留言条的格式虽简单，但要完整、清晰地将事情交代清楚。

（二）请假条的撰写要点

（1）请假条是下对上的文书，而且是在正式的工作场合中使用，所以要用严肃、尊敬的语气，如祝颂语的使用、“敬请批准”等格式上的要求。

（2）完整、准确地传递信息在应用文写作中特别重要，因此在撰写请假条时，应交代清楚请假事由和请假时间。

（三）借条的撰写要点

由于借条具有法律效力，因此撰写时要特别小心，不能留有漏洞，应将双方的权利和义务约定清楚。应注意以下要点：

（1）在撰写主体上，借条一定要由借款人写，而不是由贷款人写。

（2）在撰写时间上，必须要求借款人在借款时当面亲笔书写，不接受事后书写的借条。

（3）在载体形式上，书写借条的纸张必须相对完整，关键部位不能撕裂、裁剪，不能有涂改的痕迹。

（4）在写作内容上，应注意：写清楚借款人和贷款人的法定全名；写清楚借款数额，借款数额一定要用汉字大写标注；写清楚还款的具体日期；写清楚双方约定的其他事项；不要使用有歧义的语言。

任务小结

在沟通交流开始时，人们会在第一时间对说话者进行判断，除了观察其说话方式外，经常还会注意到其他细节。生活中我们常会听到诸如：“他往那一站，不用开口，我就知道他是个很可靠的人”之类的评价。因此在口头沟通时，要注意非语言因素的有效运用，如外表衣着、真挚的笑脸、自然的体态语言、适当的眼神交流等，这些会使对方在沟通开始之前就对你有一个良好的印象。

此外，在日常沟通时，也需掌握应用文写作的技巧。条据类文书在应用文体中是最简短的一类，然而，需要规范书写此类文书，才能准确传递信息，避免造成误会与麻烦。例如：有些请假条写得毫无规范，让领导无法批假；有些借条漏洞百出，极易引起经济纠纷等。要写好条据类文书，必须注意两点：一是要以最简洁的方式清晰、完整地表述相关事宜；二是要以最得体的措辞方式表达正确的态度和语气。

例文简评

一、自我介绍例文

［例文1－4］瑕疵例文

例文	简评
您好！非常感谢您在百忙之中抽出宝贵时间来接见我。今天我是特意来向您问声好的。我将接替××，负责贵公司的业务。我一定会好好努力工作的。	1. 过于客套、啰唆，可能引起对方反感。 2. 目标含糊，自身特点表述不清。
打扰了，请允许我就这样结束吧。顺便说一下，我叫××。	3. 和开头一样客套、啰唆，顺序混乱。

［例文1－5］优秀例文

例文	简评
您好！我是××公司的××。我将接替××，负责贵公司的业务。	1. 开头简洁明了。
类似的项目我已经做过十几个，有丰富的工作经验，我想我一定能够为贵公司提供良好的服务。	2. 具体阐述自身优势，提供了可供对方判断的细节信息。
以后有什么需要，请直接向我提出来就可以。谢谢。	3. 目的明确、简洁。

二、留言条例文

［例文1－6］瑕疵例文

例文	简评
小王： 刚才有个老师让你有时间去他办公室， 我看他的脸色好像有点生气，我觉得你要小心点。 小张 2020年6月7日	1. 事情交代不完整。 2. 添加过多主观臆断，容易引起麻烦。

［例文1－7］优秀例文

例文	简评
小王： 班主任让你今天下午两点钟去他办公室。 小张 2020年6月7日	简洁明了，事件要素交代得非常清楚。

三、请假条例文

［例文 1－8］瑕疵例文

请假条

张老师：

我今天身体不适，需要休息两天，特此请假，敬请批准！

××班　张军

2020 年 2 月 16 日

1. 请假事由不具体。
2. 请假时间不明确。

［例文 1－9］优秀例文

请假条

张老师：

我今天腹泻、四肢无力，经医生诊断，是急性肠炎，需要休息两天。故星期四、星期五不能上课，特此请假，敬请批准！

附医生证明一张。

此致

敬礼

××班　张军

2020 年 2 月 16 日

1. 写明了请假事由。
2. 写明了具体请假时间。
3. 强调了请假要求。
4. 提供了批假依据。

四、借条例文

［例文 1－10］瑕疵例文

借　条

今借到小张 300 元钱，用于购买手机，双方约定 2020 年 8 月 17 日前归还。特立此据。

借款人　张军

2020 年 1 月 17 日

1. 贷款人姓名不完整，借款数额未大写。
2. 借款用途无须写。

［例文 1－11］优秀例文

借　条

今借到张晓彬人民币叁佰元整，本人承诺于 2020 年 8 月 17 日前归还。特立此据。

借款人　张军

2020 年 1 月 17 日

1. 贷款人、借款数额清晰明确。
2. 还款日期具体明确。

拓展练习

1. 假如你是系学生会主席，在全校学生代表大会上，你将代表系学生会做工作汇报。在工作汇报之前，你要向全体来宾进行简单的自我介绍。（要求：注意区分日常沟通中的自我介绍与重要场合中的自我介绍。）

2. 请分析下面两段对话实录中交谈的背景、交谈中使用的技巧及效果。

[对话实录1]

甲：您是芜湖人？

乙：是啊。您是怎么知道的？

甲：听您的口音呗，芜湖人发音很有特点，没有n、l的区别，k、i可以拼在一起说。

乙：看来您对芜湖话很熟，特点抓得挺准。

甲：我曾在芜湖待过十多年，咱们也算是半个老乡。

乙：可不是！幸会！幸会！

[对话实录2]

（一九四九年冬的一天深夜。化学家齐仰之的家。在急促的电话铃声中启幕。）

这是一间简陋破旧的卧室兼书房，地板残缺不全，残缺处从地上冒出一丛一丛青草。屋角结着蜘蛛网。书桌上堆满书籍和化学仪器。一张单人床，卧具凌乱。墙上贴着一些化学图表，还贴着一张醒目的字条："闲谈不得超过三分钟。本室主人敬白。"室主人显然过的是深居简出的书斋生活，他与外部世界联系不多，联系的主要手段是搁在书箱上的那部电话机。

电话铃声继续响着，但齐仰之充耳不闻，一边翻书，一边做实验。电话铃声停止，齐仰之望着电话获胜似地笑了笑。可是过了一会儿电话铃声又响了起来。齐仰之大皱眉头，拿起话筒。

齐仰之：（极不耐烦地）谁？……你不知道我在工作吗？知道！知道干吗还来打扰我？朋友！工作的时候只有化合、分解、元素、分子量是我的朋友！……好，你说吧！……不，我早就声明过，政治是与我绝缘的，我也绝不会溶解在政治里。……我是个化学家，我干吗要去参加政府召开的会议？……不去！不去！……什么？陈市长亲自下的请帖？哪个陈市长？……他是何许人？不认识！……对，不认识！……不论谁，就是孙中山的请帖我也不去！……对你算客气的了！要不是老朋友，我早就把电话挂了！……不不不，你别来，你来了也没有用！最近半年我要写书，谁来我也不接待！……好了，闲谈不得超过三分钟，时间到了！（不由分说地将电话挂上，然后又坐下继续工作。）

（少顷，陈毅上，按门上的电铃。）

齐仰之：（烦躁地）谁？

陈毅：我！

齐仰之：（走过去开门）你找谁？

陈毅：请问，这是齐仰之先生的府上吗？

齐仰之：你是谁？

陈毅：姓陈名毅。

齐仰之：（打量陈毅）陈毅？不认识，恕不接待！（乒的一声将大门关上，匆匆回到桌边，又开始埋头工作。）

陈毅：（一惊）吃了个闭门羹！（想再敲门，又止住，思索。）这可咋个办？真是个怪人！（转身欲走，又停了下来。）我就不相信，偌大一个上海我都进得来，这小小一扇门我就进不去。（再次按门上的电铃。）

（齐仰之只是将头偏了偏。）

（陈毅索性将手指一直按在电铃的按钮上，铃声持久不息。）

（齐仰之欲发作，气冲冲去开门。）

齐仰之：又是你！

陈毅：对头！

齐仰之：你究竟是干什么的？

陈毅：要问我是干什么的，我倒是干大事的。鄙人是上海市的父母官，本市的市长。

齐仰之：（一惊）什么？你就是电话里说的那个陈市长？

陈毅：正是在下。

齐仰之：那……半夜三更来找我有何贵干？

陈毅：无事不登三宝殿嘛。

齐仰之：可是我……我在工作。

陈毅：我专程来拜访齐先生，也是为了工作。

齐仰之：（为难地）好吧。不过，我只有三分钟的空闲。

陈毅：三分钟？

齐仰之：对。

陈毅：可以，决不多加打扰。

齐仰之：请。

（齐仰之请陈毅进屋。）

资料来源：节选自话剧《陈毅市长》。

3. 请指出下面请假条和借条中存在的问题并加以改正。

请假条

王老师：

我有急事需请假，望批准。

小王
2020 年 2 月 25 日

借　条

因为毕业在即，手机前两天又丢失，今借到小张 500 元，用于购买手机，一个月后准时归还。立据为证。

小王
2020 年 3 月 5 日

任务二　演讲

学习目标

1. 了解即兴演讲的准备程序。
2. 掌握即兴演讲的技巧。
3. 掌握演讲稿的撰写技巧。
4. 掌握演讲过程中的注意事项。

任务导入

学校组织了一次以“我爱家乡美”为主题的演讲比赛，首先以地域划分小组，每个小组以即兴演讲的方式进行赛前动员，以调动小组成员的积极性。其次需要拟定此次命题演讲的演讲稿，以顺利完成此次命题演讲比赛。

思考：

1. 你有通过即兴演讲激发大家工作积极性的经验吗？你是动员者还是响应者？
2. 有让你印象深刻的演讲吗？请想一想为什么它会给你留下深刻印象。

执行流程

任务分工及实训步骤与要求	
沟通情境的描述与理解	教师：此次演讲任务由两个环节构成，一是组内即兴演讲，旨在激发小组成员的积极性；二是小组间演讲比赛，教师制定演讲比赛的具体规则及评分标准，引导学生掌握影响演讲效果的几个关键要素。 学生：小组讨论两个环节任务的不同听众群体特点，并由此确定不同的演讲内容及风格。
任务执行	学生：（1）组内即兴演讲； （2）小组集体进行演讲比赛准备。 教师：（1）观察不同小组即兴演讲的效果，抽取个别小组在班级模拟，点评并归纳即兴演讲的相关知识点； （2）观察并督促各组演讲比赛的准备进度。
现场展示及评估	学生：（1）各组派代表参加演讲比赛； （2）给参赛选手打分。 教师：通过点评强化重点难点。

情境一　即兴演讲——赛前动员

情境描述

在学校里，同学们大多来自不同的地方，一次以“我爱家乡美”为主题的演讲比赛有助于同学们了解全国各地的美好风光和风土人情。你需要在小组内发表两分钟即兴演讲，进行演讲比赛前的动员，以鼓励小组每位成员积极参与。

基本知识

一、即兴演讲概述

（一）即兴演讲的含义

即兴演讲是指在特定的情境下，自发或被要求立即进行的当众说话，是一种不凭借文稿来表情达意的口语交际活动。演讲者事先并没有做任何准备，而是随想随说，有感而发。

（二）即兴演讲的特点

即兴演讲具有如下特点：

（1）突发性。即临时产生了演讲的需要。

（2）针对性。即演讲者在构思初具轮廓后，应注意观察现场状况并结合当时情境，选取那些与主题有关的人物或景物，以引起听众的共鸣。

（3）多样性。由于即兴演讲没有规定的主题，因此演讲者可以根据自身的知识储备和应变能力进行演讲。

（三）即兴演讲的准备程序

即兴演讲时，演讲者要抓住演讲前的宝贵时间，快速组织演讲内容，其准备程序如图 1-3 所示。同学们可在平时多做练习，以求熟练掌握。

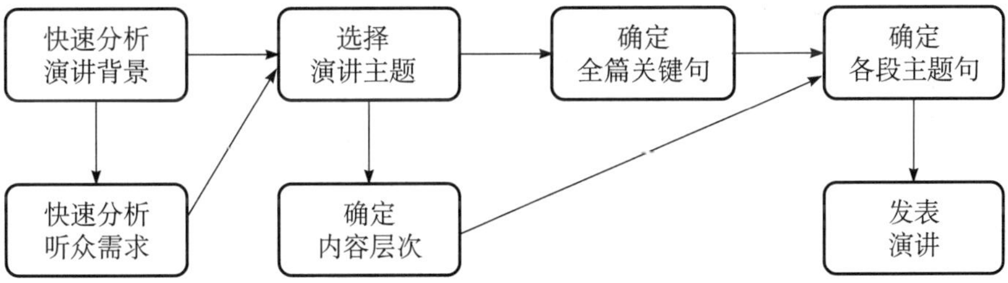

图 1-3　即兴演讲的准备程序

二、即兴演讲的技巧

（一）快速发掘演讲主题

即兴演讲通常是演讲者受到强烈现场气氛的激发而发表的，所以好的即兴演讲具有即情即景、简短有味的特点。即情即景的特点决定了演讲的主题最好既能反映演讲的社会背景，又能契合现场听众的兴趣。下面的故事证明了这一点。

1945 年 5 月 4 日，云南大学、中法大学等校的学生，在云南大学的操场上举行五四运动纪念大会。会议开始不久，便突降暴雨。一些学生离开会场避雨，会场秩序大乱。

这时，闻一多迎着暴雨站在台上高呼："热血的青年们！继承'五四'精神的热血青年站起来！怕雨吗？我来讲个故事：今天是'天洗兵'！武王伐纣那天，陈师牧野的时候，军队正要出发，天下大雨，于是领头人说，‘此天洗兵’。把蒙在甲胄上的灰尘洗干净，好上战场攻打敌人。今天，我们集合起来纪念五四运动，天下雨了，这也是‘天洗兵’，不怯懦的人上来，走近来！勇敢的人走拢来！……”

闻一多的这场演讲在天降暴雨这一看似不利的情况下，结合当时社会黑暗动荡，革命群众希望继续发扬“五四”精神、推动社会进步的历史背景，契合在场青年学生满腔热血、渴望报国的心理，激动人心，取得了很好的效果。

此外，即兴演讲通常比较简短，演讲主题应鲜明单一，围绕一个主题深入挖掘。

（二）短时间内构建演讲框架

即兴演讲的构思时间较短，语言、结构等都不可能细细琢磨，这就要求演讲者在短时间内快速构建清晰、简洁的发言框架。演讲者在短暂的临场准备时间里，应联系当时情境中的人和事，紧扣话题精心组织材料进行论证。可以适当引用一个富有感情色彩的事例、一句幽默风趣的话、一位伟人或哲人的警句等。

（三）应趣味十足，强烈感染现场听众

与一般演讲相比，即兴演讲的准备时间短，全面性和深刻性都未必突出。即兴演讲胜在趣味，即由现场气氛引发，又能将现场气氛推向高潮，与现场听众取得高度的感情共鸣。要做到这一点，以下两种方法比较适用：

1. 要从现场环境入手

从现场环境入手可以调动现场的整体气氛，增强演讲的感染力，迅速取得听众的情感共鸣。请看下面的例子：

站在明净的长天之下，从这片经过人们终年耕耘而今已安静憩息的辽阔田野放眼望去，那雄伟的山峰隐隐约约地耸立在我们的前方……

我刚才发现在座的一位同志非常面熟，好像我的一位朋友。走近一看，又不是。但我想这没关系，我们在此已经相识，今后不就可以称为朋友了吗？我今天要讲的，就是作为大家朋友的一点个人想法。

演讲这样开头，将人、景、物、情等融合在一起，渲染的内容与主题浑然一体，可以活跃现场气氛。

2. 尽量拉近与听众的距离

演讲者应从空间距离、得体的称呼、情感上拉近与听众的距离。演讲者可根据听众的特点，描述自己类似的工作、学习、生活经历或遇到的问题，坦率描述自己在类似情况下的情绪和感受，容易让听众产生共同语言，拉进双方的感情距离。一位著名的运动员在获得世界冠军以后的汇报演讲中，采用以下方式开始自己的演讲：

尊敬的各位领导，亲爱的同志们：

大家好！我从8岁开始从事乒乓球运动，至今已经12年了。12年里，我有过成功的经验，也有过连连惨败的痛苦。今天，虽然我怀着成为世界冠军的喜悦，但我不想炫耀自己如何“过五关斩六将”，只打算认真地谈一谈“走麦城”的经历。因为我一直以来坚信，成功的一瞬间往往被放大扭曲，失败的经历才真实而更具意义……

情境二　命题演讲——“我的家乡美”

情境描述

通过演讲展现家乡的优美风光和风土人情，你深感骄傲和自豪。请你撰写演讲稿，并在演讲过程中辅以语言、语调、姿态动作等向同学们展现你的家乡独特的地域文化，吸引大家前去游览，从而达到演讲的目的。

基本知识

一、命题演讲的含义和特点

命题演讲是指根据指定的题目或限定的主题，事前做了充分准备的演讲，一般都是提前拟定演讲稿，并经过精心设计和反复演练的。与即兴演讲相比，命题演讲不仅具有文字底稿，而且表现出更加严谨、稳定、针对性强的特点。

二、演讲稿的撰写技巧

演讲稿是一种综合性很强的文体，一般分为三大类：叙事为主、抒情为主、议论综合类的演讲稿。实际上，几乎在每篇演讲稿中，叙事、抒情、议论的成分都会交叉出现。因此，在撰写演讲稿时，需要综合运用这三种形式。命题演讲的演讲稿的撰写技巧如下：

（一）审定题目

命题演讲就是按照规定的题目进行演讲。审定题目不仅是审定题目本身，而且要选择角度并结合自身优势。角度要新、要适度，新颖的角度可以让你的演讲脱颖而出，与众不同；结合自身优势，可以让演讲更加得心应手、挥洒自如。

（二）确立主题

主题是命题演讲的核心，确立主题要把握两个方面：（1）主题要适应社会的需要，具有时代感。同时也要契合听众当时的需要，考虑听众的年龄、职业、文化程度等因素，以引发听众的共鸣。（2）主题要单一。命题演讲是通过口头表达来实现的，由于口语稍纵即逝的特点，因此讲得太多、太杂，反而会适得其反。

（三）选择材料

演讲是信息的传播，而信息的载体是材料。证明材料是论点最有力的支撑。因此，材料的选择就显得格外的重要。一般根据能否恰当地表现主题、能否满足听众的预期需要、是否真实典型、是否具体新颖，这几个方面来对材料进行筛选和优化组合。

（四）构思

演讲者要对演讲稿的开头、主体和结尾进行构思，并且确定思维框架和基本语言形态。这一过程实际上就是材料的安排和处理过程。

（五）写稿

演讲稿是说出来的，让人听的，因此必须符合口语表达习惯，写稿时应注意：(1) 要服从说，句式不能太长，修饰语不能太多。(2) 要适合听，少用生僻的语句，要避免发音相同或相近而产生歧义，语句要通俗易懂，必须条理清晰、重点突出。演讲稿讲究的是说理性和鼓动性，要使听众能听得懂、记得住，就必须条理清晰、重点突出。

演讲稿一般都呈现出“响开头、曲主体、蓄结尾”的结构态势。美国著名口才大师洛克伍德曾说道：“在整个演讲过程中做到轻松、巧妙地和大家交流思想是困难的。然而，做到这一点的关键是演讲开头的用字表达。”开头奠定了演讲稿的基调，必须根据主题和现场听众的具体情况精心设计；主体部分应条理清晰，内容张弛有度；结尾应再现主旨、加深认识，以激发听众的热情，达到更好的效果。

三、演讲过程中的注意事项

完成了演讲稿的写作并不意味着演讲就一定能够成功，还要在演讲过程中对演讲稿进行精心设计和处理。一般要注意：

(1) 感情基调的把握。要根据内容来决定感情基调，或平静，或悲伤，或欢快。

(2) 语音的处理。不同的语调、语速、节奏、停顿会表达不同的情绪，因此要根据想要表达的情绪灵活掌握。情绪激昂时，语速可快一些，语调高亢一些；情绪平稳或沉痛时，语速可慢一些，语调低沉一些。总体来说，演讲时的语速稍慢一些，听众会更容易理解演讲的内容。

(3) 身体语言的运用。包括演讲过程中手势、姿态、表情的运用。演讲中手势的运用有约定俗成的高度。当演讲者感情激昂，需要大声疾呼、发出号召、进行声讨或强调内容、展示前景、指明未来时，手部动作一般在肩部以上；当演讲者叙述事实、说明情况、阐述理由时，手部动作通常在腹部和肩部之间；当演讲者介绍、评说反面的事物，表达负面评价或情绪时，手部动作常在腹部以下。

此外，还要注意服装的选择和站姿。服装要根据演讲的内容和场合决定。一般来说，要遵循庄重、自信的原则。例如：在2001年上海APEC会议上，时任国家主席江泽民身着红色唐装以东道主身份发表演讲，博得了世界的好评，一时之间，唐装风行。演讲时站姿要求挺拔、稳定，一般要求双脚分开，与肩同宽，挺稳整个身躯。演讲时面部表情的好坏会带给听众极其深刻的印象，因此要展现自信，表情自然放松、泰然自若，以增强演讲的说服力。

任务小结

本任务中我们进行了演讲技能的训练。在情境一的小范围简短的即兴演讲训练中，同学们应根据教材提供的技巧，重点培养自己的现场反应能力和语言组织能力。在今后的工作中我们会经常运用即兴演讲方式，如现场动员、临场组织紧急工作等。在情境二的命题演讲训练中，我们要全面提高自己的演讲水平，同学们可参照教材内容，精心拟定演讲稿，并且学会在演讲时运用语速、语调、手势、姿态等辅助手段，增强演讲的效果。

正如德国著名演讲学家海茵兹·雷德曼所指出的："在一次演讲中不要期望得到太多。宁可只有一个给人印象深刻的思想，也不要五十个让人前听后忘的思想。宁可牢牢地敲进一颗钉子，也不要松松地按上几十个一拔即出的图钉。"因此，演讲稿不宜过长，要适当控制时间。

例文简评

[例文 1-12]

我们年轻人能为这个世界做些什么

刘媛媛

我是法学院的一名学生，我的每一名教授都曾经在他们的课堂上讲过这样一句话。他们常常说："法律是这么规定的，但是现实生活中……"现实生活是一种很神奇的生活，于是乎像我这样的年轻人，很有经验的前辈过来拍拍你的肩膀跟你说："年轻人，你还不懂。"

我想问的是，我们年轻人能为这个世界做些什么？

我想问我们90后们，大家想把中国社会变成什么样？我知道不是每一个人都能够成为站在风口浪尖把握国家命运的人物，你我都是再不普通不过的升斗小民，是这个庞大的社会机器上一颗小小的螺丝钉，读书的时候每天都被父母耳提面命地说："你干啥你都不要给我耽误学习。"

当有一天毕业了，投简历、找工作，等一家企业录用自己，逢年过节被逼婚，结婚买了房子……

每一个年轻人都忙着生存，而没有时间关心政治，没有时间关心环境，没有时间关心国家的命运，还哪有什么精力为这个社会做些什么？

但是，我要说的是，还是有一件事情，你与我都可以做到，这件事情就是我们这一代人，在我们老去的路上一定一定不要变坏，不要变成你年轻的时候最痛恨、最厌恶的那种成年人。

如果将来你去路边摆摊，你就不要卖地沟油小吃，你不要缺斤短两。你将来开了工厂当了老板，你不要偷工减料，生产一些次品。

每一个普通人在自己普通的岗位上，做一个好人，是有非常重要的意义的，因为我们每一个人，生下来都注定会改变世界。我是学计算机专业的，将来有一天也许会成为一个振臂IT界的人物，我会竭尽全力让IT变得更好。我希望大家都记住，即使给了你十万个理由让你去作恶，你都要保持自己的操守跟底线，仅仅就因为一个理由，这个理由就是你是一个人。

我更希望我们所有的90后们，都能成为难能可贵的年轻人，一辈子都疾恶如仇，绝不随波逐流、绝不趋炎附势、绝不摧眉折腰、绝不放弃自己的原则。

所有我亲爱的90后们，如果将来再有人跟你说"年轻人你不要看不惯，你要适应这个社会"，这时候你就应该像一个真正的勇士一样直面他，并告诉他："我跟你不一样，我不是来适应社会的，我是来改变社会的。”

资料来源：https://www.douban.com/note/721016059/.

[简评]

1. 开门见山，提出问题，引人深思。

2. 语言激昂有力，观点鲜明，富有感染力。

拓展练习

1. 分析下面这份演讲稿的特点，各组派选手围绕爱国主题演讲，各组互评参赛选手的表现。

天下没有白费的努力（节选）

——1932年北京大学校长胡适在北京大学毕业典礼上的演讲

你们现在要离开母校了，我没有什么礼物送给你们，只好送你们一句话吧。这一句话是：“不要抛弃学问。”以前的功课也许有一大部分是为了这张毕业文凭，不得已而做的。从今以后，你们可以依自己的心愿去自由研究了。趁现在年富力强的时候，努力去做一种专门学问。少年是一去不复返的，等到精力衰疲时，要做学问也来不及了。即为吃饭计，学问决不会辜负人的。吃饭而不求学问，三年五年之后，你们都要被后进少年淘汰掉的。到那时再想做点学问来补救，恐怕已太晚了。

有人说：“出去做事之后，哪有工夫去读书？即使要做学问，既没有图书馆，又没有实验室，哪能做学问？”我要对你们说：凡是要等到有了图书馆方才读书的，有了图书馆也不肯读书。凡是要等到有了实验室方才做研究的，有了实验室也不肯做研究。你有了决心要研究一个问题，自然会缩衣节食去买书，自然会想出法子来设置仪器。至于时间，更不成问题。达尔文一生多病，不能多做工，每天只能做一点钟的工作。你们看他的成绩！每天花一点钟看十页有用的书，每年可看三千六百多页书，三十年可读十一万页书。

……

一个国家的强弱盛衰，都不是偶然的，都不能逃出因果的铁律的。我们今日所受的苦痛和耻辱，都只是过去种种恶因种下的恶果。我们要收将来的善果，必须努力种现在的新因。一粒一粒的种，必有满仓满屋的收，这是我们今日应该有的信心。一分耕耘，一分收获，这是初涉人世的青年都有的想法，但现实往往是劳而无获，因此理想也就丧失，心灵也就麻木了。我们要深信：今日的失败，都由于过去的不努力。

我们要深信：今日的努力，必定有将来的大收成。

佛典里有一句话：“福不唐捐。”唐捐就是白白地丢了。我们也应该说：“功不唐捐！”没有一点努力是会白白地丢了的。在我们看不见想不到的时候，在我们看不见想不到的方向，你瞧！你下的种子早已生根发叶开花结果了！

……

朋友们，在你最悲观最失望的时候，那正是你必须鼓起坚强的信心的时候。你要深信：天下没有白费的努力。成功不必在我，而功力必不唐捐。能够永远有这样的信心，自然也是好的。

2. 爱国主义是中华民族的优良传统和民族精神的核心内容，是中华民族团结奋斗、自强不息的精神纽带和强大力量，是激昂奋进的主旋律。爱国，不能停留在口号上，而是要把自己的理想同祖国的前途，把自己的人生同民族的命运联系在一起，扎根人民、奉献国家，成为爱国主义教育的践行者和传播。请围绕“爱国”主题，分组派代表进行演讲，并从内容、语言、语调、姿态动作等方面对演讲者进行评价。

任务三　书信与电子邮件

学习目标

1. 掌握信瓤和信封的格式。
2. 了解电子邮件的格式和优缺点。
3. 掌握发送、接收与回复电子邮件时的注意事项。

任务导入

现在你已习惯于用打电话和发短信的方式与远在家乡的父母联系，有没有试过书信或电子邮件的方式呢？也许会有不一样的效果。写封信给父母，发一份电子邮件给老同学，告诉他们你最近的学习、生活情况以及对他们的想念；发一份电子邮件给老师，与老师交流开学以来的学习体验。

思考：

1. 你觉得同样的内容，通过书信、电子邮件交流的方式与打电话、发短信、聊天工具交流的方式有什么不同？

2. 你写给老师的电子邮件与写给朋友的电子邮件在格式、用语上有什么不同吗？

执行流程

任务分工及实训步骤与要求	
沟通情境的描述与理解	教师：引导学生思考自己与父母、同学、老师交流时语言风格的差异。 学生：从交流内容、媒介、常用语等方面讨论老师提出的问题，并分析造成差异的原因。
任务执行	学生：（1）模拟打电话给父母； （2）将同样的内容用书信的方式写下来； （3）课后发电邮给老师和朋友。
现场展示与评估	教师：点评学生练习，总结、归纳相关知识点。

情境一　致父母的书信

情境描述

当你离开父母来到学校，开始独立生活，你有很多想法想与父母交流，请用正确的格式给父母写一封家信。

基本知识

书信一般由信瓤和信封两部分组成。信封是显示于外的部分，信瓤是书信的内页。

一、信瓤的格式

书信历史悠久，其格式也几经变化。信瓤是指书信的内页。按通行的习惯，一般书信的信瓤可分为称呼、正文、结尾、署名、日期五个部分，每个部分都有一定的格式。

（一）称呼

称呼是写信人对收信人的尊称，一般用“敬语＋称谓”的形式。根据写信人和收信人的关系，平时怎么称呼，在信中就怎么写。如给爸爸写信，称呼就写“亲爱的爸爸”；给老师写信，称呼就写“尊敬的××老师”。称呼要从第一行顶格写起。称呼后面要加冒号，表示下面有话要说。

（二）正文

这是书信的主要部分，可分为信首应酬语、正文主体、信尾应酬语三部分。

（1）信首应酬语通常有问候式、思怀式和承前式三种。问候式如“您好”“别来无恙”；思怀式如“一别已经半年，最近还好吗?”“近来天气变化无常，你身体还好吧?”等；承前式则说明与本信相关的前情，如“来信已经收到”“上周曾发一传真件，今仍具函，为××事”等。通常回信时一定要用承前式，先写明来信收到，并对来信中提及的问题或要求办理的事情作出回答。

（2）正文主体部分如果涉及的事情较多，可以分段写，一件事情写一段。每段起行空两格，转行顶格。

（3）信尾应酬语是在正文结束时写的应酬性的话，以使正文的结尾不生硬。如“我方相信，经过此次合作，双方的友谊将进一步深化”，又如“代向大伯、二伯问候”等。在公务书信中，信尾应酬语常常已经成为格式化套语，如“特此函达”“务请函复”“特此重申”“特此函询”等。

（三）结尾

根据写信人与收信人的关系和具体情况，结尾一般会写上表示祝愿、勉励或敬意的祝颂语。如“此致敬礼”“祝你健康”“敬颂台安”“诚祝生意兴隆”等。祝愿语一般分两行写，以“此致敬礼”为例，“此致”可以紧接正文之后写，也可以另起一行空两格写，“敬礼”则一定要另起一行顶格写。

（四）署名

在结尾的下两行的后半行署写信人的名字，署名的前面也可以写上与收信人对应的称呼，如“儿、弟、学生”等。如果在署名后加上具名语，如“谨上”“谨呈”“敬述”等，表示对收信人的尊重。

（五）日期

把写信的具体时间写在署名的正下方，应写清年月日，以备收信人日后查阅。日期必须准确，表现出写信人的严谨态度，万一记错日期，也许会因此而误事。

此外，如果信已经写完，又发现内容有遗漏或某件事叙述不够全面时，在信的后面还可以补写。但是，在补写的话前面要加上“还有”“另外”“再”，或在后面加上“又及”等字样。

二、信封的格式

现在的标准信封是横写的。信封上面写收信人的邮政编码、收信人地址，中间写收信人的姓名，下面写寄信人的地址、姓名及邮政编码。

情境二　致好友和老师的电子邮件

情境描述

你的中学时的好朋友现在可能在另外一个城市求学，除了电话、短信、微信等聊天手段之外，你很想给他发一封电子邮件，以表达你对大学生活的印象和看法。另外，在一段时间的学习之后，你有很多想法要与老师交流，请给老师发一封电子邮件。

基本知识

一、电子邮件的格式

电子邮件（electronic mail），简称 e-mail，是一种用电子手段提供信息交换的通信方式。它由信头区和信体区两部分组成。

电子邮件的信头区包括：

（1）邮件的收信人地址。地址栏可以是一个地址，也可以是一组地址。电子邮件地址的格式是“用户名@电子邮件服务商的域名”。第一部分“用户名”代表用户信箱的账号；第二部分“@”是分隔符；第三部分“电子邮件服务商的域名”是用户信箱的邮件接收服务器域名，用以标识其所在的位置。

（2）抄送地址。如果我们需要将一封电子邮件同时发送给几个人，可将其他人的电子邮件地址填在此栏，中间用逗号或分号隔开。收件人可以看到抄送的地址。

（3）主题。即电子邮件的标题，好的标题能吸引收件人的注意，准确无误地传递信息，从而使收件人在一大堆电子邮件中优先阅读该邮件。

电子邮件的信体区用于编写邮件正文，可参考传统书信的格式。

二、电子邮件的优缺点

（一）电子邮件的优点

（1）人们可以在任何地方、任何时间收发电子邮件，不受时空的限制，大大提高了工作效率，为办公自动化、商业活动提供了极大便利。

（2）电子邮件综合运用文字、图像、声音等各种方式。同时，我们可以收到大量免费的新闻、专题邮件。这是任何传统的方式无法比拟的。

（3）电子邮件服务不仅是一对一的服务，而且可以同时向某一特定群体发送同一内容的邮件，或者实现定制邮件发送服务。

（4）与电话相比，电子邮件更加经济高效，发送几乎是免费的。

基于以上优点，电子邮件成为使用率非常高的互联网应用工具。

（二）电子邮件的缺点

（1）收信人看不到发信人的表情，因此很难得知发信人的文字背后是否还隐藏着幽默、讽刺或其他言外之意。这样可能导致沟通信息的失真，造成的结果很可能是沟通非但没有达到解决问题的目的，反而令矛盾激化。

因此，凡是具有争议性的信息，或是涉及高层间的人际关系处理问题的信息，都不宜使用电子邮件发送。面对面的会谈或电话交谈都更可能会在语气、措辞、情感等各方面产生微妙的差别，因此比较适合用来沟通容易引起误解的事情。

（2）私密性和安全性不足。属于高度机密的信息，不宜使用电子邮件发送。

三、发送、接收与回复电子邮件时的注意事项

电子邮件经常被当作职场上快捷的书面沟通工具，在应用时要注意以下问题：

（一）发送电子邮件时的注意事项

（1）标题要提纲挈领。切忌使用含义不清的标题，例如“嘿!”，应把重要的信息列入主题栏以防收件人删除或忽略。

（2）行文要简洁明了。对于这种沟通形式，收件人会希望你开门见山，所以电子邮件中的第一句话就要提出你的要求或者说明你的目的。

（3）工作中的电子邮件具有书面文书的严肃性，用词不当或是随意性太强的表述都有可能导致误解，尤其是一些敏感性话题，更不宜以文字的方式出现在电子邮件中。

（4）写邮件内容时，最好先脱机写并备份，并在点击“发送”按钮之前，最后再好好检查一遍，这样可以防止由于意外地选择了错误收件人而造成的意外事件。

（二）接收与回复电子邮件时的注意事项

（1）应当定期打开收件箱，最好是每天都查看一下有无新邮件，以免遗漏或耽误重要邮件的阅读和回复。

（2）要做好阅后的整理工作。如果使用公共场所的电脑收发邮件，邮件内容的隐私性就变得至关重要。我们可以通过“Internet 选项”的“常规”选项删除文件（包括所有脱机内容）、清除历史记录以及删除 Cookies。另外，还可以到“内容”选项的“个人信息”栏进行自动完成设置，清除表单以及密码等。

（3）养成及时回复的习惯，特别是公务邮件。凡公务邮件，一般应在收件当天予以回复，以确保信息的及时交流和工作的顺利开展。若涉及较难处理的问题，则可先电告发件人业已收到邮件，再择时另发邮件予以具体回复。若因出差或其他原因而未能及时查阅和回复邮件时，应迅速补办具体事宜，尽快回复，并向对方致歉。

（4）不要擅自转发别人的私人邮件，应尊重对方的隐私。

任务小结

随着现代通信技术的兴起，越来越多的人使用电子邮件相互交流情感与思想。与现代通信工具相比，传统书信的弱点是速度慢，不能了解对方的即时反应。但书信比较正式，在一些比较正规、严肃的场合，用书信显得更庄重。电子邮件被视为传统书信在互联网时代的演化物。与传统书信相比，电子邮件快捷方便，在格式上也更为简化，即使在私人邮件中，信首和信尾的应酬语通常也被省略，所以风格更加明快简洁。与网上即时通信工具（微信、QQ等）相比，电子邮件又具有类似书信的特点。例如：有相对正式的格式，可以在写作过程中斟字酌句，回复时有充分的考虑时间，风格又相对严肃一些，因而在工作场合中使用较多。

现代社会的沟通交流方式非常多，同学们要学会根据实际需要选用恰当的方式。

例文简评

［例文1-13］电子邮件瑕疵例文

尊敬的王女士：	
您好！我们公司是一家信誉卓著的公司，在电视机领域实力强大，听说你们公司准备购买一批计算机，我想，我们公司一定是你们的最佳选择。虽然在计算机领域我们的经验有限，可是凭借多年的运作经验和公司良好的声誉，可以说我们是值得贵公司信赖的。	1. 邮件开头应写明公司名称。 2. 内容应准确无误。电视机领域的实力和计算机关系不大，不能说明己方就是对方的最佳选择。
我急切地盼望着与贵公司合作，可是本周我们公司的事情实在太多，要举行职工才艺大赛，我还要参加公司内部的足球赛，如果有时间的话，我将于下周三拜访贵公司，届时将为您做热情、详细的介绍。	3. 用公司内文体活动作为推迟拜访的理由，会让对方产生误解，认为你对这次合作并不重视。 4. 未经商量，单方面确定时间很唐突。
此致 敬礼	
张明明 2021年3月21日	

［例文1-14］电子邮件优秀例文

尊敬的张经理：	1. 称呼（敬语＋称谓式）；
您好！	2. 问候语；
我是恒大公司的销售经理小张，继我们上周的电话联系之后，我很高兴给您邮寄一本我公司的相关产品介绍手册。	3. 承前式信首应酬语；
上次您曾谈到对所采购零件的一些要求，我相信我们公司的产品和服务一定能够让您满意。	4. 正文主体；

期待您的回音，并期待着和您的会面。	5. 信尾应酬语。
此致	
敬礼	综上，信件格式完整、用词得当、行文简洁、思路清晰，分寸把握得恰到好处。
张明明 2021年3月21日	

拓展练习

请同学们在课后以小组方式讨论下列关于电子邮件的案例，并以小组为单位给老师发送邮件，谈一谈你们组对案例中电子邮件所起作用的看法，并分析日常场合中电子邮件的使用趋势和发展前景。

2020年3月10日，在新冠肺炎疫情防控的关键时刻，习近平总书记亲临武汉战“疫”一线，给广大医护人员极大的支持和鼓励。3月11日，深受鼓舞的北京大学援鄂医疗队两位“90后”临时党支部书记，代表该医疗队的34名“90后”党员给习近平总书记写了一封信，汇报在抗疫一线抢救生命的情况，表达了继续发挥党员作用、为打赢疫情防控阻击战贡献力量的决心。让这群“90后”党员没想到的是，短短几天时间，习近平总书记就给他们写了回信：

北京大学援鄂医疗队全体“90后”党员：

来信收悉。在新冠肺炎疫情防控斗争中，你们青年人同在一线英勇奋战的广大疫情防控人员一道，不畏艰险、冲锋在前、舍生忘死，彰显了青春的蓬勃力量，交出了合格答卷。广大青年用行动证明，新时代的中国青年是好样的，是堪当大任的！我向你们、向奋斗在疫情防控各条战线上的广大青年，致以诚挚的问候！

青年一代有理想、有本领、有担当，国家就有前途，民族就有希望。希望你们努力在为人民服务中茁壮成长、在艰苦奋斗中砥砺意志品质、在实践中增长工作本领，继续在救死扶伤的岗位上拼搏奋战，带动广大青年不惧风雨、勇挑重担，让青春在党和人民最需要的地方绽放绚丽之花。

习近平

2020年3月15日

思考：

习总书记的回信饱含了对新时代青年的殷切期望，你的身边有哪些优秀青年的突出事迹感染了你，请与组内同学分享。

反思与成长

1. 12岁，周恩来进入沈阳东关模范学校读书。上课的时候，校长提出一个问题：“请问诸生为什么而读书？”同学们有的说：“为吃饭而读书。”有的说：“为挣钱而读书。”有的说：“为做官而读书。”还有人说：“为明理而读书。”……

校长注意到周恩来一直静静地没有说话，就点名让他回答。周恩来站了起来，清晰而坚定地回答道：“为中华之崛起而读书！”

思考：当你学成一门技术，能够自食其力、安居乐业的同时可以为国家、社会做出什么贡献？

2. 细节决定成败，拥有严谨的态度，抓住细节，能够成就一个人的未来。大到一个国家乃至民族，小到企业、团队以及个人都需要严谨的态度、严谨的习惯，才能取得进步和成功，敷衍了事者必将被淘汰出局。本项目我们一起学习的借条和电子邮件等文书也深刻体现了严谨的重要性。

思考：如何培养自己严谨细致的好习惯？

引导：大国工匠是强烈的爱国之情和严谨认真的敬业精神结合的产物。职业院校的学生只有树立报国之志，培养严谨踏实的工作作风，才能成就工匠精神。

项 目 二

组织沟通与事务文书、行政公文

项目提要

组织是人类按一定规则和程序为实现共同目标而结集的群体，自从原始社会集体狩猎以来，组织就是人类社会生活中最常见、最普遍的社会现象。

在现代社会中，各种组织不断涌现，规模空前发展，如医院、幼儿园、学校、机关、团体、企业等。这些组织对人类生活的渗透也无所不在，现代人从生到死，无不处于这样的或那样的组织之中。组织目标的实现决定了社会目标的实现程度，而组织目标的实现与否又取决于组织沟通是否畅通。美国未来学家约翰·奈斯比特指出："未来竞争是治理的竞争，竞争的焦点在于每个社会组织内部成员之间及其与外部组织的有效沟通上。"

在大学阶段，积极参加各种学生社团的活动可以帮助我们更清楚地了解组织的运转流程，学习组织沟通的技巧，从而为踏入社会打下更坚实的基础。在本项目中，我们将通过模拟学生会工作的相关流程，介绍组织沟通中常用的口头表达技巧及事务文书的写作技巧。

项目框架

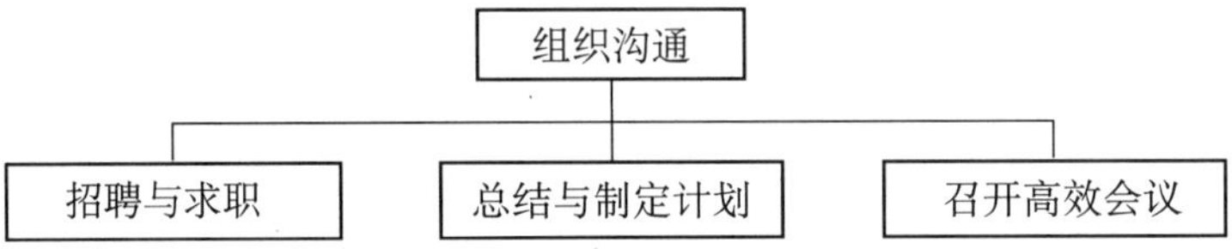

情景模拟

学习内容	模拟项目	主要知识点
组织成员的吸纳	模拟招聘、求职和面试	了解一般招聘流程 招聘启事的定义和格式 求职信和个人简历的特点和格式 面试技巧
组织的运转	模拟会议流程 撰写会议文书	总结和计划的格式 会议组织工作流程 会议通知、开幕词、闭幕词、会议记录、会议简报、会议纪要、会议新闻的格式
组织与外界沟通	制发行政公文	行政公文的定义、种类和处理流程 行政公文的格式

知识结构图

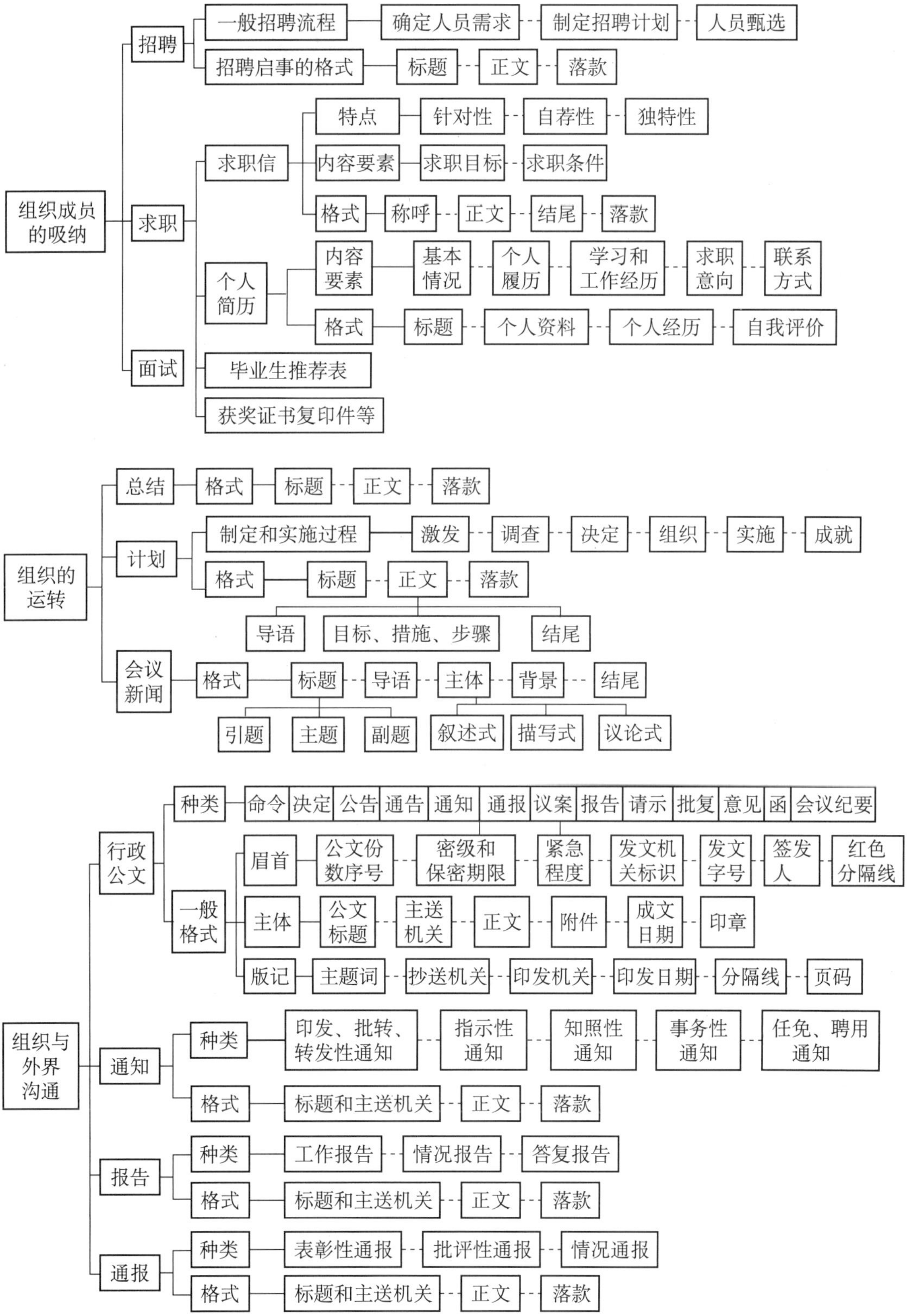
组织成员的吸纳
招聘
一般招聘流程
确定人员需求
制定招聘计划
人员甄选
招聘启事的格式
标题
正文
落款
求职
求职信
特点
针对性
自荐性
独特性
内容要素
求职目标
求职条件
格式
称呼
正文
结尾
落款
个人简历
内容要素
基本情况
个人履历
学习和工作经历
求职意向
联系方式
格式
标题
个人资料
个人经历
自我评价
面试
毕业生推荐表
获奖证书复印件等
组织的运转
总结
格式
标题
正文
落款
计划
制定和实施过程
激发
调查
决定
组织
实施
成就
格式
标题
正文
落款
导语
目标、措施、步骤
结尾
会议新闻
格式
标题
导语
主体
背景
结尾
引题
主题
副题
叙述式
描写式
议论式
组织与外界沟通
行政公文
种类
命令
决定
公告
通告
通知
通报
议案
报告
请示
批复
意见
函
会议纪要
一般格式
眉首
公文份数序号
密级和保密期限
紧急程度
发文机关标识
发文字号
签发人
红色分隔线
主体
公文标题
主送机关
正文
附件
成文日期
印章
版记
主题词
抄送机关
印发机关
印发日期
分隔线
页码
通知
种类
印发、批转、转发性通知
指示性通知
知照性通知
事务性通知
任免、聘用通知
格式
标题和主送机关
正文
落款
报告
种类
工作报告
情况报告
答复报告
格式
标题和主送机关
正文
落款
通报
种类
表彰性通报
批评性通报
情况通报
格式
标题和主送机关
正文
落款

任务一　招聘与求职

学习目标

1. 了解招聘流程和招聘启事的定义和格式。
2. 掌握求职信和个人简历的特点和格式。
3. 掌握面试准备工作的流程及具体内容、面试技巧。

任务导入

新的学年开始，系学生会开始招募新人，学生会的同学们井井有条地开展招聘工作，最终小王被聘为学习部秘书。

思考：

1. 招聘流程是怎样的？招聘单位是如何通过阅读求职材料和观察面试表现来寻找适合人选的？从招聘方的角度审视自己的求职材料和面试表现。

2. 什么样的求职材料可以帮助你赢得面试机会？为了获得面试的成功，你该做哪些准备？

执行流程

任务分工及实训步骤与要求	
沟通情境的描述与理解	教师：目前院学生会各部门正在招聘秘书岗位人员。要求全班同学分组组织招聘工作，每位同学报名应聘其他小组的岗位。 学生：自学教材任务一“招聘与求职”的全部内容，了解招聘与求职的过程。
任务执行	学生：（1）分组制定本组招聘流程、撰写招聘启事、设计面试问题； （2）制作个人求职材料。
现场展示及评估	初赛：应聘者递交求职信和个人简历，招聘人员审阅打分，并选取优秀选手进入复赛。 复赛：招聘人员面试应聘者，打分点评。 教师：教师对本次活动进行总结，强化知识点。

情境一　组织招聘

情境描述

在新的学年里，系学生会要开始招募新人了。今年这个工作由小李负责，小李制定了一套完整的招聘流程，并发布了招聘启事。

基本知识

一、一般招聘流程

（一）确定人员需求

这一阶段通常由各部门根据实际工作需要向单位人力资源部门报送本部门人员需求情况，如招聘职位、人数及要求等。

（二）制定招聘计划

人力资源部门整合用人部门的需求后，会根据情况安排招聘工作，具体如图 2－1 所示。

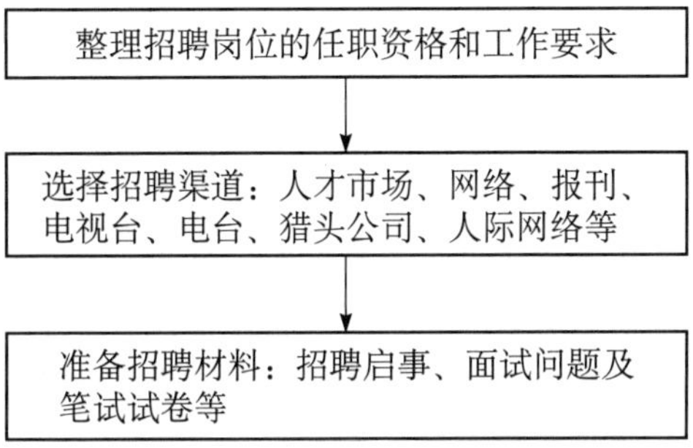

图 2－1　制定招聘计划流程

（三）人员甄选

人力资源部门收齐应聘者材料后，首先，对应聘者资格进行审核，审核合格者通知面试；然后，由人力资源部门与用人部门领导组成招聘小组对应聘者集中面试；再次，面试小组对面试结果作出评价并表明意见；最后，通知面试结果。具体如图 2－2 所示。

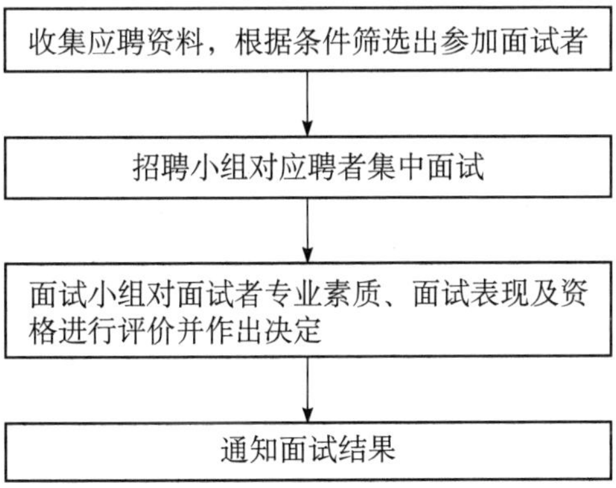

图 2－2　人员甄选流程

知识拓展

招聘小组的面试问题

通常由单位的人力资源部门和用人部门联合组成招聘小组对应聘者面试，二者在面试过程中考察的侧重点有所不同。

1. 人力资源部门主要考察应聘者的综合素质、文化匹配度（应聘者的思维方式、行为模式等与公司的契合度）、工作经验的真实性等，侧重以“What”与“Why”的形式提问，即从内容和动机两个方面进行考察。例如：“你为什么希望到我们公司工作?”“你有哪些兴趣爱好或具备什么资格证书?”

2. 用人部门侧重考察应聘者的专业知识和专业技能，以及工作经验的匹配度。侧重以“How”“When”“Where”的形式提问，即从完成任务的方式和环境进行考察，从而判断应聘者的专业性。例如：“如果我录用你，你将怎样开展工作?”“简单描述一下你的工作内容以及职责。”

二、招聘启事的定义和格式

（一）招聘启事的定义

招聘启事是用人单位面向社会公开招聘有关人员时使用的一种应用文书。招聘启事撰写的质量好坏会影响招聘效果和招聘单位的形象。在日常生活中，我们会遇到各种各样的启事，如寻物启事、寻人启事等。启事是需要向公众说明某事或希望公众协助办理某事时使用的一种事务文书。从广义上讲，我们在撰写启事时，应明确写明启事的目的、事项、条件等，如寻物启事要写清丢失物品的时间、地点以及物品的特征等，并留下失主的联系方式；此外，启事的语气通常要突显尊重、感谢之情。如寻物启事里的“不胜感谢”、订婚启事里的“敬告亲友”、迁址启事里的“欢迎惠顾”等。

（二）招聘启事的格式

招聘启事的一般格式如下：

1. 标题

招聘启事的标题应简洁明了，如“招聘启事”“诚聘英才”等。但日常生活中也会经常见到标语、口号式的标题，这种标题较活泼，能吸引人的注意。

2. 正文

招聘启事的正文包括开头和主体两部分，其内容如下：

（1）开头。开头首先要对用人单位的情况进行介绍，以增强对求职者的吸引力；其次要阐述招聘原因，引出招聘启事的正文主体。

（2）主体。主体主要列出应聘职位的资格条件、待遇、数量及应聘办法（需要准备的个人材料、联系方式、联系人、时限等）。

3. 落款

落款即要求在正文右下角署上发布招聘启事的单位名称和发布时间。标题或正文中已有单位名称的可不再重复。

情境二　应聘求职

情境描述

作为大学新生，小王很想好好锻炼下自己各方面的能力。在仔细研究了学生会的招聘启事后，小王觉得自己完全可以去试一试。于是，他撰写了求职信和个人简历，并递交给学生会。

基本知识

一、求职信的特点和格式

（一）求职信的特点

求职信起到问候、简洁说明应聘原因、引起对方注意和兴趣的作用，其性质介于正式文书与私人文书之间。因此，好的求职信具有鲜明的个性、简洁的文风，不要求全面详细的情况介绍，应着重突出自我优势、特长、技能，切忌成为个人简历的翻版。

（二）求职信的格式

求职信的格式跟一般书信相同，由称谓、正文、结尾、落款四部分组成。

（1）称谓。写在第一行，要顶格写收信人的单位名称或个人姓名。求职信不同于一般私人书信，双方未曾谋面，因此要恰当、郑重其事。

（2）正文。另起一行，空两格开始写。由于正文内容较多，因此要分段写。开头写应聘原因，简要介绍求职者的基本情况，说明从何渠道得到有关信息以及写此信的目的。中段主体要突出自己的优势和闪光点，对自身能力作出客观的评价。最后向收信人提出希望和要求，忌啰唆，更不要苛求对方。

（3）结尾。另起一行，空两格。写表示敬祝的话，如“祝工作顺利”等。

（4）落款。署上写信人的姓名和成文日期。成文日期要年、月、日俱全。

二、个人简历的特点和格式

（一）个人简历的特点

个人简历是应聘者对于自身情况全面客观的描述。优秀的个人简历通常有两个特点。一是针对性强，应聘者懂得围绕招聘要求组织材料。有的放矢、重点突出，才能让招聘方迅速看到自己的优势。二是内容具体，要学会用清晰、具体，甚至数据化的细节来表现自己的实力。大而化之的叙述会让招聘方觉得含糊不清，对应聘者的表述印象模糊，甚至产生不可信的感觉，而清晰甚至数据化的细节会增添材料的真实感，使招聘方留下深刻的印象。

（二）个人简历的格式

个人简历通常由标题、个人资料、个人经历、自我评价四部分组成。

（1）标题。即“个人简历”。

（2）个人资料。包括应聘职位、个人基本信息（姓名、性别、年龄、政治面貌、学历等）、联系方式（手机、电子邮箱）等。

（3）个人经历。主要展示自己的专业实力及相关能力、素质等，具体内容如图 2－3 所示。

（4）自我评价。个人简历要求求职者提供客观事实以供招聘方衡量其能力，一定要实事求是，切勿夸大自己的能力、优点，掺杂虚假成分。

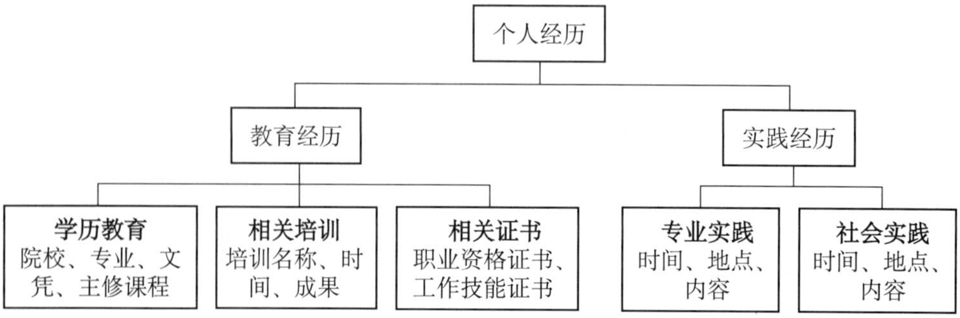

图 2-3　个人经历要素

知识拓展

完整的求职材料

小王应聘学生会学习部秘书这一职位时需准备求职信和个人简历。而当我们毕业找工作时则需要准备一套完整的求职材料，其包括封面、求职信、个人简历、毕业生推荐表、获奖证书复印件等，而在其中，用人单位往往最重视个人简历。一套完美的求职材料必须多侧面、主体化、客观地反映求职者的基本情况、专业知识水平、能力结构以及综合素质等。

情境三　模拟面试

情境描述

在规定的时间期限内，学生会收到了不少应聘材料，并通过应聘材料筛选出了一批面试人选，而接到面试通知的同学也积极准备。最终在完成面试环节后，一部分同学进入学生会，小王也如愿担任学习部秘书一职。

基本知识

一、面试准备

面试准备工作的流程及具体内容如图 2-4 所示。

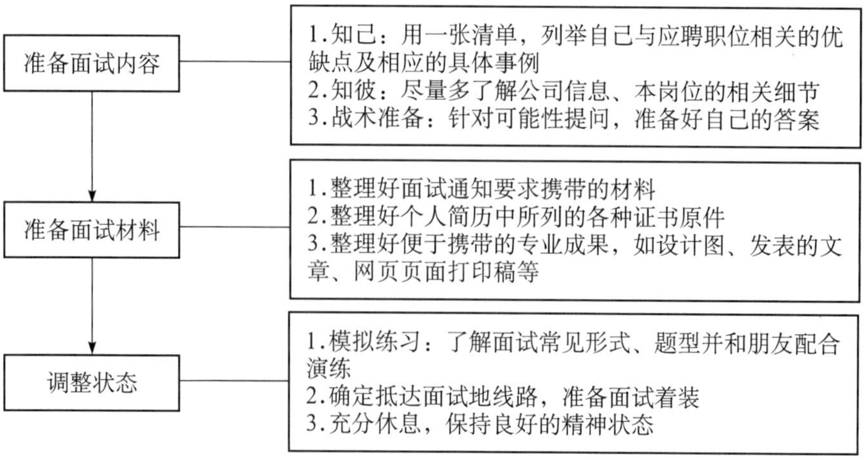

图 2-4　面试准备工作的流程及具体内容

二、面试技巧

面试中的常见问题一般分为六种，涉及个人情况、应聘动机、专业情况、工作能力、人际关系、工作态度，这些问题基本囊括一个人职业素质的所有方面。想要在面试中应对自如，需要良好的心理素质和流畅的表达技巧，具体包括以下几个方面：

（一）保持良好的状态

应聘者应准时出发，确保比面试时间提前10分钟到达，可以在面试场地外整理自己的衣着妆容，深呼吸，调整好心态，从容镇定地进入面试场地。对于面试官来说，应聘者态度从容，衣着整洁大方，拥有自信的体态步伐，已经得到了很好的印象分。

（二）正确使用交谈技巧

应聘者在说话时，要语气自然、语速正常、语音清晰。要善于倾听，针对对方的提问有技巧地回答，最好提供可以说明某项技能的事例。

（三）知己知彼，百战不殆

面试前做好充分的准备是在面试中从容应答的基础。应聘者在面试前要尽可能搜集关于应聘公司、应聘岗位的资料，对面试中可能出现的问题作出预测并提前做好准备。面试前还要对自身与本职位相关的能力、经历以及对于职位的理解进行全面的梳理，从而在面试中碰到相关问题时可以从容作答。

任务小结

了解用人单位的招聘流程不仅是完成本学习任务的不可或缺的环节，而且可以使我们在将来的应聘过程中能够更准确地理解招聘方的要求，从而使我们的应聘更加有的放矢。招聘方要找的是最合适的，而不一定是最优秀的人选。所以，准备应聘材料时，一定要仔细分析招聘单位明确的以及潜在的要求，根据对方需求准备相应的材料，体现自己的优势。

一般而言，面试官都具有丰富的社会经验和心理优势，所以，应聘者在面试过程中试图用谎言伪装基本是行不通的，靠事先背下常见问题的答案也难以取得良好的效果。因此，我们平时要培养自己健康积极的心态和抗压能力，面试前做好充分准备，这才是取得面试成功的关键。

例文简评

一、招聘启事例文

[例文2-1] 瑕疵例文

例文	评析
招聘启示 本店因业务发展需要，现需招募相关工作人员，有意者请联系本店。 本人联系电话：××××××××。	1. 标题错误，应为启事。 2. 未说明相关的招聘信息，如具体职位、招聘要求和准备提供的薪酬福利等，应聘者无法对比自身条件作出正确判断，最终会影响招聘工作的开展。

［例文2-2］优秀例文

××律师事务所

招聘启事

1. 标题：单位名称＋事由＋文种。

××市××律师事务所是一所经政府司法机关批准成立的合作制律师事务所，主要从事房地产、知识产权、金融、证券、商务、劳动、婚姻等方面的法律业务。因业务发展需要，现诚聘下列人员：

2. 单位情况介绍及招聘原因。

一、专职律师2名

条件：1. 已取得律师资格；

2. 大学本科以上学历，掌握一门外语；

3. 身体健康；

4. 有2年以上工作经验。

3. 招聘职位、人数及资格条件。

二、文秘1名

条件：1. 女性，年龄在22岁以下；

2. 能熟练使用现代办公软件；

3. 身体健康；

4. 大专以上学历。

我所对专职律师设有灵活的薪酬体系，专职律师可以根据自己的能力做出选择，详情可面议。

4. 薪酬待遇。

有意者请将本人简历等资料寄至××市××区××大街××号××律师事务所，或传真、发电子邮件。

5. 应聘方法。

邮编：××××××　　电话：××××××××

××××年××月××日

6. 标题中已写明单位名称，结尾可以不署名。

二、求职信例文

［例文2-3］瑕疵例文

尊敬的领导：

您好！

我是一名即将于××年毕业的××大学××学院学生，所学专业是计算机。

1. 开头没有说明姓名以及应聘岗位。

在校期间，本人严格遵守学校规章制度，尊敬师长、团结同学，有很强的集体荣誉感。大学四年来，在老师的严格教育和个人努力下，我目标明确，态度端正，注重培养专业技能，成绩优秀，具备了扎实的基础知识。除了认真学习专业知识外，

2. 面面俱到反而失去重点，滥用套话令人厌烦，空洞的表述使人过目即忘。

我还广泛涉猎其他领域的知识，积极参与文体活动和社会实践，取得了良好的成绩。

“走自己的路”是我的座右铭；“勤奋求实”是我的工作态度；“真诚、自信”是我的最大特点。相信我是您的最佳选择。

3. 个性展示部分内容空泛、缺乏细节，招聘单位无法从中判断应聘者的真实情况。

您给我一次机会，我必将还您以惊喜。我渴望在更广阔的天地里实现自己的价值，我希望能加入你们的单位。

4. 应聘理由空泛，不足以展现诚意打动对方。

感谢您耐心地阅读了我的求职信，如需要详细资料，请与我联系。

5. 要求对方自行索取资料，不够礼貌和主动。

敬候佳音！

6. 缺少具体联系方式。

自荐人：××

××××年××月××日

［例文 2-4］ 优秀例文

尊敬的领导：

您好！我叫××，是一名刚刚从××大学毕业的学生，我的专业是计算机。我写这封信的目的是应聘贵公司的市场部。

1. 开头自我介绍并说明目的，简练清晰。

首先，我想说明的是我为什么想要加入贵公司。前一段时间，我参加了贵公司的校园招聘推介会，正像贵公司宣讲人员所说的一样，当我们选择自己的职业和应聘公司时，首先要考虑的是这个企业的价值观是否与自身相吻合。我很尊重并赞同贵公司的企业文化，我认为善良、真诚、诚信是一个人最应该珍重的品质，也是一个企业所应尊重的道德底线。我有志加入其中并为这样的企业的发展努力贡献自己的力量。

2. 根据对公司招聘信息的了解，强调自己的价值观和公司合拍的地方，应聘动机符合对方要求。

其次，我想说明为什么我是加入贵公司的合适人选。我想申请贵公司的市场部，虽然我的专业与所应聘的职位不对口，但是我认为我的学习能力很强，只要给我一个机会，我会利用这个机会迅速成长、成熟起来。

3. 从看似对自己不利的条件入手，打消对方疑虑，化弱势为优势。

大学期间，我曾做过多份兼职工作，如电话卡推销员、洗衣机推销员、笔译人员、英语培训班的助教等。无论是哪一份工作，我都很认真地投入进去并且取得了不错的工作成果。这些工作本身的意义并不是很大，但是通过这些工作，我认识到了自己的长处和不足：我有很好的口才和感染力——这是作为市场部人员所应具备的最基本的素质；我有激情，做事积极主动——这是我能够作出业绩最重要的保

4. 根据应聘职位的需求，组织阐述自己的相关经历及从中获得的经验，针对性极强。

证；我不怕吃苦，肯脚踏实地工作——这是我对企业和个人负责的表现；同时，我能很快地融入工作中，利用尽可能短的时间熟悉、了解工作内容并迅速展开工作——这是我能够为企业创造价值的关键。

当然我也有弱点，比如说我比较容易多愁善感，但是这一点的另一个好处就是让我有了较强的同理心；我做事可能有时候会冲动一些，但在工作中我会尽量克制。

5. 坦诚提及自己的缺点，表现出对自己客观、理性的认识。

作为一名刚踏入社会的大学生，我多多少少地也会感觉到迷茫，但是我觉得选择贵公司会让我的潜力得到最好的发挥。我是一个自信、积极而且有同理心、有勇气的女孩，我有团队合作的意识，并且会努力认真地工作。所以我希望您能够给我一个机会把这些证明给您看，我一定不会让您失望的。

6. 总结前文，再次提出自己的请求。

期盼您的答复！随函奉上成绩单以及个人简历表，敬请收阅。

此致

敬礼

自荐人：×××

××××年××月××日

三、个人简历例文

［例文2-5］瑕疵例文

个人简历

个人资料

姓　　名：××　　　性　　别：男

出生日期：××年××月××日

学　　历：大专　　　专　　业：数据通信与网络系统

现任职位：学生会主席

申请职位：无限制　　薪资要求：面议

1. 申请职位不明确。

联系方式：***********（手机）　*******（QQ）

*******@****.com（E-mail）

自我评价

幽默、耿直、率真、对人生的看法富含哲学性，希望能将自身所散发的火热生命力及快乐感染到别人，所以人缘通常都很好。外向、健谈，喜欢新的经验与尝试，尤其是运动及旅行。永远无法被束缚、不肯妥协，同时又具备人性与野

2. 自我评价过长；“永远无法被束缚、不肯妥协……”等言辞不适合在个人简历中出现。

性，精力充沛且活动力强，有着远大的理想，任何时候都不会放弃希望和理想。

个人技能

1. 熟悉 Windows 系统的安装、操作及硬件维护；
2. 熟悉 ASP. NET、ASP、HTML、SQL 标准语言；
3. 熟悉 Access、SQL Server、MySQL 等数据库系统的基本应用；
4. 了解 PHP、JAVA 等其他开发语言；
5. 能够熟练使用 Office、Dreamweaver MX、Fireworks MX，可以简单使用 Adobe Photoshop；
6. 熟悉 Helix 流媒体服务器、MDaemon 搭建 Mail 服务器、FTP 服务器、DNS 服务器、Web 服务器的架设、配置及操作，了解 Linux、UNIX 等其他服务器操作系统；
7. 会开各种大中小型汽车、摩托车，但无驾照；
8. 会写各种笔体的钢笔字，曾在市书法比赛中荣获硬笔书法比赛一等奖。

3. 个人技能介绍空泛繁杂，缺乏有效的证明。

［例文 2-6］优秀例文

个人简历

求职意向：动画设计

基本信息

姓名：张三　　　　　性别：男

出生年月：××年××月××日

毕业院校：××大学　　政治面貌：中共党员

专业：电脑动画设计　　学历：大专

联系电话：********

E-mail：zhangsan@*******.com

联系地址：**************

1. 申请职位及个人基本信息明确写明。

教育背景

2018.9—2021.7 就读于××大学数字艺术设计系

2019.7—2019.8 参加××人物角色设计的学习培训

2. 学历教育背景及专业知识培训经历。

获奖情况

2019 年作品《雨》获学院第五届动画短片金奖

2020 年被评为学院三好学生

2019 年、2020 年连续两年获得学院一等奖学金

3. 展现专业能力的奖项放在前面。

社会实践

2019 年 7—8 月在东讯电影数字制作有限公司兼职游戏动

4. 时间上倒序排列，内

画设计
2019年6—9月在××公司兼职网页设计
2018—2019年担任校学生会宣传部部长、外联部部长，组织了海报大赛、学生作品联展等活动，取得了良好效果

容上按职位相关度降序排列，不仅列出所任职务，而且提供具体工作业绩。

基本技能

精通Dreamweaver、Flash、Photoshop、Pagemaker等设计软件
全国计算机等级考试一级
英语应用能力考试B级

主修课程

动画小品、动画广告片头、视听语言、动画技法、动画造型（2D、3D）、综合设计基础、综合造型基础等

自我评价

本人性格开朗，具有良好的沟通能力和团队合作精神，对新事物的接受能力较强。

5. 针对所应聘的职位，阐述自己的优点，简洁明了。

拓展练习

1. 根据下面的资料，撰写一份求职信。

张三同学是××学院文秘专业的应届毕业生。在校期间，他学习了秘书学、办公自动化、公关礼仪、秘书写作等课程，学习成绩优秀。英语已过四级，口语能力较强，曾在××市大学生英语演讲比赛中获一等奖。张三同学性格开朗，办事认真负责，待人热忱，曾在××公司实习期间受到领导和员工的一致好评。他准备毕业后去长安福特汽车有限公司应聘。

要求：首先应收集相关企业的信息，研究其企业文化，分析该企业对应聘职位的要求，有的放矢。

2. 如果张三同学在长安福特汽车有限公司工作四年后，因个人发展需要，欲应聘某公司行政总裁助理职位，根据下列资料请你帮他撰写一份个人简历。

该职位相关要求如下：

学历要求：

大专以上学历。

主要职责：

（1）审核各部门提交的各类文书及总裁办公室对各部门、各事业部所发的各类文件；

（2）负责公司外联事务及来宾接待工作；

（3）负责安排及组织公司的重大会议，制定会议议程，整理会议决议；

（4）根据总裁办公室的要求及相关会议纪要，对各部门的工作进行协调及督办，确保总裁办公室各项工作的有效落实；

（5）全面负责总裁办公室的日常管理，贯彻落实岗位责任制和工作标准。

任职要求：

（1）五年以上相关工作经验，熟悉现代化企业的系统化运作和管理，熟悉企业行政管

理知识，具有较强的亲和力，优秀的人际沟通、协调、组织、管理能力；

（2）稳重、踏实、勤勉、敬业，具有优秀的分析问题、解决问题的能力，以及良好的外联、公关能力；

（3）有政府、企业、各类协会来宾接待经验者优先考虑。

任务二　总结与制定计划

学习目标

1. 了解总结的特点和格式。
2. 了解计划的作用和类型。
3. 掌握计划的制定和实施过程以及格式。

任务导入

系学生会招聘工作结束后，小王虽然顺利进入系学生会，但是他很清楚学生会工作很忙。为了更好地协调和安排工作、学习和生活，小王对自己进入大学以来的学习生活进行了思考、总结，并在此基础上制定了本学期的个人计划。

小李也对自己主持的招聘工作进行了总结。

思考：

1. 你有定期总结的习惯吗？请思考一下定期总结的好处并举例说明。

2. 你有制定了计划却无法执行的经历吗？你认为导致某次计划荒废的主要原因是什么？

情境一　总结

情境描述

系学生会招聘工作结束了，无论你是招聘人员还是应聘者，无论你在这次招聘中是否成功实现预期目标，都有很多经验和教训需要总结。请撰写一份关于这次招聘过程以及应聘过程中的个人总结。

执行流程

任务分工及实训步骤与要求	
沟通情境的描述与理解	教师：介绍总结在工作及个人成长中的作用，启发学生思考前期招聘或应聘工作中的成绩和不足，鼓励学生及时总结经验。
任务执行	学生：利用课外时间小组合作讨论前期工作得失，撰写本小组工作总结。 教师：督促学生在下次上课前上交作业电子版，并从中抽选典型例文（建议以优秀例文为主）。
现场展示及评估	教师：展示典型例文，启发学生点评，强化知识点，布置课后个人作业。

基本知识

一、总结的含义和特点

总结是指对过去一定时间的实践活动进行回顾检查、分析评论，从中找出经验教训和规律性认识的一种书面材料。按内容分，有学习总结、工作总结和思想总结等；按时间分，有年度总结、季度总结和月度总结等。

总结是由感性认识上升到理性认识的过程，应对实践进行全面、深刻的概括。从内容上看，它具有客观性和理论性相结合的特点；从写作技巧上看，它具有夹叙夹议、叙议并重的特点。

二、总结的格式

总结一般包括标题、正文、落款三部分，其格式如图2-5所示。

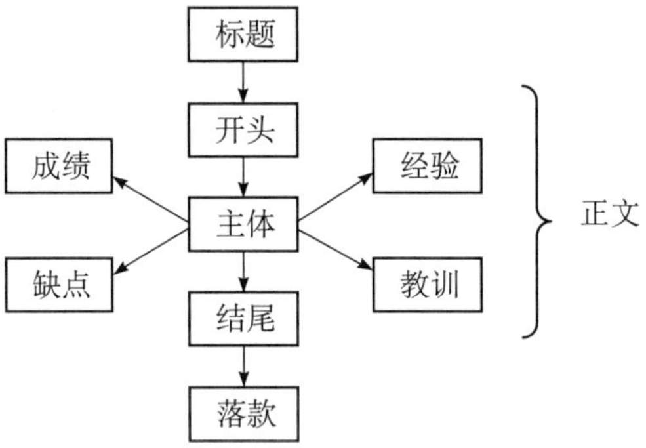

图2-5　总结的格式

（一）标题

总结的标题大体上有两种写法：

（1）公文式标题。由单位名称、时限、主题内容和文种组成，如《××厂2020年工作总结》。

（2）双标题。以主题内容作标题，并采用正副标题形式，如《多种渠道集资，积极改造旧城——广州市城市建设经验总结》。

（二）正文

正文通常包括以下部分：

（1）开头。这一部分主要是基本情况的概述，通常要说明工作的背景，对整个工作总的分析，对工作情况进行基本评估等。一般用概括性的话语简要说明“什么单位，什么时间，做了哪些工作，采取了哪些措施，实施过程如何和工作成绩有哪些”等问题。这部分既有起首开篇的作用，又有提纲挈领、总领全文的作用。

（2）主体。这是总结的主要部分，着重介绍过去的成绩、经验和体会。总结过去主要是为了获取经验，所以这一部分是总结的精华，重在分析取得的成绩以及取得成绩的原因和做法，总结出带有规律性的经验。经验提炼得准不准确、深不深刻，是衡量总结质量高低的重要标志。此外，这一部分还要指出存在的问题和缺点以及今后的打算，还有哪些问题没有解决，没有解决的主要原因是什么，有哪些教训要吸取。

（3）结尾。应在总结经验教训的基础上，提出今后的方向、任务和措施。总结过去是为了将来做得更好，所以结尾要表明决心、展望未来。这一部分主要包括下一步的指导思想、安排意见等。

（三）落款

标题上没有标明单位的，应该在正文结束后写上单位。个人总结一般在标题上不写名字，要在结尾落款，然后写日期。

总结种类繁多，内容各异，结构没有固定的模式，因此在撰写总结时，我们要根据总结适用的不同情况，抓住重点，突出特色。

情境二　制定计划

情境描述

生活本身是丰富多彩的，可是，如果没有清晰的计划也很容易流于散漫或杂乱，想一想，本学期自己想做什么，要怎么做，据此制定个人计划并记录执行情况。

执行流程

任务分工及实训步骤与要求	
沟通情境的描述与理解	教师：简单介绍计划和方案的写作目的，设计启发性问题，启发学生自己理解计划的格式。 学生：请班级学生会干部介绍学生会工作流程，全班同学课余自学教材相关内容。撰写个人学习计划。
任务执行	学生：利用课外时间小组合作讨论计划内容，撰写计划书，安排下周学生会工作会议，撰写会议方案。 教师：利用课外时间，通过电话或 QQ 了解、掌握学生作业完成状况。
现场展示及评估	学生：一组学生按照会议方案现场组织学生会年度计划讨论会议，两组学生展示计划书，其余各组进行对比点评。 教师：对本次活动进行总结，吸取经验和教训，找出亮点和成功之处，发现不足之处并改正，强化知识点。

基本知识

一、计划的作用和类型

（一）计划的作用

20 世纪 50 年代，哈佛商学院的一个研究小组在当年即将毕业的学生中随机挑选了 100 名学生，想要了解一个人能否取得成功的决定因素。经过 10 年的追踪，该研究小组发现，当年就能够提出较明确的目标，并制定初步计划的学生拥有的财富总量占全部 100 名学生财富总量的95%。可见，制定计划可以使人更好地实现自己的理想。

无论是单位还是个人，无论办什么事情，事先都应有打算和安排。有了计划，工作就有了明确的目标和具体的实施步骤，从而协调大家的行动，增强工作的主动性，减少盲目性，使工作有条不紊地进行。

（二）计划的类型

计划是一个统称，主要包括规划/纲要、方案、设想/打算、安排、计划、要点等类型。严格来说，这些文种间存在一些差异，写法也不尽相同。

1. 规划、纲要

二者属于全局性、长期性计划，是各级领导机关根据战略方针为实现总体目标，对某个地区或某项事业作出长远部署的一种计划文书，具有一定的指导性和鼓动性。这类计划时间跨度长、范围广、内容概括、文字简略。

2. 方案

方案是对将要进行的某项重要工作，从目的、要求、方式、方法到具体进度的实施计划。

3. 设想、打算

设想、打算是计划中非正式的、初步的粗线条计划。其内容是不太成熟的想法。时间长的称“设想”；近期要进行，范围不大的称“打算”。

4. 安排

安排是具体的计划类文书。安排是指预计在短期内要做的某项工作，不作具体布置就达不到目的，其内容要明确具体，预想要周到细致。

5. 计划

计划是日常工作、学习中使用最广泛的计划类文书。其时间期限一般在一年之内，内容多针对本单位的工作或某项具体任务，制定具体的目标、任务、步骤、措施。计划执行中须定时总结检查。

6. 要点

要点是计划的摘要，一般是将计划的主要内容摘录编排，使之重点突出。

二、计划的制定和实施过程

评价计划制定好坏的重要标准是计划的可执行性，但要想写出一个执行性强的计划，仅仅掌握计划的格式是远远不够的。计划的制定和实施是一个完整的过程，撰写只是其中的一个环节。完整的计划制定和实施过程包括激发、调查、决定、组织、实施、成就六个步骤，如图2-6所示。

三、计划的格式

计划包括标题、正文、落款三部分。

（一）标题

计划的标题通常由计划者、计划时限、内容、文种四个要素组成。如《××建筑工程

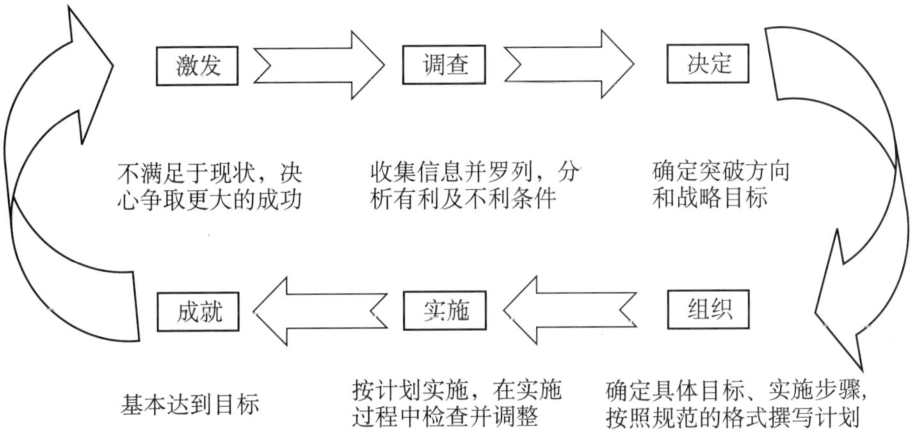

图 2－6　计划的制定和实施过程

安装公司 2020 年工作计划》《××大学××学院 2019—2020 年第一学期教学工作计划》。

除文种外，其余三个要素可根据实际需要酌情省略。如《××大学××学院 2019—2020 年第一学期教学工作计划》可以省略为《2019—2020 年第一学期教学工作计划》《××大学××学院教学工作计划》《教学工作计划》等。

（二）正文

计划的正文由导语、主体、结尾三部分组成。其中结尾部分可省略。

1. 导语

用简明扼要的文字说明制定计划的指导思想（计划的依据），以及对基本情况的说明分析。

2. 主体

主体应该具备目标、措施、步骤这三个要素。主体多采用条文式的结构方式，应尽可能具体，具有操作性。

（1）目标。计划的目标应具体明确，即写明“做什么”“做到什么程度”“完成时限”三个方面，包括要完成的具体工作在数量、质量和时间上的要求。如“至 2016 年 10 月 25 日独立完成《高等数学》第三册的全部课后习题，正确率达 90%”等。

（2）措施。要写明为了保证任务的完成和目标的实现，必须采取的主要措施、主要方法以及将提供的必要条件等。

（3）步骤。在明确目标和措施的基础上要进一步安排具体步骤，写明实现计划的程序和安排，特别是对重要阶段、重要节点的安排。一般来说，这个环节要写清楚如下要点：“分派什么人”“什么时间、多长时间”“什么地点、场合”“采用什么方式”“利用什么资源”完成“什么任务”。

3. 结尾

结尾可以用来提出希望、发出号召、展望前景、明确执行要求等，也可以在主体之后就结束全文，不专门写结尾部分。

（三）落款

在结尾之后，还要署明单位名称和制定计划的具体时间。如果以文件的形式下发，还要加盖公章。

任务小结

总结和计划是相辅相成的两个文种。在工作、学习和生活中，我们总是在总结现有状况的基础上，确立恰当的目标，找到适合的措施，安排今后的行动步骤，从而制定合理可行的计划。在一段时间的计划完成后，我们又习惯于对照计划衡量这一段时间的工作和生活情况，思考并总结其中的经验、教训，从而进一步调整今后的目标和方法。在总结和计划的不断循环过程中，我们也不断进步。

实效性是衡量计划好坏的最终标准，好的计划应该考虑周密而又简单可行。这个世界充满变数，好的计划应在充分考量真实世界的基础上留有余地，以便执行中可以随时调整修改。想要不断进步，有所成就，要养成及时总结、制定计划的习惯。从现在开始，我们应从身边小事着手，一要学会事后反思、总结，努力做到经历即财富；二要学会有条不紊地、全力以赴地处理各项事务。

例文简评

一、总结例文

[例文2-7] 瑕疵例文

××集团科协2020年工作总结

××集团科协本年度内认真贯彻公司第四次职代会和公司党委工作会的精神，学习十九大文献，在科协的各项工作中落实“创新驱动发展战略”的思想，以“创建科技工作者之家”活动为主线，创造性地开展工作，取得了比较好的成效。

一、制定《××集团公司科学技术协会业务工作规程》并引进ISO9000质量管理体系的科学思想和方法，建立和推行党建质量管理体系，科协全体同志分工撰写工作规程。（略）

二、“创建科技工作者之家”（简称“建家”）活动是工作的主线。年初，修改了活动的实施办法，对“建家”活动作了精心安排和布置；年中，对各成员单位开展活动的情况作了巡检和通报；年末，组织对该活动的考核验收。

三、围绕技术创新，加大了“讲、比”活动的力度。集团科协已连续四届荣获全国“讲、比”竞赛活动先进集体称号。

…………

十一、其他工作。编印了四期《××集团科协报》，每期3 000份，内容主要是……全年共向科技处提供稿件71篇，采用了……谢志文等同志被评为全国“讲、比”竞赛活动优秀组织工作者……

资料来源：改编自http://www.chinabaike.com.

[简评]

1. 没有在事实中提炼出经验，整个总结缺乏理性反思，深度不够。

2. 材料的剪裁不当，全文第十一条过于琐碎。

［例文 2－8］优秀例文

××系学生会卫生部 2020 年下学期工作总结

不知不觉中，本学期的工作即将结束，回顾本学期××系学生会卫生部的工作历程，既有值得我们高兴的成绩和成功的经验，也有许多不足之处。我就本学期的工作情况总结如下：

一、成绩

在本学期的卫生部工作中，我们主要做了以下几件事：

1. 完善了卫生部的制度建设（略）

2. 抓好了卫生监督工作（略）

3. 开展了卫生普查工作（略）

4. 举行了“我爱我家”宿舍风采大赛活动（略）

5. 开展了学生干部自身素质建设活动（略）

二、体会

通过一学期的真抓实干，我们有如下工作体会：

1. 作为学生干部，必须增强自我服务意识，学生会活动只有一切以同学们的根本利益为出发点，才能够获得同学们的信任。（略）

2. 作为学生干部，必须提高自身的工作能力和素质。（略）

…………

三、存在问题

在取得成绩的同时，我们的工作中也存在许多不足。如毕业班的卫生情况抓得不是很严、检查结果不理想等，还有待于我们进一步改进工作方法。

四、今后建议

…………

××系卫生部

2021 年 1 月 12 日

［简评］

本文是一篇极为典型的年度工作总结，标题完整规范，正文中总结的“三要素”俱全，条理清晰。全文叙议结合，叙述条理性强，分析总结较深入。

二、计划例文

［例文 2－9］瑕疵例文

工作计划

一、召开团十四届三次全委（扩大）会议，总结去年工作并部署今年工作。

二、以“学雷锋月”为契机，三月份在全县掀起学习雷锋新高潮。如打扫卫生死角、敬老院献爱心、植树、开展青年志愿者服务一条街活动等。

三、进行团员意识教育。

四、以清明节扫墓、十八岁成人宣誓仪式、“保护母亲河”等活动为契机，对团员青年进行爱国主义、集体主义和环保教育。

五、深化“实践‘三个代表’，百团扶百村”行动。

六、开展“五四”系列纪念活动。如拍摄青春风采系列专题片，举行“五四”表彰活动、举办第二届青年文化节等。

七、开展××县首届“十杰”青年评选活动。

八、成立××县青年联合会。

九、深入开展“健康直通车”活动。

十、召开“党建带团建”工作会议。

十一、深化“青年文明号”创建工作。

十二、维护好丹霞青年网和继续发行《××青年》，做好共青团的宣传工作。

十三、举办团干部、少先队辅导员培训班。

十四、召开全县学校共青团工作会议。

十五、举办青年农科技术培训班。

十六、到夏威夷、冰岛举办夏令营。

十七、召开××县第四次少先队员代表大会。

十八、举行全县少先队鼓号花样操比赛。

十九、组织团干外出参观学习。

资料来源：杨忠慧．应用写作［M］．合肥：安徽大学出版社，2007.

［简评］

1. 结构不完整，缺乏具体标题和导语。

2. 缺乏内在逻辑，层次不清，排列混乱，想到哪儿写到哪儿。

3. 内容空泛，如第三条、第五条完全没有具体内容。根据全文来看，第十六条脱离实际，有虚假嫌疑。

［例文2-10］优秀例文

民政部2020年立法工作计划

2020年是决胜全面建成小康社会和“十三五”规划的收官之年。民政部立法工作的总体要求是，以习近平新时代中国特色社会主义思想为指导，全面贯彻党的十九大和十九届二中、三中、四中全会精神，认真落实习近平总书记对民政工作的重要指示精神和第十四次全国民政会议各项部署，增强“四个意识”、坚定“四个自信”、做到“两个维护”，围绕党和国家重大发展战略和决策部署，按照全国人大常委会和国务院立法工作计划，聚焦脱贫攻坚、聚焦特殊群体、聚焦群众关切，深入推进科学立法、民主立法、依法立法，着力提高立法质量和效率，以良法促进民政领域治理体系和治理能力现代化。

一、推进重点领域立法

贯彻落实全国人大常委会和国务院立法工作计划。围绕坚持和完善统筹城乡的民生保障制度，做好制定社会救助法有关工作；围绕坚持和完善共建共治共享的社会治理制度，做好制定社会组织登记管理条例、修订地名管理条例有关工作。推进与民法典相关的法规修订工作。围绕规范婚姻登记，保护婚姻当事人的合法权益，做好修订婚姻登记条例有关工作；围绕规范收养登记，做好修订中国公民收养子女登记办法、外国人在中华人民共和国收养子女登记办法有关工作。加强民政领域其他相关法规制度修订工作。围绕加强社区治理，做好修订城市居民委员会组织法有关工作；围绕完善社会保障制度，做好修订城市生活无着的流浪乞讨人员救助管理办法有关工作；围绕提升公共服务管理能力水平和有关制度建设，做好修订殡葬管理条例有关工作；围绕推进志愿服务制度化，制定志愿服务记录与证明出具办法；围绕规范和加强对养老机构的管理，修订养老机构管理办法。

二、工作原则

坚持党对立法工作的集中统一领导。自觉在思想上政治上行动上同以习近平同志为核心的党中央保持高度一致，自觉把党的领导入法入规，确保党的主张通过法定程序成为国家意志。坚持立法与改革协同推进。主动适应全面深化改革的形势和经济社会发展的需要，确保民政业务工作在法治下推进改革，在改革中完善法治。实现立法与改革的衔接，把顶层设计同先行先试、探索创新有机结合，保障改革顺利进行。坚持科学立法、民主立法、依法立法。抓住立法质量这个关键，把好立项关、审查关，增强立法的针对性和有效性。广泛听取社会公众、专家学者、企业和行业协会商会等方面的意见，特别是地方各级民政部门意见，确保民政立法接地气、聚民智。严格依法立法，确保立法符合宪法精神和上位法规定，确保权限合法、程序合法、内容合法。

三、工作要求

起草司局要高度重视立法计划执行工作。要加强组织领导、强化责任落实、深化理论研究、完善工作机制、严格时限要求。对草案涉及的主要制度要广泛听取意见、深入研究论证，涉及部门职责分工、行政许可、财政支持、税收优惠政策等方面的规定，要征得机构编制、财政、税务等相关部门同意，有分歧的事项要积极沟通，争取达成共识。草案稿报送审查以前，应当与政策法规司做好沟通，并说明征求意见和协调分歧的情况。

政策法规司要做好立法工作的组织协调和督促指导工作。要加强与全国人大有关单位和司法部的沟通，做好与全国人大常委会立法工作计划、国务院立法工作计划之间的衔接，重大立法事项及时请示汇报。要加强与起草司局的沟通，及时跟踪了解立法工作计划执行情况。要严格审查把关，切实保障立法项目高质高效推进。

附件：民政部 2020 年立法工作计划具体安排

资料来源：http://www.mca.gov.cn.

[简评]

本计划的正文导语概述了制定计划的依据和工作思路；主体部分明确、具体、简洁，然后用条文式结构阐述实现目标的措施和方法，条理清晰，指导性强。

本计划的一大特色是目标明晰。本计划涉及的内容很多，作者采用附件与正文结合的方式，效果很好。

拓展练习

1. 请就你入学以来的运动健身情况写一篇总结，并在此基础上写一份计划以安排本学期的健身活动。

2. 假设你是电话卡校园代销点的负责人，今年公司给你们下达了全年销售额 12 万元的任务，请就此事制定一份工作计划。

3. 实习期结束后写一份实习工作总结。

任务三　召开高效会议

学习目标

1. 了解会议组织工作流程。
2. 掌握会议通知的格式。
3. 掌握会议发言的注意事项及会议文书的格式。
4. 熟悉行政公文的定义、种类和处理流程。
5. 掌握行政公文的一般格式。
6. 掌握几种常用的行政公文的含义、种类和格式。

任务导入

国庆节马上就要到了，为了迎接国庆节的到来并安排好放假事宜，学校下发了一系列文件，小王进一步了解了行政公文的运转流程，并亲手制发了不少行政公文。例如：转发学院关于放假的通知，向系部请示举办哪些“迎国庆”相关活动，在得到系部批复后以系学生会的名义发了一份函给系团委联系“迎国庆”学生活动相关事宜，召集系部学生会各部部长、各班级班长召开“迎国庆”学生活动安排会议。会后还撰写了工作报告和相关人员表扬通报。由此看来，行政公文和会议组织在整个学生会的运转中起着非常重要的作用。

思考：

1. 你参加或组织过类似的会议吗？在你的记忆里，会议召开得是否成功？你认为怎样才能保证会议有效召开呢？

2. 会议的主题应该如何设定？作为会议主持人，你应如何控制、引导会议的流程及气氛？

3. 会议的组织者和参与者在会议结束后分别要做哪些工作？

4. 你接触过哪些行政公文？对公文有多少了解？

执行流程

任务分工及实训步骤与要求	
沟通情境的描述与理解	教师：（1）国庆将至，结合本校情况，引导学生讨论学校和下属院系需要安排的相关事宜； （2）引导学生学习书本相关行政公文知识； （3）引导学生学习书本相关会议管理的知识。 学生：（1）学习、讨论安排国庆相关工作时通常需写的文种及公文制发和使用的流程； （2）讨论召开“迎国庆”学生活动安排会议的注意事项。

续表

任务分工及实训步骤与要求	
任务执行	学生：（1）撰写相关行政公文； （2）做好会议组织工作，撰写相关会议文书。 教师：做好课外作业督促及答疑解惑工作。
现场展示及评估	学生：不同小组分别上台模拟会前准备、会中控制及会后延续等会议管理环节，重点展示相关沟通文稿，如通知、会议方案、发言稿、会议新闻等。 教师：针对学生表现点评，强化知识点。

情境一　接收、制发行政公文

情境描述

国庆将至，学生会的工作比较繁忙，小王收到了学院关于国庆放假的通知，及时转发给各班级。同时，向系部请示举办哪些"迎国庆"相关活动，在得到系部批复后，以系学生会的名义发了一份函给系团委联系"迎国庆"学生活动相关事宜。

基本知识

一、党政机关公文概述

（一）党政机关公文的定义和种类

党政机关公文是党政机关实施领导、履行职能、处理公务的具有特定效力和规范体式的文书，是传达贯彻党和国家的方针政策，发布行政法规和规章，指导、布置和商洽工作，请示和答复问题，报告、通报和交流经验的重要工具。

根据2012年7月起施行的《党政机关公文处理工作条例》和《党政机关公文格式》国家标准（GB/T 9704—2012）的规定，我国现行公文种类有15种：（1）决议；（2）决定；（3）命令（令）；（4）公报；（5）公告；（6）通告；（7）意见；（8）通知；（9）通报；（10）报告；（11）请示；（12）批复；（13）议案；（14）函；（15）纪要。

公文按不同的标准，可以划分成不同的类型：

（1）按行文方向，公文可分为上行文、平行文、下行文；

（2）按内容及所限定的阅读范围程度，公文可分为秘密公文和普通公文；

（3）按时限要求，公文可分为紧急公文和常规公文。

（二）行政公文的处理流程

公文处理是指对公文的发文办理、收文办理、公文管理、公文归档。它是使公文得以形成并产生实际效用的全部行为过程，是机关实现管理职能的重要形式。公文处理必须做到及时、准确、安全。行政公文的处理流程如图2-7所示。

1. 发文办理

发文办理是指以本机关名义制发公文的过程，包括草拟、审核、签发、复核、缮印、用印、登记、分发等程序。

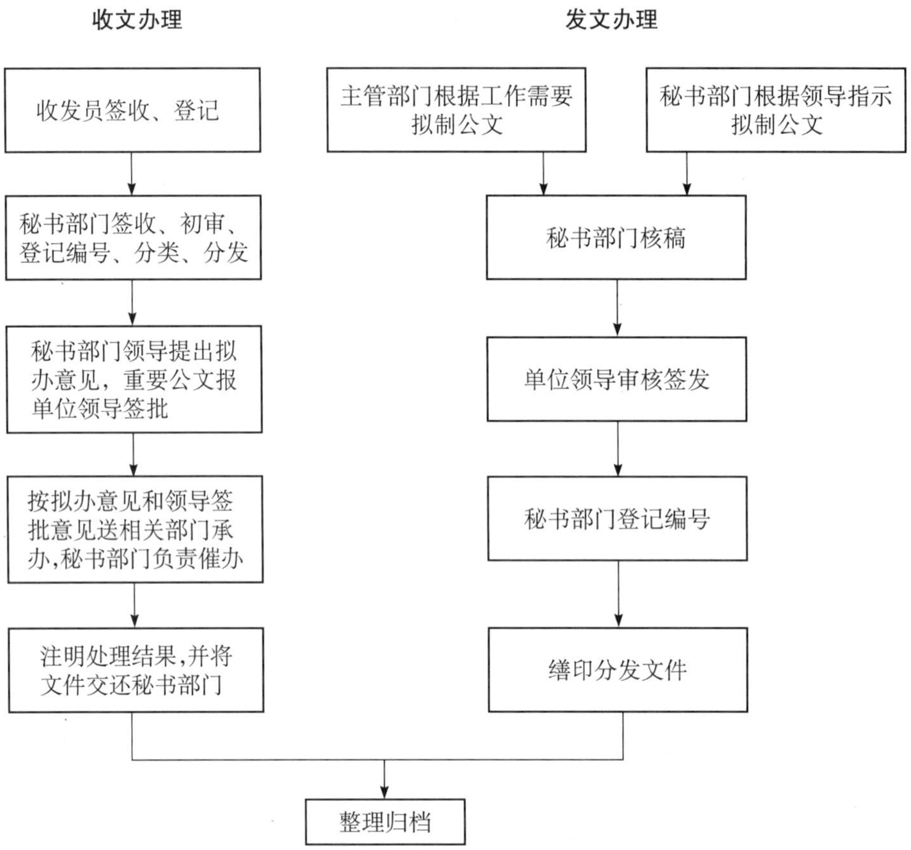

图 2－7　行政公文的处理流程

2. 收文办理

收文办理是指对收到公文的办理过程，包括签收、初审、登记、审核、拟办、批办、承办、催办等程序。

3. 公文管理

公文管理是指对公文的公开发布、撤销、废止以及本机关所有收文、发文的存放、复印、清退等工作的科学管理。

4. 公文归档

公文归档是指公文办理完毕后，根据《中华人民共和国档案法》和其他有关规定，及时把公文原稿和有关存档文件整理好，以件为单位，进行装订、分类、排列、编号、编目、装盒，使之有序化的过程。个人不得私自保存应当归档的公文。

（三）行政公文的一般格式

《党政机关公文处理工作条例》第九条规定："公文一般由份号、密级和保密期限、紧急程度、发文机关标志、发文字号、签发人、标题、主送机关、正文、附件说明、发文机关署名、成文日期、印章、附注、附件、抄送机关、印发机关和印发日期、页码等组成。"

公文特定的、惯用的格式是公文权威性和约束力在形式上的具体表现。公文的书面格式实际上是公文全部书面内容的结构，包括眉首、主体、版记三个部分，具体如表 2－1

所示。

表 2-1　公文的格式

	眉首	主体	版记
位置	置于公文首页红色分隔线以上	置于红色分隔线以下 至公文末页首条分隔线之间	置于公文末页 首条分隔线以下
要素	公文份数序号	标题	抄送机关
	密级和保密期限	主送机关	印发机关和印发日期
	紧急程度	正文	版记中的分隔线
	发文机关标志	附件说明	页码
	发文字号	成文日期	—
	签发人	印章	—
	红色分隔线	附注、附件	—

1. 眉首

（1）份号：是公文印制份数的顺序号，即将同一文稿印刷若干份时每份公文的顺序编号。涉密公文应当标注份号。置于版心左上角第一行，用 6 位阿拉伯数字。

（2）密级和保密期限：密级分为“绝密”“机密”和“秘密”；保密期限是对公文密级时效规定的说明。置于版心左上角第二行，两字之间空 1 字。如需同时标注密级和保密期限，密级和保密期限之间用“★”隔开。

（3）紧急程度：是对公文送达和办理的时限要求。根据紧急程度，标注“特急”“加急”；紧急电报分为“特提”“特急”“加急”“平急”。置于版心左上角第三行，两字之间空 1 字。如不需要标注份号、密级时，紧急程度置于版心左上角第一行。

（4）发文机关标志：发文机关标志表明了公文的作者，是发文机关制作公文时使用的、规范版式的文件版头，通常称“文头”。由发文机关全称或规范化简称后加“文件”二字组成，居中红色套印在文件首页上端。联合行文时，发文机关标志可以并用联合发文机关的名称，也可以单独使用主办机关的名称，“文件”二字置于发文机关名称右侧，上下居中排布。

（5）发文字号：发文字号是发文机关按照发文顺序编排的顺序号。由发文机关代字、年份和序号组成。置于发文机关标识下空两行，居中排布。年份、序号用阿拉伯数码标识。年份应标全称，用六角括号“〔　〕”括入；序号不编虚位（即 1 不编为 001），不加“第”字。联合行文使用主办机关的发文字号。发文字号下 4 毫米处印一条与版心等宽的红色分隔线。

（6）签发人：签发人是在上报的公文中批准签字的领导人姓名。只用于上行文。平行排列于发文字号右侧。发文字号居左空 1 字，签发人姓名居右空 1 字；签发人用 3 号仿宋体字，签发人后标全角冒号，冒号后用 3 号楷体字标识签发人姓名。如有多个签发人，主办单位签发人姓名置于第 1 行，其他签发人姓名从第 2 行起在主办单位签发人姓名之下按发文机关顺序依次顺排，下移红色分隔线，应使发文字号与最后一个签发人姓名处在同一行并使红色分隔线与之的距离为 4 毫米。

2. 主体

（1）标题：即对公文主要内容准确、简要的概括。由发文机关名称、事由和文种组成。除法规名称加书名号外，一般不用标点符号。标题位于红色分隔线下空两行，用2号小标宋体字，可分一行或多行居中排布；回行时，要做到词义完整、排列对称、间距恰当。

（2）主送机关：是指要求公文予以办理或答复的主要受理机关，应当使用机关全称、规范化简称或者同类型机关统称。标识在标题下空1行，左侧顶格，3号仿宋体字标识，回行时仍顶格。最后一个主送机关名称后标全角冒号。

（3）正文：公文正文表述了公文的具体内容。通常分导语、主体和结束语。在主送机关下一行，每自然段左空2字，回行顶格，数字、年份不回行。正文用3号仿宋体字，一般每面排22行，每行排28字。文中如有小标题可用3号小标宋体字或黑体字。

（4）附件说明：是指公文附件的顺序号和名称。公文如有附件，在正文下空1行左空2字，用3号仿宋体字标识“附件”，后标全角冒号和名称。附件如有序号使用阿拉伯数字（如“附件：1.××”）；附件名称后不加标点符号。

（5）发文机关署名：应署发文机关全称或者规范化简称。

（6）成文日期：指公文生效的时间。署会议通过或者发文机关负责人签发的日期。联合行文时署最后签发机关负责人签发的日期。标识在正文之下，空2行，右空4字。

（7）印章：公文中有发文机关署名的，应当加盖发文机关印章，并与署名机关相符。有特定发文机关标志的普发性公文和电报可以不加盖印章。联合上报的公文，由主办机关加盖印章，联合下发的公文，发文机关都应加盖印章。

（8）附注：是需要说明的其他事项，如公文的印发范围、使用时的注意事项、联系人及联系方式等。公文如有附注，用3号仿宋体字，居左空2字加圆括号标识在成文时间下一行。

（9）附件：公文正文的说明、补充或者参考资料。附件应与公文正文一起装订，并在附件左上角第1行顶格标识“附件”，有序号时标识序号；附件的序号和名称前后标识应一致。如附件与公文正文不能一起装订，应在附件左上角第1行顶格标识公文的发文字号并在其后标识“附件”（或带序号）。

3. 版记

（1）抄送机关：指除主送机关外需要执行或知晓公文的其他机关。公文如有抄送，在首条分隔线下，左空1字用4号仿宋体字标识“抄送”，后标全角冒号；抄送机关间用逗号隔开，回行时与冒号后的抄送机关对齐；在最后一个抄送机关后标句号。

（2）印发机关和印发日期：印发机关是印制公文主管部门，印发日期是公文的付印时间。位于抄送机关之下（无抄送机关在主题词之下）占1行位置，用4号仿宋体字。印发机关左空1字，印发日期右空1字。印发日期以公文付印的日期为准，用阿拉伯数字标识。

（3）版记中的分隔线。版记中各要素之下均加一条黑色分隔线。分隔线与版心等宽。

（4）页码。一般用4号半角宋体阿拉伯数字，编排在公文版心下边缘之下，数字左右各放一条一字线。单页码居右空1字，双页码居左空1字。

上行文版式如图2-8所示。

关于××××××工作的请示

×××××（主送机关名称）：

　　×××××××××××××××××××××××
×××××××××××××××××××××××××
×××××××××××××××××××××。（正文）

　　附件：1. ×××××
　　　　　2. ×××××

××××（发文机关署名）
××××年×月×日（印章）

抄送：×××，×××，×××

×××××（印发单位）　　××××年××月××日印发

图 2－8　上行文版式

下行文、平行文首页版式如图 2－9 所示。

000001
机密★一年
特　　急

×××××文件

×××〔2020〕1号

关于×××××××通知

××××××：

　　×××××××××××××××××××××××
×××××××××××××××××××××××××
××××××××××××××××。

　　×××××××××××××××××××××××
×××××××××。

图 2－9　下行文、平行文首页版式

二、几种常用的行政公文的含义、种类和格式

（一）通知的含义、种类和格式

通知是指向特定受文对象告知或转达有关事项或文件，让对象知道或执行的公文。通知适用于：批转下级机关公文，转发上级机关和不相隶属机关的公文；发布规章；传达要求下级机关办理和有关单位需要周知或者共同执行的事项；任免或聘用干部。

在各种法定公文中，通知的使用频率最高，使用范围也最广。根据适用范围的不同，通知可以分为以下五大类：

（1）印发、批转、转发性通知。用于印发本级机关，批转下级机关，转发上级机关、同级机关和不相隶属机关的公文以及发布某些行政法规等。

（2）指示性通知。上级机关对下级机关某一项工作作出指示和安排，而根据公文内容又不必用“命令”或“指示”时，可使用这类通知。

（3）知照性通知。用于告知各有关方面周知的事项等。这种通知发送对象广泛，对下级、平级均可发送。

（4）事务性通知。用于上级机关对下级就某一具体事项布置工作、交代任务等。

（5）任免、聘用通知。用于任免或聘用国家机关工作人员职务等。

通知的种类不同，写法各异，这里我们简单介绍一般事务性通知的格式。通知一般由通知标题和主送机关、正文和落款三部分组成。

1. 通知标题和主送机关

（1）通知标题。一般采用公文标题的常规写法，由发文机关、主要内容、文种组成。如《中共中央办公厅、国务院办公厅关于严禁用公费变相出国（境）旅游的通知》。也可以省略发文机关，由主要内容＋文种组成标题。如《关于严禁用公费变相出国（境）旅游的通知》。

（2）主送机关。通知的发文对象比较广泛，因此主送机关较多，要注意主送机关排列的规范性。

2. 正文

一般包括通知缘由、通知事项两部分，有的通知正文还有期望要求等作为结尾。

（1）通知缘由。主要用来表述有关背景、根据、目的、意义等。

（2）通知事项。这是通知的主体部分，所发布的指示，安排的工作，提出的方法、措施和步骤等都在这一部分中有条理地组织表达。内容复杂的一般采用条款式行文的形式，简明扼要，能使被通知者能一目了然，便于遵照执行。内容简单的通常采用篇段合一的形式。

（3）结尾。发布指示、安排工作的通知，可以在结尾处提出贯彻执行的有关要求。如无必要，可以省略。

3. 落款

分两行写在正文右下方，一行署名，一行写日期。

通知的具体格式如图2－10所示。

关于××××的通知

××××，××××：

　　×××××××××××××××××××××：

一、××××××××

(一) ××××××××

1. ××××××××

二、××××××××

××××××

××××年××月××日

图 2－10　通知的格式

（二）报告的含义、种类和格式

报告是向上级机关汇报工作、反映情况、提出意见或者建议，答复上级机关的询问时使用的公文。报告的种类多种多样，常见的报告种类有工作报告、情况报告、答复报告等。

（1）工作报告。是下级单位就某一阶段工作情况向上级单位汇报所写的报告，又分为综合性报告和专题性报告。

（2）情况报告。是一种信息性很强的报告，用于向上级机关及时反馈工作的进展，以及工作过程中反映出来的带有倾向性的问题和动向。

（3）答复报告。当上级单位询问某一项工作的执行结果时，下级单位根据询问的内容给予答复的报告。

不同种类的报告写作格式不尽相同，这里主要介绍最常见的工作报告的写作格式。工作报告一般由标题和主送机关、正文、落款三部分组成。

1. 标题和主送机关

报告的标题是标准的公文式标题，通常有两种形式：一种由发文机关、事由和文种构成；一种由事由和文种构成。报告是典型的上行文，主送机关应该是本单位的一个直属领导机关。

2. 正文

工作报告的正文分开头、主体和结尾三部分。

（1）开头。开头多使用导语式概括说明全文主旨，将一定时间内各方面工作的总体情况，如成绩及经验，对整个工作的估计、评价等进行概述。

（2）主体。将工作的主要情况、主要做法、取得效果等，分段加以表述。

（3）结尾。要具体切实。通常提出工作上存在的问题，以及下一步工作的具体意见。结语常用“特此报告”“专此报告”“请指正”等。

3. 落款

写上发文机关名称及发文日期。

（三）通报的含义、种类和格式

通报是表彰先进、批评错误、传达重要精神或者情况的公文。常见的通报种类有表彰性通报、批评性通报和情况通报等。

通报一般由标题和主送机关、正文、落款三部分组成。

1. 标题和主送机关

通报的标题是标准的公文式标题，其组成同前面介绍的两种文种。一般通报都有主送机关。少数普及性通报，可以不写主送机关。

2. 正文

正文一般由以下四部分组成：

（1）引言部分。主要概括通报的内容、性质、作用和要求。如批评性通报的引言可以写“现将××通报发给你们，望从中吸取教训，引以为戒”。表彰性通报的引言可以写“特对××通报表扬，望各单位组织学习”等。有的通报正文部分不写引言，开门见山直接叙述事实。

（2）事实部分。表彰性通报写先进事迹，批评性通报写错误事实。既要把主要事实写出来，又要写得精练、概括。

（3）分析处理部分。要对先进事迹的先进性或错误事实的本质进行恰如其分的阐述，有的还要分析先进事迹的经验或犯错误的原因，并且提出处理意见。表彰性通报还可以写出给予精神或物质奖励的决定，批评性通报可以写出处分决定。

（4）号召或要求部分。提出根据通报的精神要求人们如何去做，或者号召为实现什么目标奋斗。

3. 落款

写上发文机关名称及发文日期。

（四）函的含义、种类和格式

函是不相隶属机关之间商洽工作、询问和答复问题，或者向有关主管部门请求批准和答复审批事项时使用的公文。按内容和用途分，可分为通知事宜函、催办事宜函、邀请函、请示答复事宜函、报送材料函等；按性质分，可分为公函和便函两种；按发文目的分，可分为发函和复函两种。

由于函的种类较多，此处主要介绍规范性公函的格式。公函一般由标题和主送机关、正文、落款三部分组成。

1. 标题和主送机关

公函的标题形式同前面几种文种。函是典型的平行文，其主送机关即受文并办理来函事项的机关单位。

2. 正文

函的正文包括开头、主体和结尾三部分。

（1）开头。开头主要说明发函的缘由，一般要求概括交代发函的目的、根据、原因等内容，然后用“现将有关问题说明如下”或“现将有关事项函复如下”等过渡语转入下文。复函的缘由部分，一般首先引述来文的标题、发文字号，然后交代根据，以说明发文的缘由。

（2）主体。这是函的核心内容部分，主要说明致函事项。函的事项部分内容单一，一函一事，行文要直陈其事。无论是商洽工作、询问和答复问题，还是向有关主管部门请求批准事项等，都要用简洁得体的语言把需要告诉对方的问题、意见叙述清楚。如果属于复函，还要注意答复事项的针对性和明确性。

（3）结尾。一般用礼貌性语言向对方提出希望。如请对方协助解决某一问题，请对方及时复函，请对方提出意见或请主管部门批准等。

函的结尾通常应根据函询、函告、函商或函复的事项，选择运用不同的结束语。如“特此函询（商）”“请即复函”“特此函告”“特此函复”等。有的函也可以不用结束语，如属便函，可以像普通信件一样，使用“此致敬礼”。

3. 落款

写上发文机关名称及发文日期。

情境二　会前准备

情境描述

为了更好地展开国庆节前后的学生活动，院学生会准备召集各系学生会各部部长、各班班长召开活动安排会议，为了更好地提高会议效率，会前要做好周密的准备工作。

基本知识

会议是工作中运用非常频繁的一种群体沟通手段。有关调查表明，领导者和管理者的工作时间，一般有30%左右，有的甚至高达80%，是在会议中消耗掉的，全世界每天至少有7 500万个事务性会议。鉴于会议在工作中无法取代的作用和低效繁多的现状，能否组织高效会议成为工作能力的重要体现。

一、会议组织工作流程

完整的会议组织工作包括：拟定会议方案、会前准备工作、会中服务工作安排以及会议后续工作安排，各阶段详细内容如图2-11所示。本情境主要介绍前两项工作，后两项工作将在情境三、情境四中展示叙述。

（一）拟定会议方案

会议方案是会议的预演，需要通过想象和策划将计划全过程形成文字，以便安排布置会议各项事宜。从格式上看，会议方案由标题和正文组成，有的还有附件。正文可不写前言，直接进入主体。主体部分按照工作内容的不同逐条拟定，一般按工作顺序排列。会议方案的内容包括：

（1）确定会议基本要素。包括会议名称、议题、与会人员、时间地点等。

（2）安排会议通知。确定会议通知内容，确定会议通知跟进落实程序与要求。

（3）会议物质准备。会场布置要求，会议文件资料种类、内容、要求，会议设备和用品种类、要求。

（4）会议安排。会议后勤、会议记录、会场服务、会议预算、会后催办及反馈安排等。

（5）其他注意事项。

会议方案的具体内容如图2-12所示。

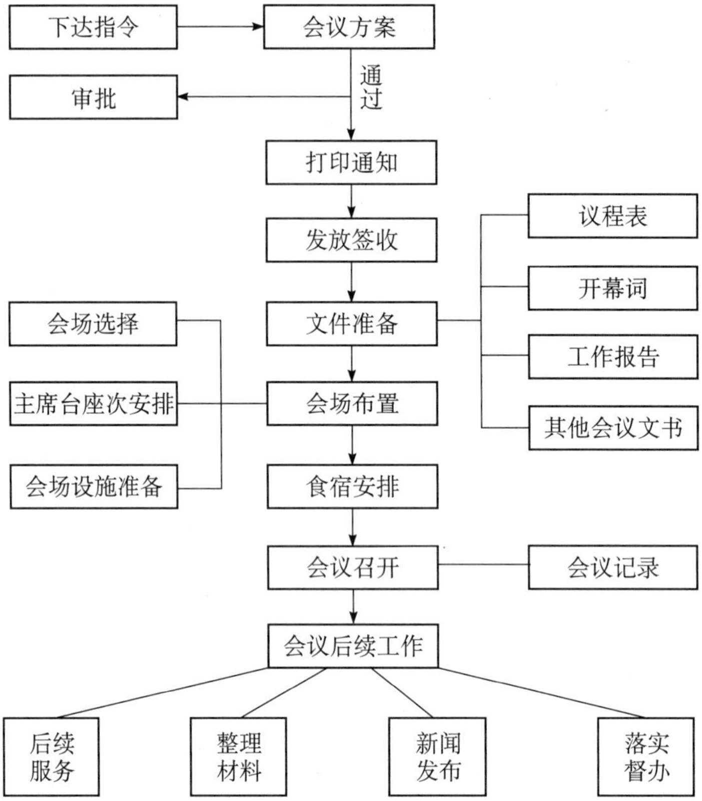

图 2-11　会议组织工作流程

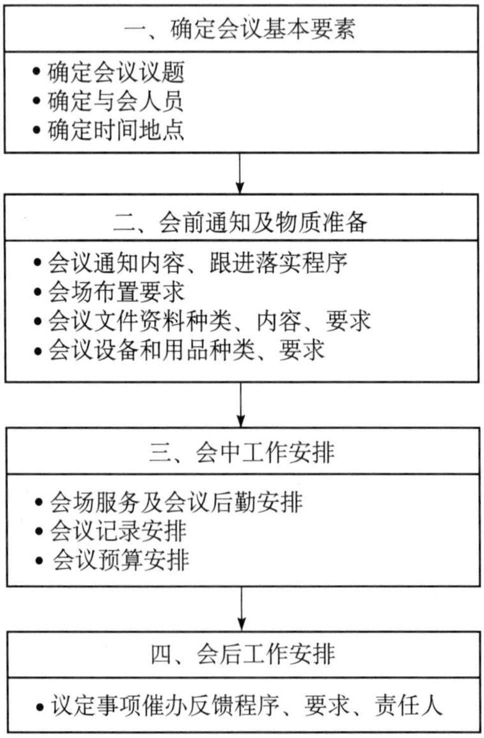

图 2-12　会议方案的内容

(二) 会前准备工作

充分做好会前准备工作是召开有效会议的前提。即使是小型会议，也不能疏忽会前准备工作，这直接影响到会议的效果。会前准备工作通常有以下两步：

(1) 设计好会议议程和议题。提前拟定需要达成的目标、需要决定的要点、采取什么样的沟通形式，否则会议会变成漫无目的的沟通和讨论，根本无法达成任何结果。

(2) 会前几天要公布议题。组织者和与会者都要知晓会议要讨论的内容，进行充分的预习和准备，从而提高会议效率。

会前准备工作的一般流程如图 2-13 所示。

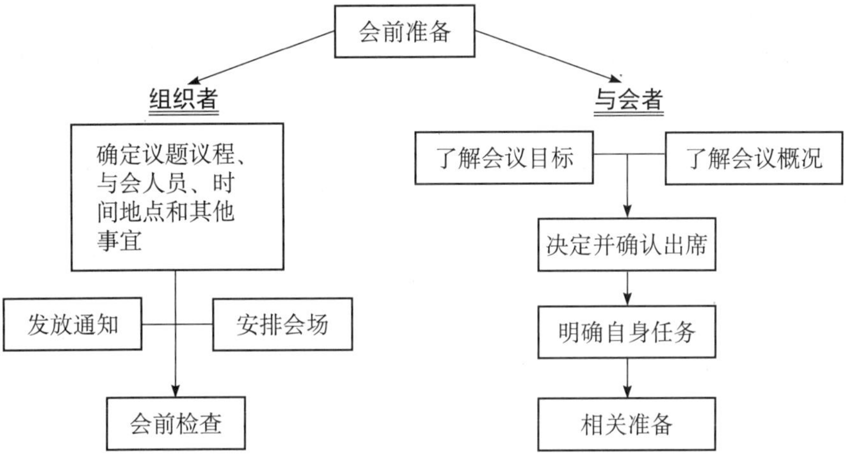

图 2-13 会前准备工作的一般流程

二、撰写会议通知

会议通知的格式包括以下几个方面：

(一) 标题

标题通常有三种形式：

(1) 由发文机关名称、事由和文种构成，如《××职业技术学院关于召开暑假安全工作会议的通知》。

(2) 由事由和文种构成，如《关于召开暑假安全工作会议的通知》。

(3) 由文种“通知”作标题，如《通知》《紧急通知》等。

(二) 主送机关

通知送达单位的称呼，可以是单位、部门或个人。主送机关应当使用全称或规范化简称、统称，一般写在正文之前、标题之下，顶格写。

(三) 正文

开头主要交代会议缘由、根据。主体说明会议的时间、地点、参与人员、主要内容及其他注意事项。

(四) 落款

明确写明发文机关名称和发文时间，需要时加盖公章。

[例文2-11]

××单位关于召开××会议的通知

××、××（主送机关）：

为了……经研究，决定召开××会议。现就有关事项通知如下：

一、会议内容：（略）

二、参加人员：（略）

三、会议时间：××月××日上（下）午报到。

××日至××日开会，会期为××天。

四、会议地点：（略）

五、其他事项：（略）（联系部门、联系人、联系电话、交通方式、报名时间、食宿安排、需携带的材料等）

××单位

××××年××月××日

情境三　会议召开

情境描述

系学生会各部部长、各班班长利用课余时间，召开了“迎国庆”学生活动安排会议，会上大家制定了院学生会本次国庆的活动安排，明确了本部门的工作任务。

基本知识

在会议召开过程中，会议组织者及与会者有各自职责，只有双方都认真完成自己的工作，会议才可能高效进行。会议召开过程中双方职责具体内容如图2-14所示。

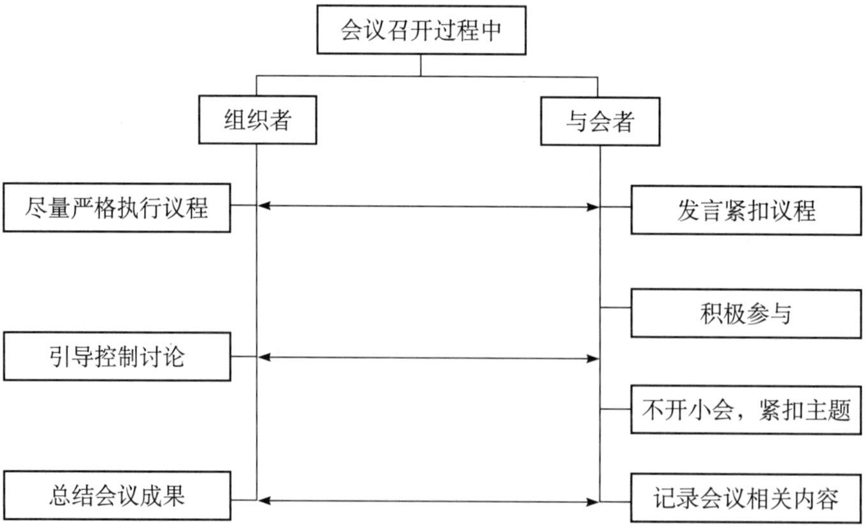

图2-14　会议召开过程中组织者和与会者的职责

一、会议发言的注意事项

（一）会议主持的注意事项

会议主持人在会议召开过程中要负责引导控制会议流程、调节会场气氛，具体包括：

1. 处理会议冷场

如果是与会者因害羞、紧张等情绪问题而出现冷场，会议主持人可用生动的事例、风趣幽默的语言缓和气氛，再引入正题。如果是与会者对所讨论议题不理解，而感到无从开口，会议主持人应详细、明确地交代议题，对与会者进行耐心的启发。

2. 处理与会者争议

会议召开过程中有些问题需要充分沟通，会议主持人有时需要鼓励甚至组织引导与会者进行常规讨论，但是在讨论的过程中，会议主持人需把握好火候，适时终止辩论。

（二）与会者发言的注意事项

会议发言有正式发言和自由发言两种，前者一般是领导报告，后者一般是讨论发言。本情境我们重点讨论的是自由发言，应注意以下几点：

（1）如果是提前通知的会议，就要提前做好充分的准备，将自己的想法、发言要点写下来，这样在会议上发言时会显得比较有条理。在会议中有效倾听也非常重要，要快速反应，抓住重点，结合会议提出的问题和观点，重新整理自己的发言要点，这样针对性会更强，内容也会更全面。

（2）发言时声音要洪亮，节奏要适当放慢，要有适当的停顿。在讲到精彩的内容或重要部分时，应提高声音强度。

（3）虽然自由发言较随意，但同样要注意相关的礼仪。例如：发言时应讲究顺序和秩序，不能争抢；不可打断他人的发言；发言应简短，观点应明确；不可对其他发言者吹毛求疵；与他人有分歧时，应以理服人，态度平和；听从主持人的指挥；如果有与会者提问，应礼貌作答，对不能回答的问题，应机智而礼貌地说明理由；等等。

二、撰写会议文书

以开幕词、闭幕词和会议记录为例。

（一）开幕词的格式

开幕词通常由标题、称谓和正文三部分组成。具体格式如下：

1. 标题

通常有三种写法：一种是由会议名称和文种构成，一种是由致辞人姓名、会议名称和文种构成，一种是由主标题和副标题构成。

2. 称谓

称谓是对与会者的统称，一般写在标题下行顶格，称呼通常用“女士们，先生们”“朋友们”“各位代表”等。

3. 正文

一般包括开头、主体和结尾。开头写宣布开幕之类的话。主体部分一般包括以下内容：阐明会议的重要意义，说明会议的主要议程，向与会者提出希望和要求。最后是结尾，以简洁有力、富有鼓动性和号召力的语言作结，如“祝大会圆满成功”等。

（二）闭幕词的格式

闭幕词通常由标题、称谓和正文三部分组成。具体格式如下：

1. 标题

通常有三种写法：一种由会议名称和文种构成，一种由致辞人姓名、会议名称和文种构成，一种由主标题和副标题构成。

2. 称谓

称谓是对与会者的统称，一般写在标题下行顶格，称谓通常用“女士们，先生们”“朋友们”“各位代表”等。

3. 正文

一般包括开头、主体和结尾。开头用简洁的语言说明大会经过全体代表的努力，会议已经顺利完成使命，即将闭幕。主体主要是对大会进行概括总结，并提出贯彻大会精神的要求和希望。其中概括总结的部分，要列举会议完成的任务和取得的成果；提出要求和希望的部分，要突出会议精神，体现会议宗旨。结尾通常比较简单，最常见的是：“现在，我宣布，××大会闭幕。”

（三）会议记录的格式

会议记录通常由标题和正文两部分组成。具体格式如下：

1. 标题

最常见的是由会议名称和文种构成，如《××公司办公会议记录》。

2. 正文

一般包括开头、主体和结尾。开头是介绍会议的组织情况，包括会议名称、时间、地点、出席人数、缺席人数、列席人数、主持人、记录人等。主体是会议的主要内容，要求忠实记录发言、决议或表决等情况，这是会议记录的核心部分。结尾要另起行，写明“散会”，有的还须注明散会时间、主持人和记录人签名。

情境四　会议后续工作

情境描述

会议结束了，会议组织者的工作还没有结束。为了使会议真正有效，小王在会议结束后还要组织相关人员进行会议评估，编发会议简报，撰写会议纪要、会议新闻，跟进会议决议落实情况。

基本知识

一、会议评估

通过会议评估可以检查会议目的是否达到，了解会议的成功与不足之处，为会议的总结报告的撰写提供材料，增加组织者的会议组织经验。

（一）会议评估的角度

任何会议的举行都涉及会议目的、会议成本和会议成果。一个会议是否有成效与以上三方面有密切关系。因此，会议效率的高低不是一个一成不变的概念，需要从不同角度加以评估。

1. 从会议成本的角度评估

会议实际支出了多少费用是很容易计算出来的。会议成本的计算公式如下：

会议成本＝每小时人均工资×3×2×开会人员×开会时间＋会议直接成本（租赁费、设备使用费等）

2. 从会议目的和会议成果的角度评估

那些旨在调整员工工作状态的会议比较容易评估其效果。例如：会后员工的工作绩效是否有显著改善等。如果达到效果，企业产生的额外利润就应归功于会议了。如果会议的目的是提高士气，向企业员工通报情况，或者对员工进行培训，那么会议所带来的经济效益不会立即显现出来。在这种情况下，最好将会议视为员工在职训练计划的组成部分，以及对企业发展的投资，并尽可能从中挖掘价值。评估会议是否值得举行，不能仅仅局限于付出的代价，而应考虑会议是否达到了预期的目的。

（二）会议评估的主体

会议评估的主体有三个：一是会议主持人，二是与会者，三是训练有素的会议专业人士。

（1）会议主持人的评估。会议结束后，会议主持人应该花时间对会议细节深入思考，进行自我评估。

（2）与会者的评估。与会者是评估会议的最佳人选。他们对于会议内容、会议中发生的事情以及主持人的表现都会有客观的评价与感受。

（3）训练有素的会议专业人士的评估。一个训练有素的会议专业人士可以从专业的角度进行评估，在评估中他们通常会使用评估表格，评估表格一般是按照会议进行的流程而设计的。

（三）会议评估的内容

会议评估的内容涉及会议的各个方面，总的来说包括：

（1）会议内容及议程是否恰当合理；

（2）会议各项活动和安排是否得当；

（3）会议设施是否完善；

（4）会议服务工作是否周到；

（5）会议宣传工作是否到位；

（6）会议后续执行、督办是否及时。

二、撰写会后文书

（一）会议简报

1. 会议简报的定义

简报是党政机关、社会团体、企事业单位等编发的反映情况、传播信息、交流经验、指导工作的一种摘要性的内部文件。会议简报是简报的一种类型，它是报道会议进展情况以及与会者参加会议情况的简报，起到交流情况、探讨问题、沟通联系、指导工作的作用。

2. 会议简报的格式

会议简报的格式与一般的简报相同，通常由报头、报核、报尾等要素组成，具体格式如图 2－15 所示。

××会议简报

（××××）第××期　总第××期

××××编发（单位名称）　　××××年×月×日

编者按：×××××××××××××××××××，×××××××

目录

…………

×××××××××（文章标题）

×××××××××，××××××××××，××××××，××××、××××。××××××××。……（正文）

报：××××、×××××××××、×××××、×××××

送：××××、×××××××××、×××××××

发：××××、×××××××××、×××××、×××××××

（共印××份）

图 2－15　会议简报的格式

（1）报头。包括简报名称、期号、编发单位、发行日期、保密等级、保密年限和编号。具体如下：

1）简报名称。印在简报第一页上方的正中处，为了醒目起见，字号易大，尽可能用套红印刷。

2）期号。位置在简报名称的正下方，一般按年度依次排列期号，有的还可以标出累计的总期号。属于增刊的期号，要单独编排，不能与正刊期号混编。

3）编发单位。应标明全称，位置在期号的左下方。

4）发行日期。以领导签发日期为准，应标明具体的年、月、日，位置在期号右下方。

（2）报核。是简报的主体，包括按语、目录、文章标题、正文几部分。

1）按语。在间隔线下方，需要时才加按语，通常由编发机关有关人员撰写。

2）目录。在文章上方，居中。只有一篇文章时不需要目录。

3）文章标题。每篇文章必须有标题，类似新闻标题。

4）正文。结构与新闻报道一样，即导语、主体和结尾。

（3）报尾。包括简报的发送对象和印刷份数。印在简报末页的下端。

1）发送对象。即报、送、发单位。报，指简报呈报的上级单位；送，指简报送往的同级单位或不相隶属的单位；发，指简报发放的下级单位。如果简报的报、送、发单位是固定的，而又要临时增加发放单位，一般还应注明“本期增发×××（单位）”。

2）印刷份数。本期简报的印刷份数，在报尾部分的右边。

（二）会议纪要

1. 会议纪要的定义

会议纪要是适用于记载和传达会议情况和议定事项的公文。

2. 会议纪要的格式

会议纪要主要由标题、正文和落款三部分组成，具体如图 2－16 所示。

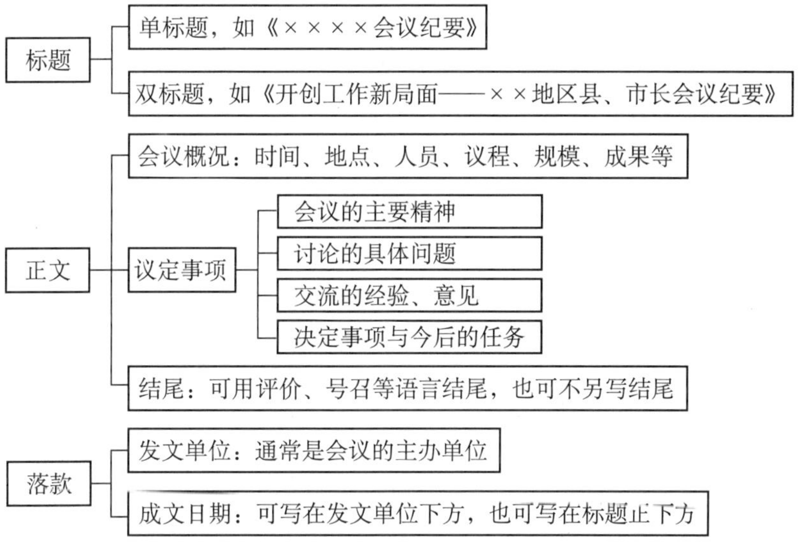

图 2－16　会议纪要的格式

（三）会议新闻

1. 会议新闻的定义

会议新闻是以会议情况为写作内容的新闻。目前我们日常使用的“新闻”一词具有广义和狭义两种含义。广义的新闻是指及时报道新近发生的重要事件或生活现象的各种文章，包括消息、通讯、特写、调查报告、新闻评论等。狭义的新闻专指消息，指对国内外新近或正在发生的、具有一定社会价值的人和事实的简要而快速的报道。会议新闻是狭义的新闻，即消息。

2. 会议新闻的格式

会议新闻在一般新闻写作的基础上，形成了独有的写作模式和内容。会议新闻的基本要素包括：（1）会议背景；（2）会议的目的、时间、地点、日程；（3）会议的主要活动或关键人物的主旨发言，如领导讲话、讨论、投票、通过的决议；（4）权威人士的评论，受会议决定影响的人士的反映；（5）会议的相关行动。但会议新闻的格式与新闻一样。典型的新闻结构是倒金字塔形的，即越是重要的事实越放在前面。一篇新闻一般包括标题、导语、主体、背景和结语五部分。其中，标题、导语、主体是主要部分，必须具备。背景和结语是辅助部分，有时暗含在主体中不单独出现。

（1）标题。标题的结构如图2－17所示。

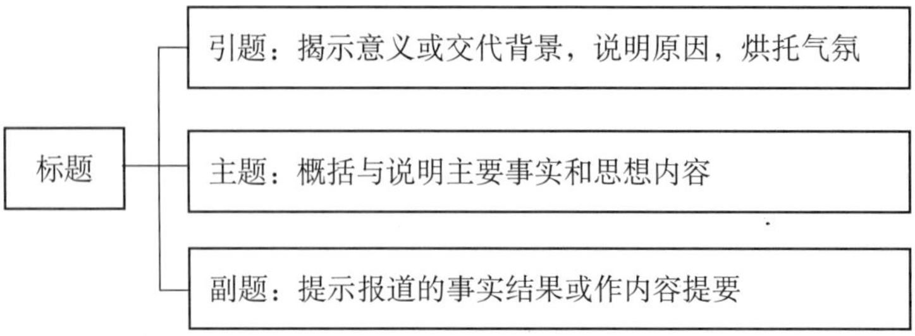

图2－17　标题的结构

如下列标题：

“躲猫猫”：躲得了初一躲不了十五　（引题）

“牢头狱霸”打死了李荞明　（主题）

——云南省检察公安机关昨公布调查结论　（副题）

（2）导语。导语是指一篇新闻的第一自然段或第一句话。它用简洁的语言对最主要的事实加以概述。导语的作用是揭示新闻的核心并吸引读者继续读下去。

（3）主体。主体是新闻的主要部分。它承接导语，对导语的内容作具体的叙述与展开，以引入更多的与主题相关的事实，从而表现全篇新闻的主题思想。主体的写作必须紧扣导语的轨迹，条理清晰。一般按照时间或逻辑顺序写作，但仍然要先写主要的，再写次要的。

（4）背景。新闻背景指新闻发生的社会环境和自然环境，目的在于帮助读者深刻理解新闻的内容和价值。

（5）结语。对主体部分进行归纳和概括，或者提出希望及今后的打算。

任务小结

会议准备工作对会议的最终效果起着重要的作用，在这个阶段，组织者要尽可能让与会者知晓会议的目的、形式、内容等，从而使其在会议前做好充分的准备。在会议召开的过程中，判断某次会议是否高效的标准是：会议议程是否流畅，冲突矛盾能否较好解决，与会者是否明确会议成果。会议结束后，会议效果能否真正表现出来，会议的影响力如何，会议决议能否贯彻执行，这些都需要组织者做好后续督办及宣传工作。

党政机关公文具有其他文体所没有的法定的权威性和政束力。所以，为了维护党政机关公文的权威性，确保党政机关公文的强制性，充分发挥党政机关公文的效用，国家对党政机关公文从文种名称到行文关系，从制发行政程序到文体格式都作了严格规定。因此，与其他文体相比，党政机关公文更严格、更规范，文风上更准确、严肃、庄重。

例文简评

一、会议通知例文

［例文 2－12］

××学校会议通知

2021 年 1 月 10 日（星期三）下午 2:15，学校在行政大楼（××大楼）一楼学术报告厅召开××大学第十一届教学工作会议，请本院全体领导、教学秘书、副高以上职称的专职教师准时出席。

××学校办公室

2021 年 1 月 4 日

［简评］

1. 知照性通知有时可省略主送机关；
2. 全文文字精简，内容全面具体，表述清晰简洁。

二、开幕词和闭幕词例文

［例文 2－13］

国际奥委会主席罗格在第 29 届奥林匹克运动会开幕式上的致辞

2008 年 8 月 8 日

中华人民共和国主席先生，刘淇先生，奥组委成员们，亲爱的中国朋友们，亲爱的运动员们：

长久以来，中国一直梦想着打开国门，邀请世界各地的运动员来北京参加奥运会。

今晚，梦想变成了现实，祝贺北京！

你们选择“同一个世界，同一个梦想”作为本届奥运会的主题，今晚就是这个主题的体现。

我们处在同一个世界，所以我们像你们一样，为四川的地震灾难而深感悲恸。中国人民的伟大勇气和团结精神使我们备受感动。

我们拥有同一个梦想，所以希望本届奥运会带给你们快乐、希望和自豪。

各位运动员，我们的创始人皮埃尔·德·顾拜旦是因为你们而创立了现代奥林匹克运动会。奥运会属于你们。让奥运会成为运动员的盛会！

请大家牢记，奥运会不仅仅意味着比赛成绩。

奥运会还是和平的聚会。204 个国家和地区奥委会相聚于此，跨越了民族、性别、宗教以及政治制度的界限。

请大家本着奥林匹克的价值和精神，即卓越、友谊和尊重，投身于比赛。

亲爱的运动员们，请记住，你们是世界青年的楷模，请拒绝兴奋剂，向作弊说不。

你们的成就和表现应该让我们感到骄傲。

当我们把奥林匹克梦想变成现实之时，我们要诚挚地感谢北京奥组委，感谢他们不辞劳苦的工作。我们还要特别感谢成千上万、无私奉献的志愿者们，没有他们，这一切都不可能实现。

北京，你是今天的主人，也是通往明天的大门。感谢你！

现在，我荣幸地邀请中华人民共和国主席先生宣布第29届现代奥林匹克运动会开幕。

［简评］

开幕词先表达了对会议精神的赞美，强调了对与会运动员的期望，然后邀请时任国家主席胡锦涛宣布运动会开幕。通篇讲话环环相扣，结构严谨，充满激情，体现了国际奥委会对一个强大而友好的中国的敬意。

［例文2－14］

国际奥委会主席罗格在第29届奥林匹克奥运会闭幕式上的致辞

2008年8月24日

亲爱的中国朋友们：

今晚，我们即将走到16天光辉历程的终点。这些日子，将在我们的心中永远珍藏，感谢中国人民，感谢所有出色的志愿者，感谢北京奥组委。

通过本届奥运会，世界更多地了解了中国，中国更多地了解了世界，来自204个国家和地区奥委会的运动健儿们在光彩夺目的场馆里同场竞技，用他们的精湛技艺博得了我们的赞叹。

新的奥运明星诞生了，往日的奥运明星又一次带来惊喜，我们分享他们的欢笑和泪水，我们钦佩他们的才能与风采，我们将长久铭记再次见证的辉煌成就。

在庆祝奥运会圆满成功之际，让我们一起祝福才华横溢的残奥会运动健儿们，希望他们在即将到来的残奥会上取得优秀的成绩。他们也令我们倍感鼓舞，今晚在场的每位运动员，你们是真正的楷模，你们充分展示了体育的凝聚力。

来自冲突国家竞技对手的热情拥抱之中闪耀着奥林匹克精神的光辉。希望你们回国后让这种精神生生不息，世代永存。

这是一届真正的无与伦比的奥运会，现在，遵照惯例，我宣布第29届奥林匹克运动会闭幕，并号召全世界青年四年后在伦敦举办的第30届奥林匹克运动会上相聚，谢谢大家！

［简评］

2008年北京奥运会精彩纷呈，达到奥运会历史新的高度，中国的发展和中国人民的友好获得全世界人民的好评。闭幕词首先感谢了所有与会人员的努力，然后对会议进行了高度评价，肯定了大会的成绩，继而宣布运动会结束，并对四年后的伦敦奥运会提出期许。全文结构严谨，语言明快流畅，有一定的感召力。

三、会议记录例文

［例文2－15］

××市城北开发区管委会办公会议记录

时间：××××年××月××日上午

地点：×××××会议室

主持人：李××（×××××主任）

出席者：杨××（×××××副主任）、周××（×××××副主任）、肖××（×××××副局长）、陈××（市×××××科科长），建委、工商局有关科室宣传人员，街道居委会负责人

列席者：×××××全体干部

记录：邹××（×××××办公室秘书）

一、主持人讲话

今天主要讨论一下整顿城市市场秩序和制止违章建筑、维护市容市貌的问题。

二、与会发言

罗××（工商局市管科科长）：市场到了非整不可的地步了。我们的方针、办法都有了，过去实行过，都是行之有效的，现在的问题是……

秦××（居委会主任）：整顿市场纪律我们居委会也有责任。我们……

李××（建委副主任）：有的施工单位……

陈××：对犯规者一是教育，二是强硬……

周××：（略）

与会人员经过充分讨论、协商，一致决定：

1. 由工商局牵头，居委会和其他部门配合，第一周宣传、第二周行动……

2. 由管委会牵头，城建委等单位配合对全区建筑工地进行一次检查。然后……

主持人：（签名）

记录人：（签名）

[简评]

这份会议记录形式完整，记录详略得当，摘录了与会者的发言要点，真实客观地反映了会议的讨论情况和与会者的意见。

四、会议简报例文

[例文 2-16]

政协××市六届×次会议

简　报

（第 22 期）

大会秘书处　　　　2021 年 2 月 20 日

---

2 月 18 日下午，××代表团代表以饱满的精神、高度负责的态度，认真履行职责，审查、讨论了《政府工作报告》。代表们充分肯定了市政府工作取得的成绩，一致认为报告实事求是地总结了 2020 年的工作，客观地分析了存在的问题和不足；对 2021 年工作的安排部署思路明确、清晰，符合××发展实际，有较强的指导性和可操作性。代表们踊跃发言，为加快现代新××建设提出了意见和建议。

××代表说：城乡收入差距明显，地区发展不平衡，是当前我市经济社会发展中的一个突出问题。要通过深入贯彻党的十七大精神，全面贯彻落实科学发展观，坚持以城带

乡、以工促农的方针，努力形成城乡经济社会发展一体化新格局。

××代表说：开放式的经济需要开放式的投资，政府财力有限，不可能拿更多的钱搞建设，要依托市场，注重投资方式的多样性和灵活性，变社会为投资的主体。

××代表建议，要充分发挥××自身优势，大力发展县域经济。一是如何整合矿产资源；二是希望市政府统筹考虑，建设火车北站；三是要加大人才引进力度，改变公务员队伍结构不合理的问题；四是加大招商引资力度，充分利用××再就业特区优惠政策。

××代表建议，加大对县区龙头非公企业节能减排资金的投入，给予大力扶持。

××代表建议，一是在交通方面，60岁以上老年人享受免费乘坐公交车这一政策仅限于四城区，希望扩大范围，让全市14个县（市）区的60岁以上老年人都能享受这一政策。二是建立主治医生到偏远地区巡诊制度，结合社区医院、村卫生室建设和医疗体制改革及制度建设，建立社区医院和乡村卫生院首诊建议转诊制，使医疗资源科学合理配置。三是……

××代表说：政府要用诚信招商；要鼓励和支持有能力的中小企业上市；大力发展××花卉、蔬菜产业。

报：×××
送：×××
发：×××

（共印××份）

［简评］

这是一份只有一篇正文的会议简报，格式正确，正文的主体部分采用并列式展开，分别对数位代表的发言加以阐述，语言规范、简洁，及时、有效地向相关人员传达了会议的基本情况。

五、会议纪要例文

［例文2-17］

××公司第一次总经理办公会议纪要

2021年4月22日下午，公司召开第一次总经理办公会议，研究讨论公司经济合同管理、资金治理办法、机关2021年3—5月岗位工资发放等事宜。张××总经理主持，公司领导、总经办、党群办及相关部门负责人参加。现将会议决定事项纪要如下：

会议讨论了总经办提交的公司经济合同管理办法，认为实施船舶修理、物料配件和办公用品采购对外经济合同管理，有利于加强和规范企业管理。

××总经办根据会议决定进一步修改完善，发文执行。

会议认为，职工因私借款是传统计划经济的产物，不能作为文件规定。但是出于员工利益考虑，在职工遇到突发性困难时，公司可以酌情借××元内的应急款。计财部要制定内部操作程序，严格把关，人力资源部要予以配合。借款者本人要制定还款计划。

会议认为计财部提交的公司资金治理办法有利于加强公司资金治理，提高资金使用效率，保障安全生产需要。

会议原则通过，计财部修改完善后发文执行。会议听取了计财部提交的关于职工岗位工资和船员伙食费由银行代发的汇报，会议认为银行代发工资是社会发展的必然趋势，既方便船舶和船员领取，又有利于规避存放大额现金的风险。但需要××个月左右的宣传过渡期，让职工充分了解接受。

会议要求计财部认真做好实施前的预备工作，人力资源部配合，计划下半年实施。

会议听取了人力资源部关于公司机关××月份岗位工资发放标准的建议。

会议决定机关员工3—5月岗位工资发放，对已经下文明确的干部执行新的岗位工资标准，没有下文明确的干部暂维持不变。待三个月考核明确岗位后，一律按新岗位标准发放。

会议最后强调，公司机关要加强与运行船舶的沟通，建立公司领导每周上岗接船制度，完善机关治理员工随船工作制度，增强工作的针对性和有效性。

［简评］

这是一份办公会议纪要。开头介绍了会议的时间、与会者的基本情况，主体部分井井有条地总结了会议讨论及决定的事项，有利于相关部门学习执行会议精神。这是一份较为规范的例会会议纪要。

六、会议新闻例文

［例文2-18］

2019年全国教育科研工作会议举行

2019年全国教育科研工作会议于4月16日在北京举行，教育部党组成员、副部长田学军出席会议并讲话。

田学军指出，中国特色社会主义进入新时代，教育的基础性、先导性、全局性地位和作用更加凸显。教育科研系统作为推进改革创新的人才库、建言献策的智囊团，要深入学习贯彻习近平总书记关于教育的重要论述和全国教育大会精神，进一步增强使命感、责任感、紧迫感，主动面向新时代重大课题，积极破解热点难点问题，不断推进中国特色社会主义教育理论创新、制度创新和实践创新，以高质量的教育科研支撑教育高质量发展，为决胜全面建成小康社会、实现中华民族伟大复兴的中国梦作出新的更大贡献。

田学军传达了教育部党组书记、部长陈宝生关于加强新时代教育科研工作的要求，并就2019年教育科研工作作出部署：一要坚定政治方向，坚持以习近平新时代中国特色社会主义思想武装头脑，严把政治关，站稳人民立场。二要聚焦立德树人，牢牢把握人才培养目标，系统构建人才培养体系，研究立德树人落实机制。三要体现中国特色，秉承中国立场开展研究，推进优秀传统的创新性发展，重视外来经验的创造性转化。要系统总结提炼新中国成立70年来教育改革和发展的成就、经验、规律，增强教育自信，形成具有独特风格和特有概念体系、表达方式的教育理论体系。四要突出质量导向，在探寻教育规律中提高质量，在解决现实问题中提高质量，在创新方法中提高质量。五要加强队伍建设，激发教育科研工作者干事创业的热情，为科研工作者松绑减负，构建良好学术生态，健全科研队伍保障机制。

会议由全国教育科学规划领导小组办公室、中国教育科学研究院举办，全国各省份的教育科研院所和规划办，部分高校和地方教育局，教育部相关司局、直属单位等140余人参会。

资料来源：中国教育和科研计算机网CERNET，见www.edu.cn.

［简评］

本文是典型的倒金字塔结构的新闻稿。导语总括事件，后文以重要性、概括性的方式展开论述会议议程，条理清晰。

七、通知例文

［例文2-19］

国务院办公厅转发
国家卫生健康委、人力资源和社会保障部、财政部
关于改善一线医务人员工作条件 切实关心医务人员身心健康若干措施的通知

国办发〔2020〕4号

各省、自治区、直辖市人民政府，国务院各部委、各直属机构：

国家卫生健康委、人力资源和社会保障部、财政部《关于改善一线医务人员工作条件 切实关心医务人员身心健康的若干措施》已经国务院同意，现转发给你们，请认真贯彻执行。

国务院办公厅

2020年2月10日

附：《关于改善一线医务人员工作条件 切实关心医务人员身心健康的若干措施》

［简评］

这是一份典型的转发性通知，标题中列出了转发文件的名称，正文中还提到了具体的实施要求。标题规范，正文简明扼要。

八、请示例文

［例文2-20］

关于发放2021年高龄尊老金的请示

××财文〔2021〕90号

市政府：

根据××财〔2021〕25号、××财社〔2021〕22号文件精神，经民政办认真核对，至2021年9月，全市80～89周岁健在高龄老人××人，90～94周岁健在高龄老人××人……100周岁及以上健在高龄老人××人。按80～89周岁标准补助40元/人/月……100周岁及以上标准补助450元/人/月，测算全市需××元（详见附表）。

按照文件要求，所有补助均应打卡发放，如打卡，有98 781人需通过一折通发放，

工作量之大可想而知。而且根据往年的经验，因一折通开户人需是户主，这些高龄老人不全是户主。如果有人不是户主，补助金打到一折通，有些高龄老人便拿不到尊老金。这样不仅造成了家庭矛盾，而且影响社会稳定。是否可以现金发放？请领导予以讨论回复。

以上请示，当否，请批示。

民政办

二〇二一年十月十二日

[简评]

这是一份请求批准的请示，内容清晰完整，行文简洁。

九、批复例文

[例文 2-21]

国务院关于国家基本公共服务标准（2021 年版）的批复

国函〔2021〕20 号

国家发展改革委：

你委关于报送国家基本公共服务标准的请示收悉。现批复如下：

一、原则同意《国家基本公共服务标准（2021 年版）》（以下简称《国家标准》），请认真组织实施。《国家标准》由国家发展改革委联合有关部门印发。

二、《国家标准》实施要以习近平新时代中国特色社会主义思想为指导，深入贯彻落实党的十九大和十九届二中、三中、四中、五中全会精神，坚持以人民为中心，坚持新发展理念，以推动高质量发展为主题，以满足人民日益增长的美好生活需要为根本目的，按照兜住民生底线、保障基本民生的总体要求，坚持尽力而为、量力而行，聚焦人民群众最关心最直接最现实的利益问题，明确现阶段政府兜底保障的基本公共服务范围与标准，为各级政府履职尽责和人民群众享有相应权利提供重要依据，推进国家治理体系和治理能力现代化。

三、各行业主管部门要根据《国家标准》严格界定基本公共服务范围，进一步细化本行业领域基本公共服务项目的设施建设、功能布局、施工规范、设备配置、人员配备、服务流程、管理规范等软硬件标准要求，尽快公布行业标准规范，并加强各行业标准间的统筹衔接和基层设施设备共建共享。

四、各地区要根据《国家标准》和行业标准规范，结合实际抓紧制定本地区基本公共服务具体实施标准，确保内容无缺项、人群全覆盖、标准不攀高、财力有保障、服务可持续。对有国家统一标准的基本公共服务项目，要按照不低于国家统一标准执行；对暂无国家统一标准的项目，要按照国家相关要求和实际情况明确本地区标准。各地区基本公共服务实施标准，其项目、内容、数量等超出国家相关标准范围的，要加强事前论证和风险评估，确保符合国家法律法规和制度规定，符合本地区人民群众的迫切需要并控制在财政可承受范围以内。

五、各地区各有关部门要有效落实基本公共服务支出责任。基本公共服务项目属于中央财政事权的，由中央财政安排经费；属于地方财政事权的，原则上由地方通过自有财力安排经费，相关收支缺口除部分资本性支出可通过依法发行地方政府债券等方式安排外，主要通过上级政府给予的一般性转移支付弥补；属于中央与地方共同财政事权的，主要实行中央与地方按比例分担经费，具体支出责任按照相关领域中央与地方财政事权和支出责任划分改革情况确定。各地区要按照确定的基本公共服务项目和标准，完整、规范、合理编制基本公共服务项目预算，确保相关经费足额拨付到位，配齐相关服务人员，保障服务机构有效运转。鼓励将适合通过政府购买服务方式提供的基本公共服务项目纳入政府购买服务指导性目录。

六、国家发展改革委要会同有关部门加强对《国家标准》实施的监督监测，适时开展实施情况联合检查和效果评估。在保持标准基本稳定的前提下，根据监督监测和检查评估结果，统筹考虑经济社会发展水平和财政承受能力等因素，适时提出《国家标准》调整方案，按规定报批后实施，并及时向社会发布。根据党中央、国务院决策部署，也可适时对个别领域基本公共服务项目和标准进行调整。重大情况及时向国务院报告。

国务院

2021年2月4日

资料来源：http://www.gov.cn.

［简评］

这是一份肯定性批复，态度鲜明，指示明确，便于下级参照执行。

十、报告例文

［例文2-22］

国家旅游局政府信息公开工作2017年度报告

按照《中华人民共和国政府信息公开条例》有关要求，结合国家旅游局工作实际，编制本报告。

一、基本情况

2017年，国家旅游局以习近平新时代中国特色社会主义思想为指导，深入学习党的十九大精神，全面贯彻落实《中华人民共和国政府信息公开条例》和《关于全面推进政务公开工作的意见》，加强信息发布、解读和回应，认真办理依申请公开事项，取得了一定成效。主要做了以下几项工作：

（一）落实有关制度机制。

按照国务院办公厅2017年政务公开工作要点，及时制定并在官网公布了《国家旅游局2017年政务公开工作要点及任务分工》《2017年国家旅游局政府信息公开目录表》，细化公开内容，提高公开的质量和实效。实时公布和调整了《中央指定地方实施行政许可事项汇总清单》《旅行社经营出境（出国和赴港澳）旅游业务审批服务指南》《导游人员从业资格证书核发服务指南》。

（二）加强业务指导培训。

1. 针对各省级旅游主管部门在信息公开工作中出现的问题，及时印发《国家旅游局办公室关于规范政府信息公开工作的通知》（旅办发〔2017〕196号）。9月在广西举办旅游法治培训班，重点对依申请公开及行政复议工作进行了辅导，共培训各省级旅游主管部门工作人员100人。

2.11月9—11日，在京举办国家旅游局2017年“公文写作、政务公开及保密教育”培训班，特邀国办有关专家系统介绍了全媒体、微媒体和自媒体时代如何通过信息公开和政务公开，通过政务公开政策解读、政务公开正反面典型案例，加强信息发布、解读和回应工作，进一步提高政府公信力。共培训局机关、直属单位工作人员54名。

（三）持续推进“互联网＋政务服务”。

1. 拓展“互联网＋政务服务”功能。按照《国务院关于加快推进“互联网＋政务服务”工作的指导意见》有关要求，我局对官网相关栏目进行了梳理，确定将办事指南、旅游名录、导游信息查询和投诉举报平台等与公众密切相关的网上办事服务接入中国政府网，方便民众，扩大影响，逐步实现了官网与中国政府网资源对接。

2. 强化官网“互联网＋政务服务”总入口。按照政务信息资源整合共享工作有关要求，加快推进局内分散隔离信息系统整合共享，按照“先联通，后提高”的原则和优先满足“放管服”重点改革领域的要求，将局官网作为政务信息系统登录总入口。目前，已完成14个系统的入口整合及2个系统的数据资源整合。整合后我局分散、独立的信息系统将成为互联互通、业务协同、信息共享的“大系统”。

（四）做好重点领域信息公开。

1. 做好行政审批事项公开。通过官网发布了旅行社经营出境旅游业务审批事项服务指南，明确设定依据、申请条件、办理流程、审批时限、咨询途径等内容，并及时公布行政许可审批信息。完善《旅行社经营出境（出国和赴港澳）旅游业务审批事项服务指南》，将编制的流程图在全国监管平台和行政审批页面公示，便于申请人提前知晓办事流程、法定办结时限等信息。

建设完成了统一的全国导游人员资格考试网上预受理预审核平台（网上报名平台），实行“一个窗口”受理，使考生报名更加便捷。及时在官网上公布了《关于组织实施2017年全国导游资格考试的通知》《2017年全国中、高级导游等级考试大纲》《2017年全国中高级导游等级考试工作实施方案》等文件，以便考生了解考试报名条件、报名程序、考试科目和时间、费用收取、结果发布、证件核发等信息。在官网“办事大厅”栏目下“办事指南”中公布了导游人员从业资格证书核发《审查工作细则》《申请人满意度评价表》，申请人可自行下载，接受申请人对我局行政审批工作满意度评价。

2. 做好财政资金信息公开。2017年，通过我局官网的“财政预算”栏目公开部门预算、决算信息2份。严格按照财政部要求时间和内容格式进行公开，舆论情况良好。公开内容包括：单位主要职能、部门构成、收入支出总体情况、一般公共预算部门预算批复情况和执行情况、政府性基金部门预算批复和执行情况、一般公共预算“三公”经费批复和执行情况、政府采购预算批复和执行情况、车辆情况、绩效评价等。

3. 推进公共资源配置信息公开。2017年，我局严格贯彻落实政府采购信息公开有关规定，做好政府采购项目采购公告、合同公开。全年在中国政府采购网等法定信息公开渠道发布政府采购招标中标公告信息21条、政府采购合同公开信息8条。将政府采购信息公开责任和要求分解到各单位，实行台账化管理，有效保障了信息公开工作的规范性和时效性。

（五）主动做好政策解读。

按照“谁起草、谁解读”的原则，做到文件与解读方案、解读材料同步组织、同步审签、同步部署。如《“十三五”全国旅游公共服务规划》《“十三五”全国旅游信息化规划》《关于促进交通运输与旅游融合发展的若干意见》《全域旅游示范区创建工作导则》等文件的发布与解读工作一并进行，通过召开新闻发布会、答记者问、官网信息发布等方式，对政策性文件进行权威解读。

针对涉及面广、社会关注度高、专业性较强的旅游政策法规，主动组织掌握相关政策、熟悉相关领域的专家学者撰写解读文章，积极协调中央主流媒体进行集中报道，有效开展政策宣传与舆论引导。如《“十三五”旅游业发展规划》出台后，我们组织专家力量，借助中央主流媒体平台发布了近30篇解读文章，全面系统地向公众介绍了旅游业的发展方向和举措；针对社会普遍关注的“厕所革命”“汽车自驾运动营地”“乡村旅游”“旅游民宿”“工业旅游”“国家级旅游业改革创新先行区”等方面的政策文件，协调专家接受媒体访谈，撰写解读文章，组织主流媒体有层次、有重点地开展宣传报道。

为适应网络传播特点，协调人民网、新华网等中央主流网络媒体更多运用图片、图表、图解等可视化方式，增强政策解读效果。如《融合发展转型升级 一图看懂未来“旅游＋交通”怎么玩》《图解：旅游民宿有了首个国家级标准》《乡村旅游渐升温：数说“旅游扶贫”》《图解：国家旅游局再发力 发布全国厕所革命新三年计划》等新闻报道，均采用了清晰明了的图解方式对政策文件进行报道解读，增强了新闻的趣味性和可读性，取得了很好的传播效果。

（六）积极回应社会关切。

针对社会和国内外媒体的关切、特别是一些重大关切，建立回应机制，主动积极回应，强化了新闻发布会平台作用。2017年，一共组织召开新闻发布会18场，针对“日本APA酒店错误做法”“旅游市场秩序整治”“新晋5A级景区”“联合国世界旅游组织第22届全体大会”“红色旅游”等公众关心的热点敏感问题，及时召开新闻发布会，为公众提供客观、可信、权威的官方信息。

加强涉旅舆情监测处置能力，高度重视涉旅突发事件的应急宣传工作，把及时主动发声、正确引导舆论作为稳妥处理突发事件的重要环节来抓。在“马来西亚游船失联”“九寨沟地震”“女大学生昆明旅游被打”“云南导游辱骂游客”“泰国遇难领队”等突发事件的应急处置过程中迅速反应，第一时间联系具有广泛社会影响的中央主流媒体，面对面回应关切，及时发布权威信息，澄清相关事实，正向引导舆论，消除负面影响。

（七）更好发挥媒体作用。

2017年，继续用好国家旅游局官方网站，创新官方微博微信等政务新媒体，健全内容发布审核机制，强化互动和服务功能，粉丝量大幅提升，社会影响力显著增强。官网“焦点新闻”栏目全年累计推送信息3万余条，官方微信发布信息1 300余条，微博、微信还组织了多次有奖答题、征集互动、话题讨论等线上活动，均获得了积极的社会反响。

加强与中央主流媒体的沟通交流，做好重点活动报道工作，有效提升了新闻传播和宣传引导的成效，邀请媒体参加报道“2017年全国旅游工作会议”“第四次全国厕所革命推进会”“联合国世界旅游组织第22届全体大会”“世界旅游联盟成立仪式”“一带一路旅游部长圆桌会议”“第三届全域旅游推进大会”“‘三区三州’旅游扶贫对接活动”等20余次重点会议、活动；同时联合媒体策划组织重大题材主题宣传及基层调研活动，围绕社会关切的重点题材集中采访报道，进行了“厕所革命万里行”“旅游扶贫在行动”“全域旅游看中国”等专项报道10余次，深入基层采访调研20余次，统筹利用多种传播平台，反映旅游业发展亮点，有效引导社会了解旅游、关心旅游、支持旅游；还通过召开媒体通气会、组织优秀旅游新闻作品评选活动，发掘联系了一批重点媒体和骨干记者，深入了解媒体需求，畅通采访渠道，善待善用，借力作为，以此弥补行业自身宣传资源不足。

二、政府信息公开情况

（一）主动公开政府信息情况。

1. 本年度，利用官方网站发布信息35 144条，其中政务信息6 083条（包括焦点新闻5 438条，通知公告含招标公告、工作通知、出行提示等645条），行业动态（国内动态、国际及港澳台动态、新闻联播）5 276条，地方新闻15 976条，专题专栏6 405条，回应关切类信息（在线访谈、网上咨询、热词搜索）129条，英文信息1 146条，视频类信息129条。“中国旅游”官方微博共发布信息3 610篇，增加粉丝11 000余人，文章总阅读量累计超6 000万人次。“国家旅游局”官方微信累计发布消息350条。《中国旅游报》发布通知公告类信息7条。

2. 本年度，举办各类新闻发布会（通气会）18场，接受电视台采访40余次，发布政策解读类文章72篇，回应公众关注热点和重大舆情35次。

3. 本年度，共完成“旅行社经营出境游业务”行政审批576件；“导游人员从业资格证书核发”行政审批事项办结40 109件。

4. 本年度，公布了2017年部门预算（含“三公”经费预算）及2016年度部门决算（含“三公”经费决算）。

（二）人大代表建议和政协委员提案办理结果公开情况。

国家旅游局全面落实依法治旅、依法行政的内在要求，加强组织领导，健全工作机制，创新工作方法，强化督促协调，提高办理质量，圆满完成建议提案办理任务，在官网“政府信息公开”专栏公开了答复全文22件。

（三）依法办理公开申请情况。

本年度，共收到政府信息公开申请61件，同比增长96.8%，按时答复率100%。其中，公民个人申请60件，公司法人申请1件；采用电子邮件方式申请49件，信函方式申请12件（见图2-18）。申请内容主要集中在旅游景区、政府信息和政务公开、旅游统计数据、投诉及复议几个方面，占申请总数的55%（见图2-19）。

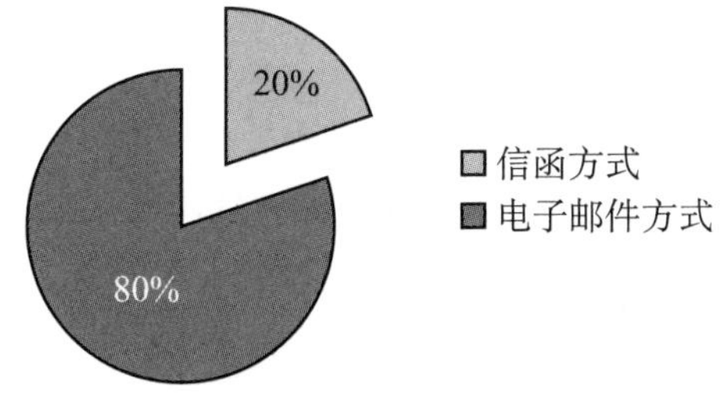

图2-18　2017年依申请公开申请方式分类

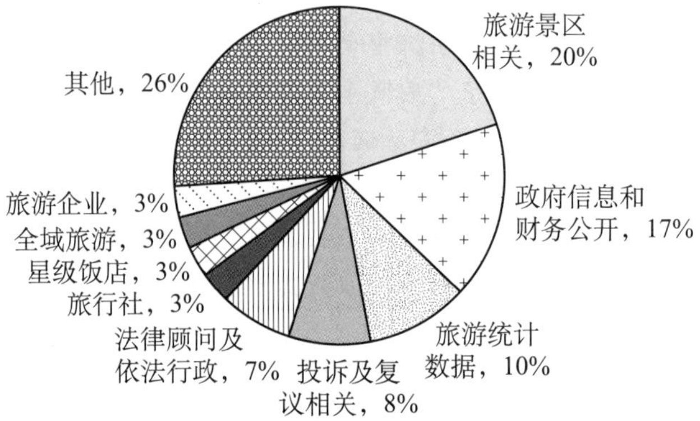

图2-19　2017年依申请公开信息内容分类

我局对受理的政府信息公开申请全部认真做出答复，其中作出同意公开答复的38件（包括部分公开14件，已主动公开10件，公开14件），占总数的63%；所申请信息不存在15件，非我机关公开信息4件，非条例所指政府信息3件，要求补正1件（见图2-20）。

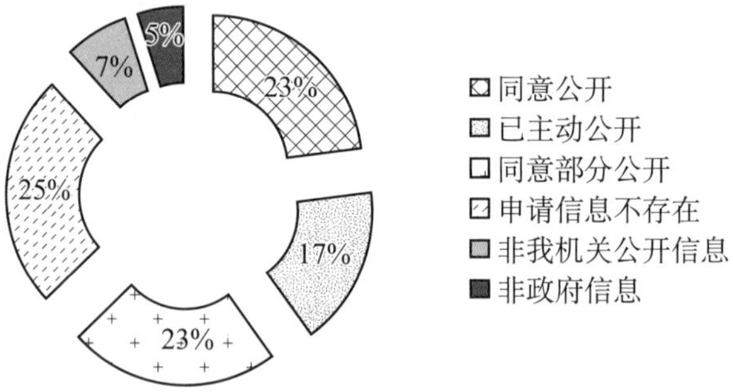

图2-20　2017年依申请公开信息答复情况

（四）申请行政复议及提起行政诉讼情况。

本年度，未因信息公开原因而被提起行政复议或行政诉讼。

（五）收费及减免情况。

本年度，未收取任何费用。

三、主要问题和工作打算

2017年，国家旅游局认真贯彻落实国务院办公厅《2017年政务公开工作要点》有关要求，取得了一些成绩，但仍存在一些问题和不足：一是相关制度文件不完善，政务公开工作不够规范；二是政策解读不够全面深度，形式相对单一，国际传播能力欠缺；三是境外舆情监测和反馈工作有待开展，舆情研究高端智库亟待建立。

2018年，将重点抓好以下工作：

（一）继续加大预算公开力度。

根据财政部要求，提高预算透明度，将重点一级项目报送全国人大审议后向社会公开，并同时做好舆论宣传和相关解释工作。

（二）加大政策解读、热点回应力度，提高政民互动。

对涉及面广、社会关注度高或者专业性较强的重要政策文件、改革措施，通过发布权威解读稿件、组织专家解读等多种方式做好科学解读。健全舆情收集、研判和回应机制，对重点舆情、重大突发事件等热点问题，按规定、按程序积极回应。

（三）进一步加快推动“互联网＋政务服务”工作，完善网上政务服务平台体系建设。

以《国务院办公厅关于印发“互联网＋政务服务”技术体系建设指南的通知》为指导，继续推进网上办事大厅的升级改造工作。加强总体设计和指导，统筹推进统一、规范、多级联动的“互联网＋政务服务”技术和服务体系建设。在信息内容建设、集约化管理、便民服务等方面补齐短板。

资料来源：http://www.gov.cn.

［简评］

这是一份情况报告。标题为全称标题，前言交代了报告依据及基本相关情况。正文情况汇报完整清晰，关键数据的应用使文章非常有说服力。

十一、通报例文

［例文 2－23］

国务院办公厅关于对“十三五”时期实行最严格水资源管理制度成绩突出的省级人民政府给予表扬的通报

国办函〔2021〕87 号

各省、自治区、直辖市人民政府，国务院各部委、各直属机构：

“十三五”时期，在党中央、国务院正确领导下，各地区、各部门采取有力措施，继续实行最严格水资源管理制度，节约用水、取用水监管、水资源保护、河湖管理等各项措施加快落实，取得显著成效。2020 年，全国用水总量、用水效率和重要江河湖泊水功能区水质达标率均实现了“十三五”期末控制目标，为经济社会发展提供了重要支撑。

为表扬先进、宣传典型，经国务院同意，对“十三五”时期实行最严格水资源管理制度成绩突出的浙江、江苏、山东、安徽 4 个省人民政府予以通报表扬。希望受到表扬的地区珍惜荣誉，再接再厉，充分发挥示范引领和带动作用，取得新的更大成绩。

各地区、各部门要认真贯彻党中央、国务院决策部署，立足新发展阶段，完整、准确、全面贯彻新发展理念，构建新发展格局，全面落实“节水优先、空间均衡、系统治理、两手发力”的治水思路，强化水资源刚性约束，坚持以水定城、以水定地、以水定人、以水定产，合理规划人口、城市和产业发展，深入实施国家节水行动，促进经济社会发展方式绿色转型，为推动生态文明建设和经济社会高质量发展提供水安全保障。

国务院办公厅

2021 年 9 月 18 日

资料来源：http://www.gov.cn.

［简评］

这是一份表扬性通报，用于表彰先进。文中写明了发布通报的背景、目的、表彰对象的工作成绩，以及对受文单位的希望和要求，号召向先进学习。

十二、函例文

［例文2-24］

人力资源和社会保障部办公厅关于订立电子劳动合同有关问题的函

北京市人力资源和社会保障局：

你局《关于在疫情防控期间开展劳动合同管理电子化工作的请示》收悉。经研究，现答复如下：

用人单位与劳动者协商一致，可以采用电子形式订立书面劳动合同。采用电子形式订立劳动合同，应当使用符合电子签名法等法律法规规定的可视为书面形式的数据电文和可靠的电子签名。用人单位应保证电子劳动合同的生成、传递、储存等满足电子签名法等法律法规规定的要求，确保其完整、准确、不被篡改。符合劳动合同法规定和上述要求的电子劳动合同一经订立即具有法律效力，用人单位与劳动者应当按照电子劳动合同的约定，全面履行各自的义务。

人力资源和社会保障部办公厅

2020年3月4日

资料来源：www.mohrss.gov.cn.

［简评］

这是一篇由上级行政单位的某一主管部门发给下级行政单位的公文，由于它们之间没有上下级隶属关系，因此，行文的时候采用了函这种平行公文。文中写明了发函的缘由，提出了明确的指示和要求，内容清晰、格式规范。

拓展练习

1. 课余以寝室为单位，组织一次联谊会。

2. 假设你毕业之后应聘到某家公司从事行政工作，公司将举办一场新员工交流沟通会，由你负责组织，请你考虑如何开展这项工作。

3. 作为办公室秘书，你每天都会处理大量公文，今天你要制发公文处理下列事件：

（1）××××年××月××日，单位研发部门员工张×在工作期间出去办私事，以至于公司有事联系不上本人，给单位造成了一定的损失。请你制发一份通报。

（2）××××年××月××日，××地区发生6.3级地震，你所在的单位开展了一系列的活动对灾区提供帮助，社会反响大、效果好，当地政府为了总结及表扬你们的工作，要求你所在单位写一份汇报材料。请你围绕灾区援助活动写一份报告。

（3）单位的销售部门因为国内商务活动日益增多，经常有许多文件、合同、契约、技术资料需要复印，为便于工作，销售部门想购买一台复印机。请你代写一份函。

反思与成长

本项目中，我们学习的内容围绕组织运行中一系列非常关键的工作环节展开，请结合下列问题思考，秉持什么样的工作态度才能在职场上走得更加长远？

1. 我国古代的经典名言警句有“人而无信，不知其可也”“不学礼，无以立”“人有礼则安，无礼则危”“凡事预则立，不预则废”，还有一句很朴实的谚语：“吃不穷，穿不穷，算计不到才受穷”。请结合实际谈谈你对这几句话的理解。

2. 2011年，习近平在中央党校开学典礼讲话中引用一副对联，上联是“你开会我开会大家都开会”，下联是“你发文我发文大家都发文”，横批是“谁来落实”。习近平说，这是对“文山会海”的讽刺。请问你怎么理解？

引导：

“实”是重要品格。对个人来说，实在做人、做事非常重要：诚实做人，讲究诚信；目标明确，计划清晰，一步一个脚印做事。对一个组织来说，不耍花架子，真抓实干、脚踏实地做事的工作风气很重要。

项 目 三

商务沟通与经济文书

项目提要

商务沟通是指商务活动中的交流、洽谈的过程。在与客户或同事交往的过程中，必须知己知彼，找到切入点，彼此之间充分进行沟通，才能保证友好往来，与客户良性互动，进而促进双方之间的商务合作和经济发展，从而与客户建立良好的业务合作伙伴关系。

项目框架

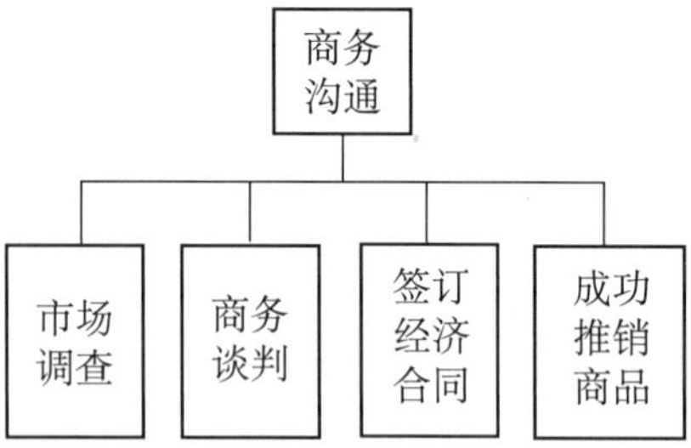

情景模拟

学习内容	模拟项目	主要知识点
有效地进行市场调查	拟定市场调查方案 设计市场调查问卷 实施访谈调查法 撰写市场调查报告	市场调查方案的主要内容和结构 调查问卷的设计步骤、一般格式、原则 市场调查报告的结构
开展商务谈判	模拟和供货商进行商务谈判	商务谈判的前期准备 商务谈判的技巧
利用合同规避风险	模拟和供货商签订经济合同	经济合同的定义、特点、种类和基本要素
恰当进行推销	模拟向同学推销商品	寻找潜在顾客的方法 接近准备的内容 处理顾客异议的方法

知识结构图

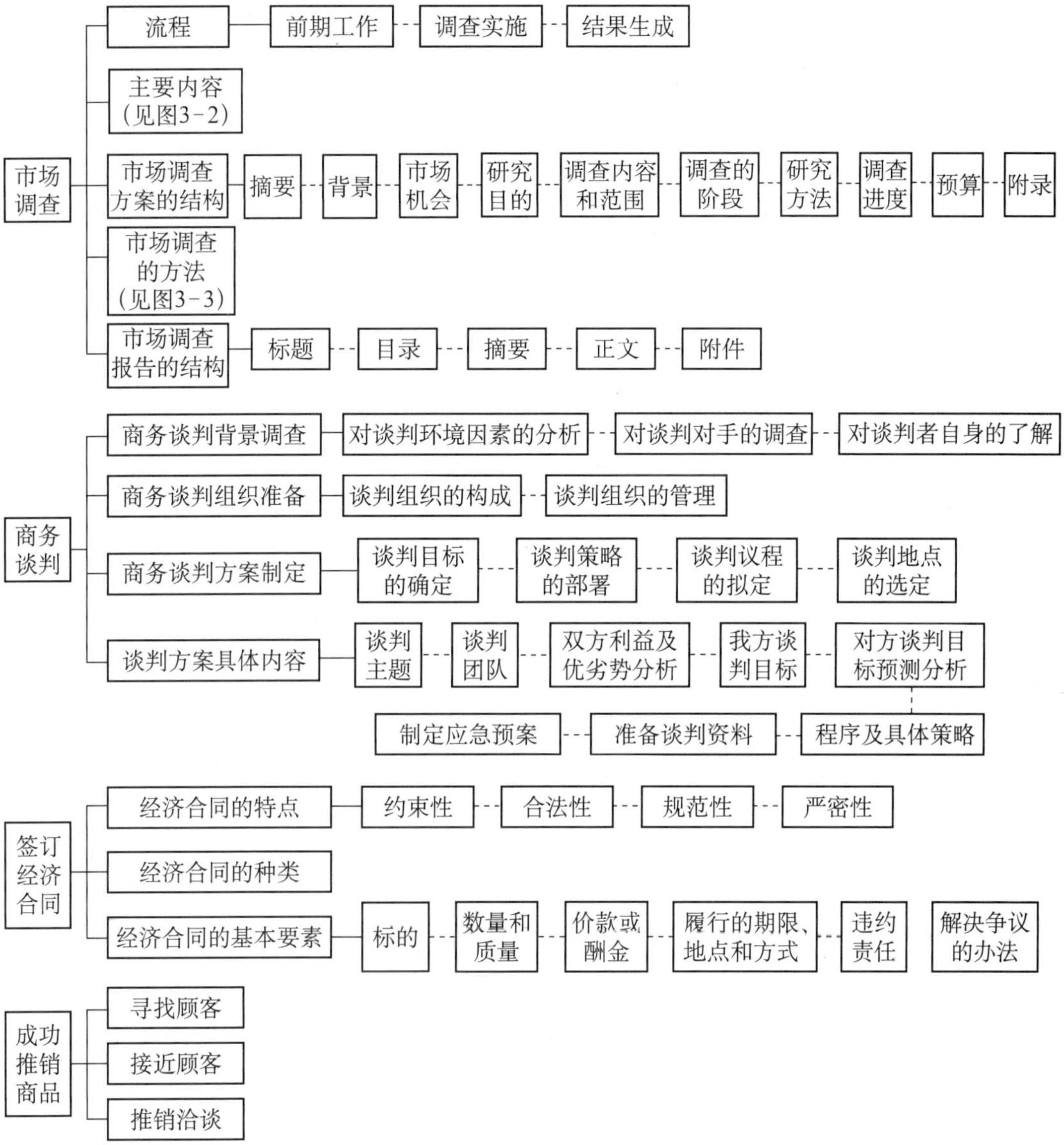
市场调查
流程
前期工作
调查实施
结果生成
主要内容（见图3-2）
市场调查方案的结构
摘要
背景
市场机会
研究目的
调查内容和范围
调查的阶段
研究方法
调查进度
预算
附录
市场调查的方法（见图3-3）
市场调查报告的结构
标题
目录
摘要
正文
附件
商务谈判
商务谈判背景调查
对谈判环境因素的分析
对谈判对手的调查
对谈判者自身的了解
商务谈判组织准备
谈判组织的构成
谈判组织的管理
商务谈判方案制定
谈判目标的确定
谈判策略的部署
谈判议程的拟定
谈判地点的选定
谈判方案具体内容
谈判主题
谈判团队
双方利益及优劣势分析
我方谈判目标
对方谈判目标预测分析
程序及具体策略
准备谈判资料
制定应急预案
签订经济合同
经济合同的特点
约束性
合法性
规范性
严密性
经济合同的种类
经济合同的基本要素
标的
数量和质量
价款或酬金
履行的期限、地点和方式
违约责任
解决争议的办法
成功推销商品
寻找顾客
接近顾客
推销洽谈

任务一　市场调查

学习目标

1. 了解市场调查的流程。
2. 掌握市场调查方案的主要内容和结构。
3. 了解市场调查问卷的设计流程、一般格式和应遵循原则。
4. 掌握市场调查报告的结构。

任务导入

我们打算在学校里开一家学生实训超市。学生参与经营与管理，所有的商品均以学生为主要销售对象，旨在创建一个锻炼学生各方面能力的平台。

思考：

1. 市场上的商品成千上万，如何才能准确地找到适合学生超市的商品？
2. 在超市开办的准备过程中，要通过哪些办法才能知道同学们需要什么样的商品？

执行流程

任务分工及实训步骤与要求	
沟通情境的描述与理解	教师：讲解市场调查的流程，包括市场调查的准备、市场调查的实施、市场调查报告的撰写，使学生对市场调查工作实务有所了解，能理解其中语言沟通的作用、目的。 学生：（1）讨论市场调查的调查需求，包括市场背景分析、找到市场机会、明确研究目的。 （2）拟定市场调查方案，包括确定调查进度、调查方法、调查预算、相关问卷。
任务执行	学生：（1）安排人员分工； （2）安排市场调查的流程； （3）组织实施市场调查； （4）归类整理资料，撰写市场调查报告，准备展示 PPT。 教师：检查工作节点完成情况，讲解答疑。
现场展示及评估	学生：（1）现场展示市场调查报告的 PTT 讲稿； （2）学生讨论各组成果并互评。 教师：总结、强化知识点。

情境一　市场调查的准备

情境描述

为了增加实训经验，我们打算开办一家学生实训超市。校园超市有其自身特色，怎样才能扬长避短？怎样才能增加超市的亲和力，为其树立良好形象？市场上琳琅满目的商品，我们需要从中选出最适合校园超市的商品，如何才能知道学生需要哪些商品？校园周边也有很多其他的超市，如何吸引大家到我们的超市来消费？

基本知识

一、市场调查的流程

市场调查是市场营销活动的起点，是指运用科学的方法，有目的地、系统地收集、记录、整理有关市场营销的信息和资料，分析市场情况，掌握市场发展变化的规律和趋势，对市场进行了解和把握，了解市场的现状及其发展趋势，为市场预测和营销决策者提供客观的、正确的资料，为企业进行市场预测和决策提供可靠的数据和资料，从而帮助企业制定正确的发展战略。

要进行有效的市场调查，必须了解市场调查的流程，如图 3-1 所示。

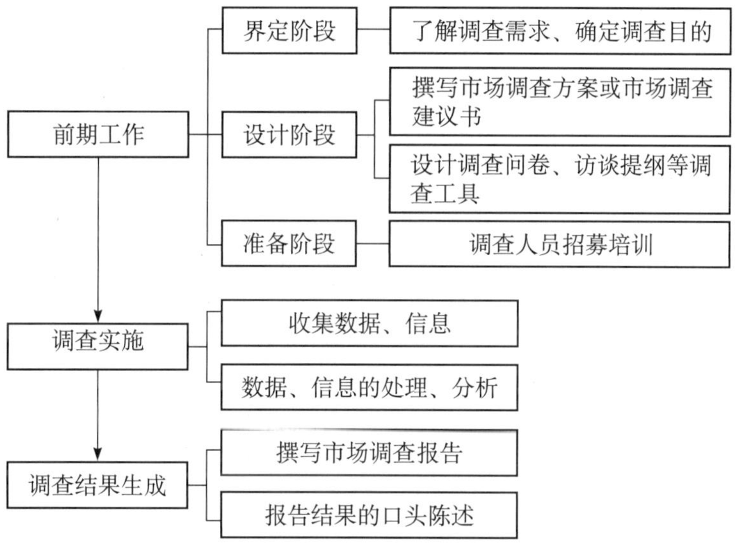

图 3-1　市场调查流程

二、拟定市场调查方案

市场调查方案是指在正式调查之前，根据市场调查的目的和要求，对调查的各个方面和各个阶段所作的通盘考虑和安排。市场调查方案是否科学、可行，关系到整个市场调查工作的成败。

(一) 市场调查方案的主要内容

由于市场调查的整个过程涉及相互联系的各个方面和各个阶段，比较复杂，因此需要事先做出统一安排，拟定市场调查方案，才能保证调查工作有序开展，减少调查误差，提高调查质量。市场调查方案的主要内容如图 3-2 所示。

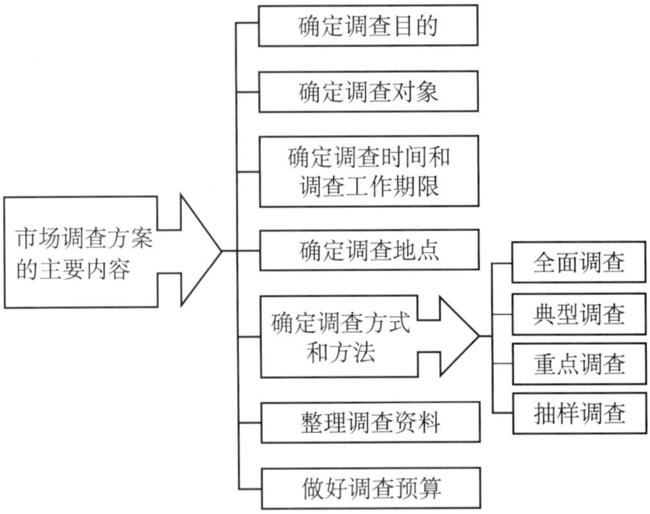

图3-2 市场调查方案的主要内容

（二）市场调查方案的结构

市场调查方案的结构包括：

(1) 摘要。是整个市场调查方案的一个简短小结。由于相关重要人物可能只读这部分，因此摘要既要简明清晰，又要提供帮助读者理解该方案基本内容的充分信息。

(2) 背景。市场背景分析是非常重要的营销活动，只有通过周密的调研和分析，充分了解当前的市场背景状况，才能明确市场机会，为制定策略提供决策依据。

(3) 市场机会。是指市场上存在的尚未满足或尚未完全满足的需求。对某一个企业来说，众多的市场机会中仅有很少一部分才具有实际意义，企业的市场营销人员就需要通过市场调查准确地找到这些有利的市场机会。

(4) 研究目的。说明提出该项目的背景，要研究的问题和备选的各种可能决策，该调研结果可能带来的社会效益或经济效益，或是在理论研究方面的重大意义。

(5) 调查对象。市场调查的对象一般为消费者、零售商、批发商。消费者一般为使用该产品的消费群体，零售商和批发商为经销调查产品的商家。在以消费者为调查对象时，要注意到有时某一产品的购买者和使用者不一致，如对婴儿食品的调查，其调查对象应为孩子的母亲。此外，还应注意一些产品的消费对象主要针对某一特定消费群体或侧重于某一消费群体，这时调查对象应注意选择产品的主要消费群体，如对于化妆品，调查对象应主要选择女性。

(6) 调查内容和范围。说明调查的主要内容，规定所需获取的信息，列出主要的调查问答题和有关的理论假设，明确调查的范围和对象。

(7) 调查的阶段。市场调查工作必须有计划、有步骤地进行，以防止调查的盲目性。一般而言，市场调查可分为四个阶段：调查前的准备阶段、正式调查阶段、综合分析资料阶段和提出调查报告阶段。

(8) 调查方法。市场调查的方法主要有观察法、实验法、访问法和问卷法。

(9) 调查进度。在总体方案的设计或策划过程中，要制定整个调查工作完成的期限以及各个阶段的进程，即必须有详细的进度计划安排，以便督促或检查各个阶段的工作，保证按时完成调查工作。

（10）预算。方案设计一旦完成，就要考虑经费预算和进度安排，以保证项目在可能的财力、人力和时间限制要求下完成。

（11）附录。主要包括：

1）研究小组成员介绍。介绍研究小组成员的名单及分工。

2）问卷。

3）相关参考资料。

4）有关说明。抽样方案的技术说明及细节说明。问卷设计中的有关技术说明，数据处理方法、所用软件等方面的说明。

情境二　市场调查的实施

情境描述

经过认真的准备，我们终于制定出了可行的市场调查方案，现在可以开始实训超市相关情况调查了。这次我们的调查先从学院学生订购牛奶的情况开始。

基本知识

一、市场调查的方法和内容

市场调查的方法有很多，其中主要有文案调查法、实地调查法等。市场调查的内容视调查目的而定，常见的市场调查方法和内容如图 3－3 所示。

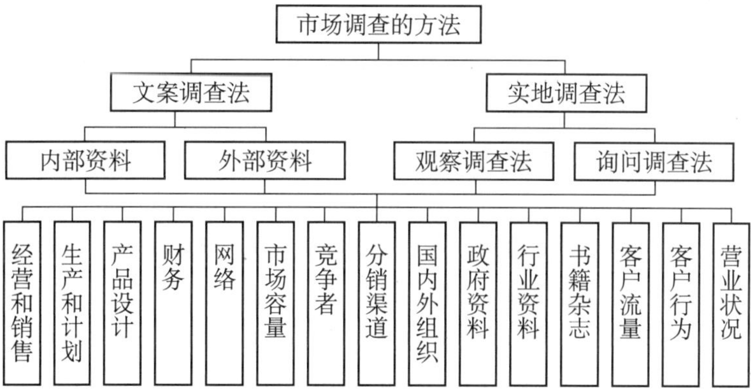

图 3－3　市场调查的方法和内容

二、调查问卷的设计

调查问卷又称调查表或询问表，是以问题的形式系统地记载调查内容的一种印件。设计问卷是询问调查的关键。问卷必须具备两个功能，即能将问题准确传达给被问的人并使被问者乐于回答。要完成这两个功能，设计调查问卷时应当遵循一定的原则和程序，运用一定的技巧。

（一）调查问卷的设计流程

设计调查问卷时，要充分地把握调查的目的和内容，收集有关调查内容的资料，确定调查方法的类型，确定问题的内容，决定问题的结构，并安排问题的顺序，确定格式和排版，拟定问卷的初稿和预调查，制成正式问卷。具体如图3-4所示。

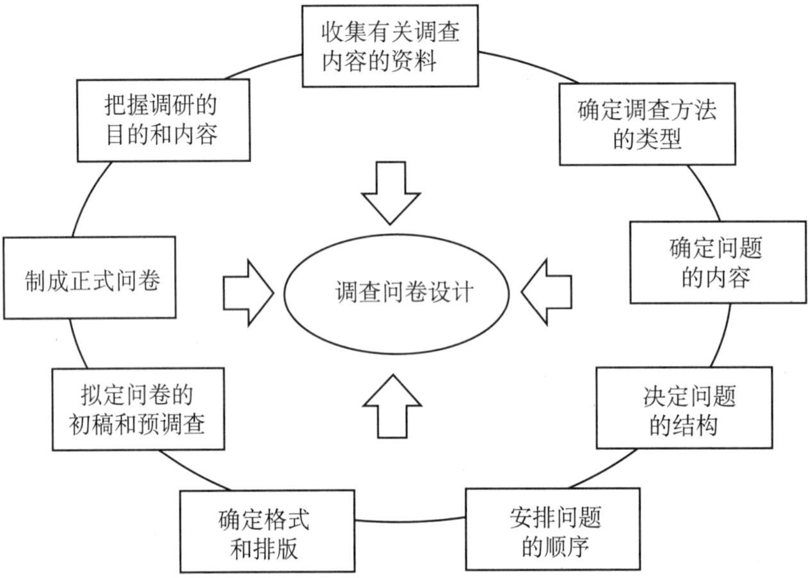

图3-4 调查问卷的设计流程

（二）调查问卷的一般格式

一份调查问卷通常由前言、主体内容和结束语三部分组成。形式上可以是表格式、卡片式或簿记式。

（1）前言。主要包括问卷标题、调查说明、被调查者基本情况及填表要求。前言部分文字须简明易懂，能激发被调查者的兴趣。

（2）主体内容。它是市场调查所要收集的主要信息，由一个个问题及相应的选择项目组成。通过主体部分问题的设计和被调查者的答复，市场调查人员可以对被调查者的个人基本情况和对某一特定事物的态度、意见倾向以及行为有较充分的了解。例如："您是否认为××品牌手机使用方便?""您上周看了下列哪些企业或产品的广告?"

（3）结束语。主要包括对被调查者合作的致谢语和实验记录两部分。实验记录一般包括调查人员姓名、调查时间、调查地点等，用于保证调查访问的质量。

（三）调查问卷设计时应遵循的原则

（1）目的性原则。问卷设计要紧扣调查目的，避免可有可无的问题。

（2）可接受原则。问卷设计要让被调查者能够接受并乐于回答。例如：要注意被调查者的理解能力，采用适应其身份的措辞，尽量增强问题的趣味性等。

（3）顺序性原则。在问卷设计中，一般要按照先易后难的顺序设计问题，即容易回答的问题放在前面，较难的问题放在后面，敏感性问题（如涉及个人隐私）放在最后。

（4）逻辑性原则。要注意问题的逻辑顺序，如主次顺序、时间顺序、相关问题的先后次序、类别顺序等，应合理排列，不能散漫杂乱。

（5）简明性原则。在内容和形式上力求简洁，使问卷易懂且容易完成。

三、访谈调查法的实施技巧

访谈，就是研究性交谈，是以口头形式，根据被调查者的答复收集客观的、不带偏见的事实材料，以准确地说明样本所要代表的总体的一种方式。访谈调查法简称访谈法，是常见的一种市场调查方法。访谈法是调查者按照调查方案规定的程序和要求，与被调查者直接交谈来获取信息资料的一种方法。双方直接接触，面对面交流，获取的信息准确可靠。

（一）访谈调查法的程序

（1）访谈前期准备。包括制定访谈计划、确定访谈对象、准备必要工具。

（2）访谈实施过程。包括建立合作关系、控制谈话过程、做好访谈记录。

（二）访谈调查法的注意事项

1. 调查者与被调查者应建立良好的关系

（1）采用肯定的约谈方式，事先通知被调查者。

（2）穿着易于被调查者接受的服装。

（3）开门见山地进行自我介绍，选择亲切、恰当的称谓称呼对方。

（4）充分尊重被调查者，努力创造友好气氛。

2. 调查者必须有效控制谈话过程

（1）语言控制。具体包括以下技巧：

1）提问技巧。根据问题的特点和被调查者的具体情况，选择恰当的提问方式，顺其自然、随机应变。问题要明确具体，通俗易懂，尽量采用启发方式引导回答。

2）追问技巧。要善于对问题进行追问。追问是对已经谈过的问题中不清楚的地方进行再次询问，目的是使问题的答案更准确、更完整。根据情况，可以采用直接追问或迂回追问的方式，必要的时候，也可以采用反感式追问。

3）回应技巧。在访谈中，调查者要不断给对方回应，保持谈话的持续进行，通常会采用认可式回应方法，如重复、重组、总结，自我暴露，鼓励对方等。要避免论说型回应和评价型回应等方式。

（2）非语言控制。在沟通过程中，非语言因素往往起着很大的作用。因此在访谈中，调查者要善于利用体态、目光、表情、衣着等非语言因素控制谈话进展。

情境三　市场调查报告的撰写

情境描述

通过市场调查，我们收集了很多关于开办校园实训超市的资料，但是要想从这么多的原始资料中找到我们需要的且真正有价值的，还需要对这部分原始资料进行整理，最终形成市场调查报告，并向大家汇报。

基本知识

一、市场调查报告的定义

市场调查报告是市场调查人员以书面形式，反映市场调查内容及工作过程，并提供调查结论和建议的报告。它是调查人员将通过市场调查获得的情况资料进行整理、筛选、分析、归纳，得出恰当的结论，提出合理建议而形成的书面报告。

市场调查报告是市场调查研究成果的集中体现，其撰写的好坏将直接影响整个市场调查研究工作的成果质量。一份好的市场调查报告，能给企业的市场经营活动提供有效的导向，能为企业的决策提供客观的依据。

二、市场调查报告的要求

（1）调查报告力求客观真实、实事求是；
（2）调查报告要做到调查资料和观点相统一；
（3）调查报告要突出市场调查的目的；
（4）调查报告的语言要简明、准确、易懂。

三、市场调查报告的形成过程

市场调查报告是在归类整理资料并综合分析资料的基础上编写的，具体如图 3-5 所示。

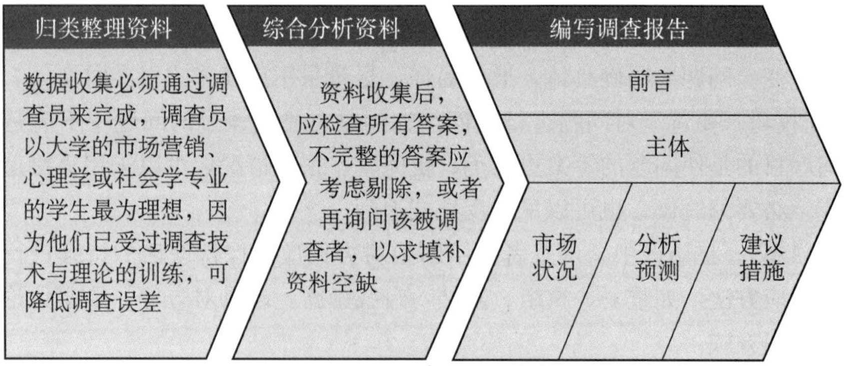

图 3-5　市场调查报告的形成过程

四、市场调查报告的结构

市场调查报告一般由标题、目录、摘要、正文、附件等几部分组成，具体如图 3-6 所示。

在实际操作中，市场调查报告有时会简化为以下结构（见图 3-7）。

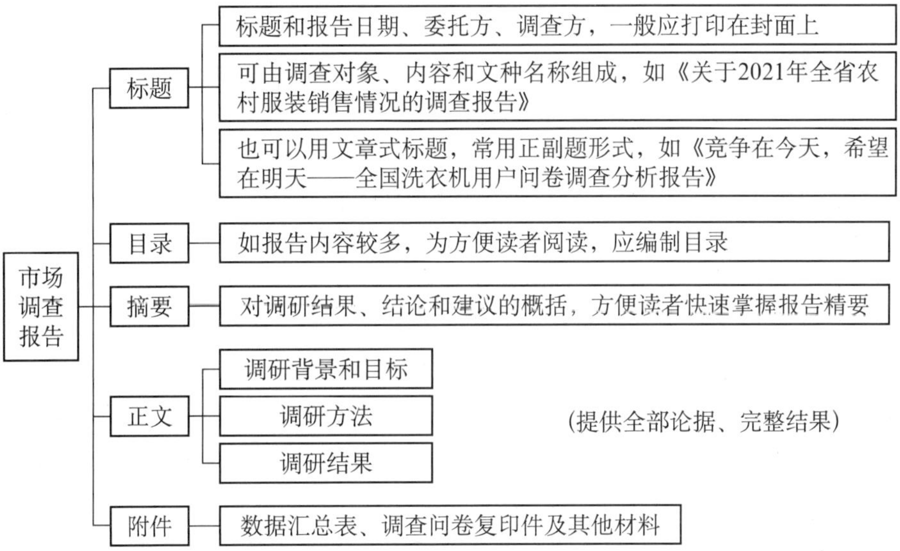

图 3－6　市场调查报告的完整结构

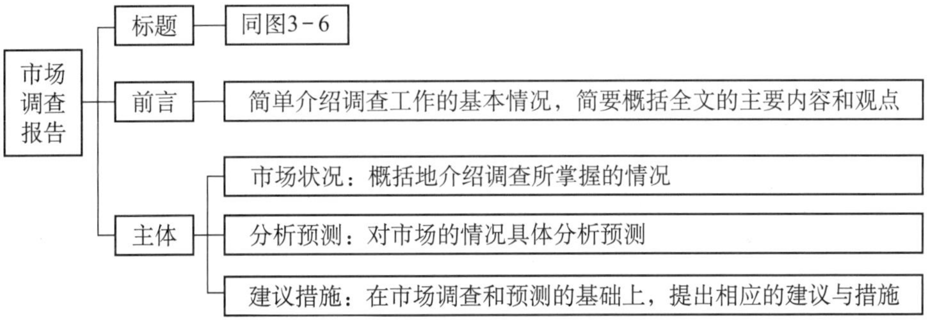

图 3－7　市场调查报告的简化结构

在撰写市场调查报告时，应掌握一些写作技巧。例如：(1) 适度使用图表；(2) 不要让一个图表表达过多的信息；(3) 对图表做相应的书面说明。

如果需要口头陈述市场调查报告并进行展示，那么你的陈述将大大影响别人对你的调查结果的认可度。因此，需要掌握一些技巧：(1) 准备汇报提要，即口头报告提纲需专门打印出来备用；(2) 通过 PPT 演示，充分运用图表等手段，增加声音、图形刺激，以增强展示效果。

任务小结

我国正处于经济转型期，社会结构及价值观念发生了重大改变，经济趋向自由化、国际化，消费层次及需求改变，促使市场结构的多元变化。面临强大的竞争压力与挑战，如果能有效利用市场调查方法，为企业提供有效的经营建议，可以帮助企业汇集自身有限经营资源进行最有效的运用，以求生存和发展。

例文简评

一、市场调查方案例文

［例文3-1］

西安杨森采乐洗剂市场调研方案

一、调研背景

近年来，宝洁公司凭借其强大的品牌运作能力以及资金实力，在洗发水市场牢牢地坐稳了第一把交椅。但是随着竞争加剧，局势慢慢发生变化，联合利华强势跟进，旗下夏士莲、力士等多个洗发水品牌从宝洁公司手中夺走了不少消费者，占据了中端市场，而低端的市场则归属了拉芳、亮荘、蒂花之秀、好迪等后起之秀。至此，中国洗发水行业呈现出一个典型的金字塔形品牌格局。通过市场细分，西安杨森于2002年推出了采乐（酮康唑洗剂），在药品和洗发水两个行业找到了一个交叉点。为了提高其在全国重点城市的占有率，并为其今后的营销发展计划提供科学的依据，六人行市场调查公司将在全国范围的重点城市进行一次专项市场营销调研。

二、调研目的

本次市场调研工作的主要目标是：

1. 分析采乐洗剂的前期营销计划（包括其销售渠道、媒体投放、产品终端和产品情况）以及消费者的产品期望，明确其自身的优势和劣势，以及面临的机会和威胁。

2. 了解消费者对去屑洗剂的认知，探察其对去屑洗剂的接受程度。

3. 了解产品的知名度以及美誉度，确定今后营销计划的重点。

三、调研内容

根据上述调研目的，确定了本次调研的内容，主要包括：

1. 针对其营销计划进行全面的分析，从而为其今后的营销计划提供科学的依据。本部分所需要的主要信息是：

（1）消费者对于采乐洗剂的使用情况——是否用过，满意度以及认为产品哪方面特征更加吸引自己购买。

（2）对采乐洗剂前期营销计划情况的了解——消费者通过什么渠道知道采乐洗剂的，通过什么渠道购买采乐洗剂的，是否遇到买不到采乐洗剂的情况，使用采乐洗剂后的感觉，以及认为可以在产品上改进的地方。

（3）消费者对于去头屑的认知。

2. 了解消费者的观念，以及对采乐洗剂前期推广的深入程度进行调查。

3. 对产品前期的销售宣传进行调查，须主要掌握的信息有：

（1）对于采乐洗剂的了解程度——是否知道以及是否使用过。

（2）对于采乐洗剂的印象。

此外，我们还将收集包括消费者的年龄、性别、收入、职业，以及包括消费者的发质在内的背景资料以备统计分析之用。

四、目标被访者定义

因为本次调研是针对采乐洗剂前期的营销计划实施情况的一个效果回馈，所以我们在样本定义时遵循以下原则：

一是样本要有广泛的代表性，以期能够基本反映消费者对采乐洗剂的看法，以及能反映采乐洗剂前期营销计划的实施情况。

二是样本要有针对性。由于采乐洗剂属于日用品，而且它主要是针对有头屑的人群，价格相对较高，因此消费者需要有一定的购买能力和支付能力。此次调研主要是针对有使用经验的人，主要在全国重点城市进行调研。

基于以上原则，我们建议采用如下标准甄选目标被访者：

1. 20～45 周岁的城市居民。

2. 本人及亲属不在相应的单位工作（如市场调查公司、广告公司以及洗发水行业等）。

3. 在过去的 6 个月内未接受或参加过任何形式的相关市场营销调研。

五、数据收集方法

本项目的资料收集方法如下：

问卷长度控制在半个小时左右，问卷经双方商讨确定之后正式启用。

问卷抽样方法：在北京、哈尔滨、上海、广州、长沙、成都、西安 7 个城市中各选择 400 人作为调查对象，在每个城市的电话簿中随机选择 400 个号码，打电话核实受访者。在不断淘汰受访者的情况下，多次随机选择，直到选够 400 人为止。

采用结构性问卷进行入户调查。

六、样本量

根据以往经验，最大允许误差应控制在±2%以内。考虑到统计分析对样本量的要求和成本方面的经济性，我们建议本次调研所需要的样本量为每个城市 400 个。

七、质量控制与复核（即再一次检查问卷的真实性）

1. 本次访问复核率为 30%。其中，15%为电话复核，15%为实地复核。

2. 我们将实行一票否决权，即发现访问员一份问卷作弊，该访问员的所有问卷作废。

八、数据录入与处理

参与此项目的所有数据录入及编码人员将参与问卷的制作与调查培训；在录入过程中需抽取 10%的样本处理进行录入复核，以保证录入质量；数据处理采用 SPSS 软件进行。

九、调研时间安排（自项目确定之日起）

	一周	二周	三周	四周	五周	六周	七周	八周
方案与问卷设计								
问卷试访								
调研实施								
数据处理								
报告撰写与发布								

十、报告提交

由六人行市场调查公司向西安杨森公司提交调研报告一份及所有的原始问卷，并根据市场调研报告进行数据分析。如有需要，六人行市场调查公司将向西安杨森公司作口头汇报。

十一、费用预算

项目费用预算约为6.7万元，其用途分别如下所示：

1	问卷设计、问卷印刷	2.0（万元）
2	调研与复核费用	1.0（万元）
3	数据处理（编码、录入、处理、分析）	1.5（万元）
4	地区市调公司代理费用	1.4（万元）
5	差旅及其他杂费	0.8（万元）
合计		6.7（万元）

二、市场调查问卷例文

［例文3-2］

关于西安杨森采乐洗剂的市场调查问卷

先生/女士：

您好！我是六人行市场调查公司的市场访问员，我们正在做的是关于西安杨森公司的市场调查，需要您的帮助。您的客观意见对我们的市场研究非常重要，希望您能回答以下问题（您回答完问题之后，会得到一份小礼物），也希望我们能成为很好的朋友！最后祝您家庭幸福，生活美满！

请在您要选择的选项前打钩。

1. 您用过去头屑洗发水吗？

A. 用过

B. 没有（跳至第5题）

2. 您现在最常用的洗发水品牌是________________。

3. 您对它的哪方面最满意？

A. 去屑

B. 产品口碑好或企业知名度高

C. 销售点多，购买方便

D. 集多种护发功能于一体

4. 您在购买之前是怎么知道该产品的？（可多选）

A. 电视

B. 报纸

C. 杂志

D. 广播

E. 熟人告知

F. 店内广告

G. 其他

5. 如果有人说头皮屑是一种病，您对这个问题的态度是？

A. 同意

B. 无所谓
C. 不同意
D. 拒绝回答
6. 您听说过西安杨森出品的采乐洗剂吗？
A. 听说过
B. 没有（跳至第 18 题）
7. 您是怎样知道采乐洗剂的？（可多选）
A. 电视
B. 报纸
C. 杂志
D. 广播
E. 熟人告知
F. 店内广告
G. 其他
8. 据您所知，从哪可以买到该产品？（可多选）
A. 超市商场
B. 化妆品专卖店
C. 零售店
D. 药店或医院
9. 您用过该产品吗？
A. 用过
B. 没有（跳至第 18 题）
10. 您觉得用了采乐洗剂之后是否有以下感觉？（可多选）
A. 去屑效果十分明显
B. 无效
C. 效果一般
D. 有副作用
11. 您对采乐洗剂的哪些方面比较满意？（可多选）
A. 去屑效果明显
B. 产品口碑好或企业知名度高
C. 价格合理
D. 其他
12. 您买过几次采乐洗剂？ ________________________________
13. 您有没有遇到过买不到采乐洗剂的情况？
A. 很多次
B. 偶尔
C. 没有
14. 您没有买到该产品的原因是？

A. 脱销

B. 没有该产品上柜

C. 不清楚

15. 销售人员或医院会主动向您介绍该产品吗？

A. 会

B. 不会

16. 如果采乐洗剂增加了香味，你觉得？

A. 好

B. 无所谓

C. 不好

17. 您希望采乐洗剂有什么香味？

A. 花香

B. 水果香

C. 绿茶、薄荷等

18. 如果以满分10分为标准的话，请您对下列产品的去屑功能打分（不知道的产品打零分）。

海飞丝（　　）

夏士莲（　　）

采　乐（　　）

舒　蕾（　　）

亮　荘（　　）

19. 采乐洗剂是一种非处方药，如果一个人为了去除头屑烦恼选择采乐，你觉得他或她是一个？

A. 偏向理性的人

B. 偏向感性的人

C. 没有偏向的感觉

20. 您知道的还有哪些专业去屑的洗发水？

★个人情况

21. 您的性别：

A. 男

B. 女

22. 您的年龄：

A. 20～29岁

B. 30～39岁

C. 40～49岁

D. 50岁以上

23. 您头发的类型：

A. 油性

B. 中性

C. 干性

D. 不知道

24. 您的月收入：

A. 1 000 元以下

B. 1 001 元～3 000 元

C. 3 001 元～5 000 元

D. 5 000 元以上

25. 您的职业？ ____________________

资料来源：http://www.fanwen99.cn/article/%E5%8C%BB%E8%8D%AF%E5%B8%82%E5%9C%BA%E8%B0%83%E7%A0%94.htm.

三、市场调查报告例文

［例文 3－3］

2015 年中国大学生就业情况调查报告

又是一年毕业季。2014 届全国高校毕业生人数近 750 万，再创历史新高。应届大学毕业生就业情况怎样？大学生毕业后职业发展如何？毕业生需求有哪些新的趋势？通过对 2015 年中国大学生就业情况的调查，我们得出大学生就业情况调查报告。

1. 近三届毕业生半年后就业率稳定

2014 届大学生毕业半年后的就业率（92.1%）比 2013 届（91.4%）略有上升，比 2012 届（90.9%）上升 1.2 个百分点。其中，本科院校 2014 届毕业生半年后的就业率为 92.6%，比 2013 届、2012 届（分别为 91.8%、91.5%）均有所上升（分别上升 0.8、1.1 个百分点）；高职高专院校 2014 届毕业生半年后的就业率为 91.5%，比 2013 届（90.9%）略有上升，比 2012 届（90.4%）上升 1.1 个百分点。近三届大学毕业生半年后就业率呈现稳定趋势。

2. 选择创业、升学的毕业生比例持续增加，高职高专毕业生就业于地级市及以下比例上升

2014 届大学毕业生“受雇全职工作”的比例（79.2%）与 2013 届、2012 届（分别为 80.6%、81.3%）相比有所下降，但总体就业情况能保持稳定。主要是因为自主创业的毕业生比例从上届的 2.3%上升到了 2.9%，2014 届大学毕业生自主创业比例为 2.9%，比 2013 届（2.3%）高 0.6 个百分点，比 2012 届（2.0%）高 0.9 个百分点。其中，应届本科毕业生创业比例为 2.0%，比上届（1.2%）高了 0.8 个百分点；高职高专毕业生创业比例为 3.8%，比上届（3.3%）高了 0.5 个百分点。从近三届的趋势可以看出，大学毕业生自主创业的比例呈现持续和较大的上升趋势。同时本科毕业生读研比例从上届的 10.8%上升到 11.7%，高职高专读本的比例从上届的 3.8%上升到 4.2%。

从毕业去向的城市类型来看，2010—2014 届本科毕业生在地级市及以下就业的比例基本持平，高职高专毕业生在地级市及以下就业的比例从 56%上升到 60%。数据表明，在过去五年里，大学毕业生的就业城市分布已经初步出现“重心下沉”。如果加强这方面

的政策引导，大学毕业生去向与城市化进程的不匹配现象有望得到进一步缓解。

3. 各专业就业状况具有持续性

根据就业状况，可以把各专业分为“红、黄、绿牌”专业。红牌专业指的是失业量较大，就业率、薪资和就业满意度综合较低的专业，为高失业风险型专业。黄牌专业指的是除红牌专业外，失业量较大，就业率、薪资和就业满意度综合较低的专业。绿牌专业指的是失业量较小，就业率、薪资和就业满意度综合较高的专业，为需求增长型专业。2014届本科和高职高专毕业生的工作与专业相关度分别为69%、62%，均与2013届、2012届（分别为69%、62%）持平。从近三届的趋势可以看出，大学毕业生的工作与专业相关度呈现平稳趋势。

大学毕业生自愿选择专业不相关的工作，主要是对专业相关工作不认同，这可能来自对所学专业不认同，或对专业相关的职业认识不足。2014届本科毕业生选择与专业无关工作的主要原因是“专业工作不符合自己的职业期待”（33%），其次为“迫于现实先就业再择业”（24%）。2014届高职高专毕业生选择与专业无关工作的主要原因是“迫于现实先就业再择业”（29%）、“专业工作不符合自己的职业期待”（28%）。

资料来源：中华人民共和国教育部官网，见 http://www.moe.gov.cn/jyb_xwfb/s5147/201507/t20150720_194510.html.

[简评]

这是一份有关大学生就业情况的调查报告。调查报告的开头简述了调查概况，主体部分横向展开，分几个方面陈述调查情况并加以分析。材料充分，注重用数字说明问题。文章语言简练、准确、层次分明、有理有据，令人信服。

拓展练习

请仔细阅读下面的案例，并思考提出的问题。

农夫山泉有点甜

浙江千岛湖养生堂饮用水有限公司（农夫山泉股份有限公司前身）于1996年9月在浙江省建德市成立，位于国家一级水资源保护区千岛湖畔。1997年4月第一家工厂开机生产，推出“农夫山泉有点甜”广告语。2020年9月8日，农夫山泉正式登陆港交所成功上市。你知道农夫山泉价值千金的广告语“农夫山泉有点甜”是怎么来的吗？

1997年，农夫山泉将上海选作第一个试销地开展市场调研，将“农夫山泉有点甜”“好水喝出健康来”和“千岛湖源头活水”三句广告语放在一起让消费者评判，结果“农夫山泉有点甜”凭借更加符合产品的特性，突出优良品质的泉水喝起来会有甘甜的感觉的优势，完胜其他两个选项。1998年，农夫山泉正式在全国上市，全面启用“农夫山泉有点甜”作为主广告语。

自此，农夫山泉一路高歌猛进。2000年，农夫山泉饮用天然水被中国奥委会选定为“2000年奥运会中国体育代表团训练及比赛专用水”；中国跨世纪十大策划经典个案评选揭晓，“农夫山泉有点甜”名列其中；2002年，全球最大市场研究机构通过市场调查得出，中国消费品市场中最受欢迎的六大品牌中，“农夫山泉”是唯一民族品牌；2003年，“农夫山泉”瓶装饮用天然水被国家质检总局评为“中国名牌产品”；2006年，国家工商总局商标局认定“农夫山泉”为中国驰名商标。2008年，农夫山泉被授予“慈善突出贡献奖”。

思考：

（1）农夫山泉股份有限公司的广告语市场调查给了我们哪些启示？

（2）你还知道哪些帮助民族品牌发展壮大的市场调查优秀案例？

大学生信用认知调研报告

伴随着我国现代化进程的加快，传统“熟人社会”逐渐瓦解，利益主体更趋多元，社会交往常常在陌生地、陌生人之间进行，对全社会诚信水平提出了更高要求。党和国家，从制定全国统一的信用信息采集和分类管理标准，到初步形成守信联合激励和失信联合惩戒机制，再到全面实施统一社会信用代码制度，基本建成统一的信用信息共享平台，国家社会信用体系建设的步伐明显加快。“一处失信、处处受限”的联合惩戒大格局逐步呈现，守信受益、失信难行的良好势头初步形成。

为帮助大学生树立科学的消费观，推动年轻人群信用意识升级和诚信体系建设。团中央、教育部、银监会等多部门联合发起“金融安全专家校园行”活动。活动将调动全国3 000余所高校的团组织共同参与邀请金融安全专家走进校园，常年举办信用安全讲堂以及校园金融风险识别路演。某大学发布的《全国大学生信用认知调研报告》显示，当前有近六成大学生缺乏信用知识，逾八成的大学生没听说过或不了解个人信用报告。而发生在校园的大部分金融欺诈行为，都与学生的信用安全意识、法律意识淡薄有关。大学生兼职刷单、用信用卡违规套现……有专家认为，“有些大学生缺乏基本的信用意识，对自己的征信信息并不珍惜，甚至对欠钱不还将给自己造成的信用污点毫不了解。加大信用教育的力度，拓宽常识教育的广度，建立信用约束机制和监管制度，已成为时代对高校思想政治工作和管理职责的要求。”举办这类交流讲座，很好地弥补了学生们的知识空白。这不仅有助于从根源上防范校园金融欺诈，也有利于培养具有法制意识和契约精神的现代公民。

思考：

（1）调查一下，你身边有没有“一处失信、处处受限”的情况？

（2）除了信用安全讲堂以及校园金融风险识别路演，还有哪些有效方式可以提高大学生对信用知识的认识？

任务二　商务谈判

学习目标

1. 掌握商务谈判的准备工作。
2. 掌握商务谈判方案的内容。
3. 掌握商务谈判中语言沟通与非语言沟通的技巧。

任务导入

选择好了学生实训超市需要的商品种类，下一步就是要寻找合适的供货商。

思考：

1. 怎样才能够找到合适的供货商？供货商给出的条件还可以更优惠一些吗？

2. 在超市开办的准备过程中，怎样和供货商讨论合作中的各种相关问题，如何争取超市的最大利益？

执行流程

任务分工及实训步骤与要求	
沟通情境的描述与理解	教师：结合案例讲解商务谈判的流程，包括商务谈判的准备、商务谈判的技巧，从商务谈判双方的竞争合作关系的角度进行重点分析，启发学生理解商务谈判的沟通情境。 学生：（1）调查谈判背景，包括谈判环境因素分析、谈判对手的调查、自身优势劣势的分析； （2）进行商务谈判的组织准备，包括人员的配备和配合； （3）拟定商务谈判方案，包括确定商务谈判的谈判目标、布置谈判策略、拟定谈判议程、选择谈判地点。
任务执行	学生：（1）安排人员分工，并模拟相互配合； （2）组织实施商务谈判； （3）尽量运用各种谈判技巧。 教师：检查工作节点完成情况，讲解答疑。
现场展示及评估	学生：学生讨论各组成果并互评； 教师：总结、强化知识点。

情境一　商务谈判的准备

情境描述

经过市场调查分析，我们确定了学生实训超市需要采购的商品种类，并在报纸上刊登了招标启事，很快就有好几家供货商向我们表示了合作意向。接下来，我们打算分别和他们进行谈判，最终找到最合适的合作伙伴。

基本知识

一、商务谈判的含义

广义上的谈判是指有关方面就共同关心的问题互相磋商、交换意见、寻求解决途径和达成协议的过程。谈判具有两个特点：其一，人人都可能成为谈判者；其二，谈判是一种复杂的、需要运用多种技能和方法的专项活动。商务谈判是指不同的经济实体为了自身的经济利益和满足双方需要，通过沟通、协商、妥协、合作等各种方式，把可能的商机确定下来的过程。

二、商务谈判的准备

商务谈判的前期准备工作非常关键。大部分重要谈判的工作是在准备阶段完成的。商务谈判的准备工作一般包括商务谈判背景调查、商务谈判组织准备和商务谈判方案制定等过程。

(一) 商务谈判背景调查

1. 对谈判环境因素的分析

谈判是在一定的法律制度和某一特定的政治、经济、文化影响下的社会环境中进行的。这些环境因素会直接或间接地影响谈判。商务谈判，特别是涉外商务谈判的环境因素包括政治法律、社会文化、经济建设、自然资源、基础设施、气候条件与地理位置等。影响商务谈判的环境因素如图 3-8 所示。

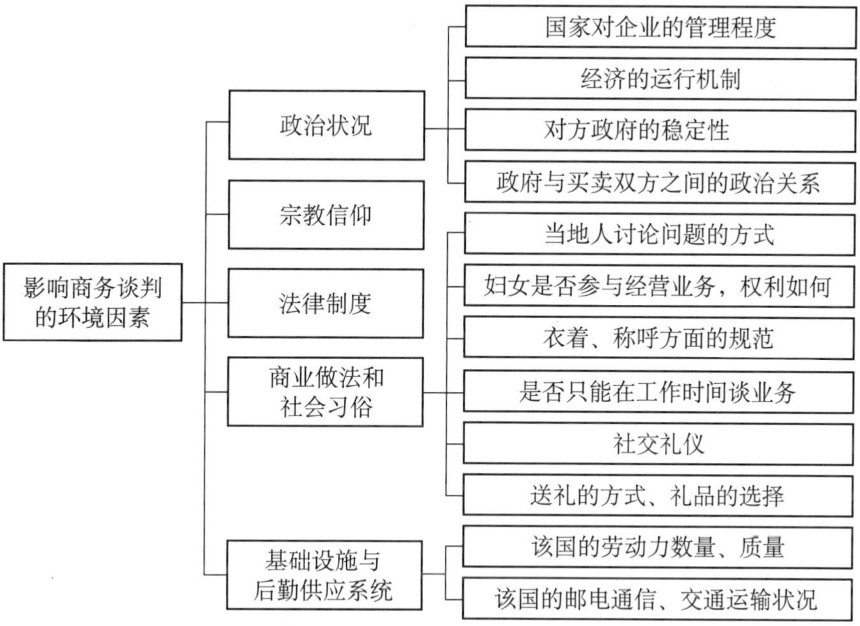

图 3-8 影响商务谈判的环境因素

2. 对谈判对手的调查

谈判对手的情况是复杂多样的，具体包括：

(1) 客商身份调查。应了解清楚谈判对手身份，避免错误估计对方，使自己受骗上当。

(2) 谈判对手资信调查。包括：对方的合法资格，对方的资本、信用和履约能力，对方谈判人员的权限等。

从以下案例我们可以看出对谈判对手进行调查的重要性。

20 世纪 70 年代，北京迎宾馆接到了一个重要任务，接待时任日本首相的田中角荣先生，为恢复中日邦交正常化谈判做好后勤服务工作。当田中角荣在迎宾馆休息时，他的秘书仔细看了一下房间的温度计，是 17.8℃，这是田中角荣最习惯的温度，这一温度缓解了田中角荣的紧张心情，他心情舒畅，与随从的陪同人员谈笑风生。北京迎宾馆的细致工作为谈判的顺利进行创造了条件。

（3）了解谈判对手其他方面的情况。要从多方面收集对方信息，如谈判对手的个人信息，包括资历、能力、信念、性格、心理类型、个人作风、爱好与禁忌等。

3. 对谈判者自身的了解

在谈判前的准备工作中，谈判者不仅要调查分析客观环境和谈判对手的情况，而且应该正确了解和评估自身的状况。谈判者进行自我评估时，要看到自身所具备的实力和优势，同时要客观地分析自己的需要和实现需要的优势。

（1）谈判信心的确立。谈判者应该了解自己是否准备好支持自己说服对方的足够依据；是否对可能遇到的困难有充分的思想准备；一旦谈判破裂，是否会找到新的途径实现自己的目标。

（2）自我需要的确定。谈判者应确定自己希望借助谈判满足己方哪些需要、各种需要的满足程度和需要的可替代性，并具有鉴定对方需要的能力。

（二）商务谈判组织准备

“凡事预则立，不预则废。”要想使商务谈判获得圆满成功，需要具备多方面的条件，其中做好谈判的组织准备工作是其重要内容之一。商务谈判组织准备工作包括谈判组织的构成和谈判组织的管理两个方面。

1. 谈判组织的构成

具体内容如图3-9所示。

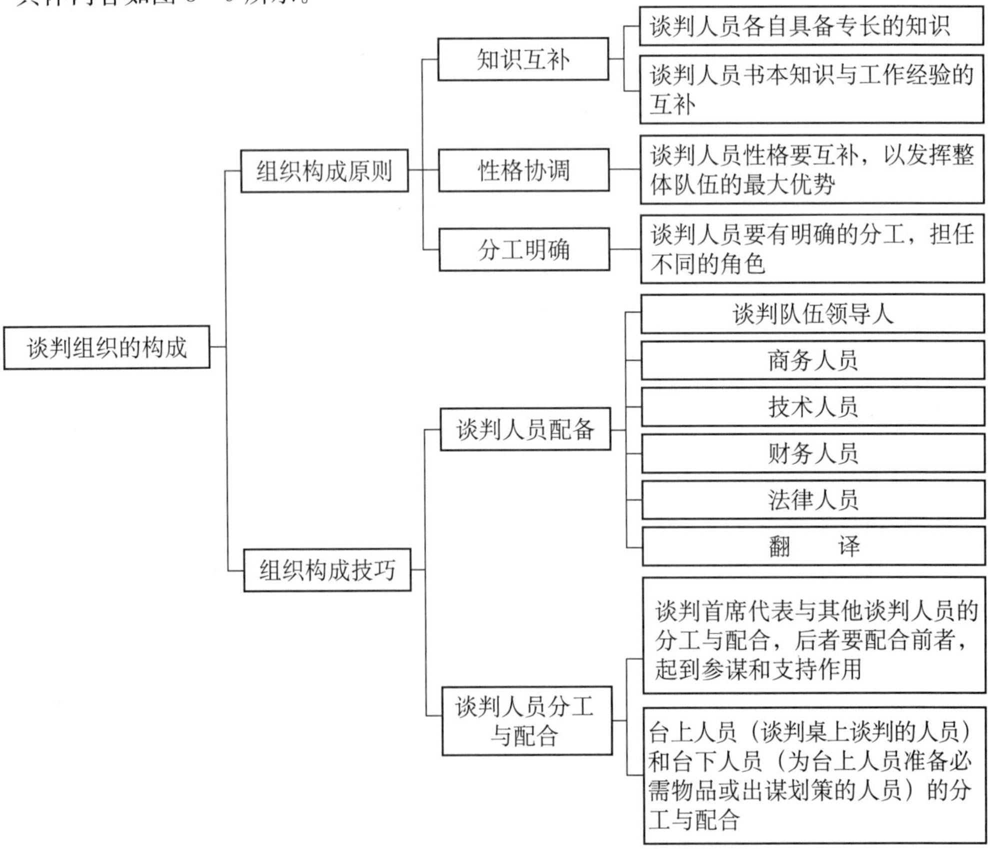

图3-9　谈判组织的构成

2. 谈判组织的管理

谈判组织的管理包括谈判组织负责人对谈判组织的直接管理，以及高层领导对谈判过程的宏观管理。

（1）谈判组织负责人对谈判组织的直接管理。谈判组织负责人负责挑选谈判人员，管理谈判队伍，领导制定谈判执行计划，主管己方谈判策略的实施，负责向上级或者有关的利益方汇报谈判进展情况。

（2）高层领导对谈判过程的宏观管理。高层领导确定谈判的基本方针和要求，在谈判过程中对谈判人员进行指导和调控，在关键时刻对谈判进行适当的干预。

（三）商务谈判方案制定

1. 商务谈判方案的定义

商务谈判方案是指企业最高决策层或上级领导就本次谈判的内容所拟定的谈判主体目标、准则、具体要求和规定。谈判方案的制定可根据谈判的规模、重要程度的不同而不同。内容可多可少，可简可繁；可以是书面形式，也可以是口头形式。

2. 商务谈判方案的制定要求

（1）明确、具体。这样可以使谈判人员很容易记住谈判的基本原则和主要内容。

（2）富有弹性。谈判过程中各种问题都可能出现，谈判方案富有弹性可以使谈判人员在不违背根本原则的基础上，在权限允许的范围内灵活处理问题。

3. 商务谈判方案的内容

商务谈判方案的内容主要包括谈判目标的确定、谈判策略的部署、谈判议程的拟定以及谈判地点的选定等（见图 3-10）。

三、模拟商务谈判概述

（一）模拟商务谈判的概念

模拟商务谈判是指在正式谈判开始之前，将谈判小组成员一分为二，一部分人扮演谈判对手，并以对手的立场、观点和作风来与另一部分扮演己方的人员交锋，预演谈判的过程。

（二）模拟商务谈判的作用

模拟商务谈判能使谈判人员获得一次临场的操作与实践，经过操练达到磨合队伍、锻炼和提高己方协同作战能力的目的。在模拟谈判中，通过相互扮演角色会暴露己方的弱点和一些可能被忽略的问题，以便及时找到出现失误的环节及原因，使谈判的准备工作更具有针对性。

通过模拟商务谈判，谈判人员可以在相互扮演过程中找到自己所充当角色的比较真实的感觉，可以训练和提高自己的应变能力，为临场发挥做好心理准备。

（三）模拟商务谈判的技巧

（1）合理地想象谈判全过程。谈判人员可依照想象中的情况和条件，演绎双方交锋时可能出现的一切局面，如谈判的气氛、对方可能提出的问题、己方的答复、双方的策略和技巧等问题。合理的想象有助于谈判的准备更充分、更准确。

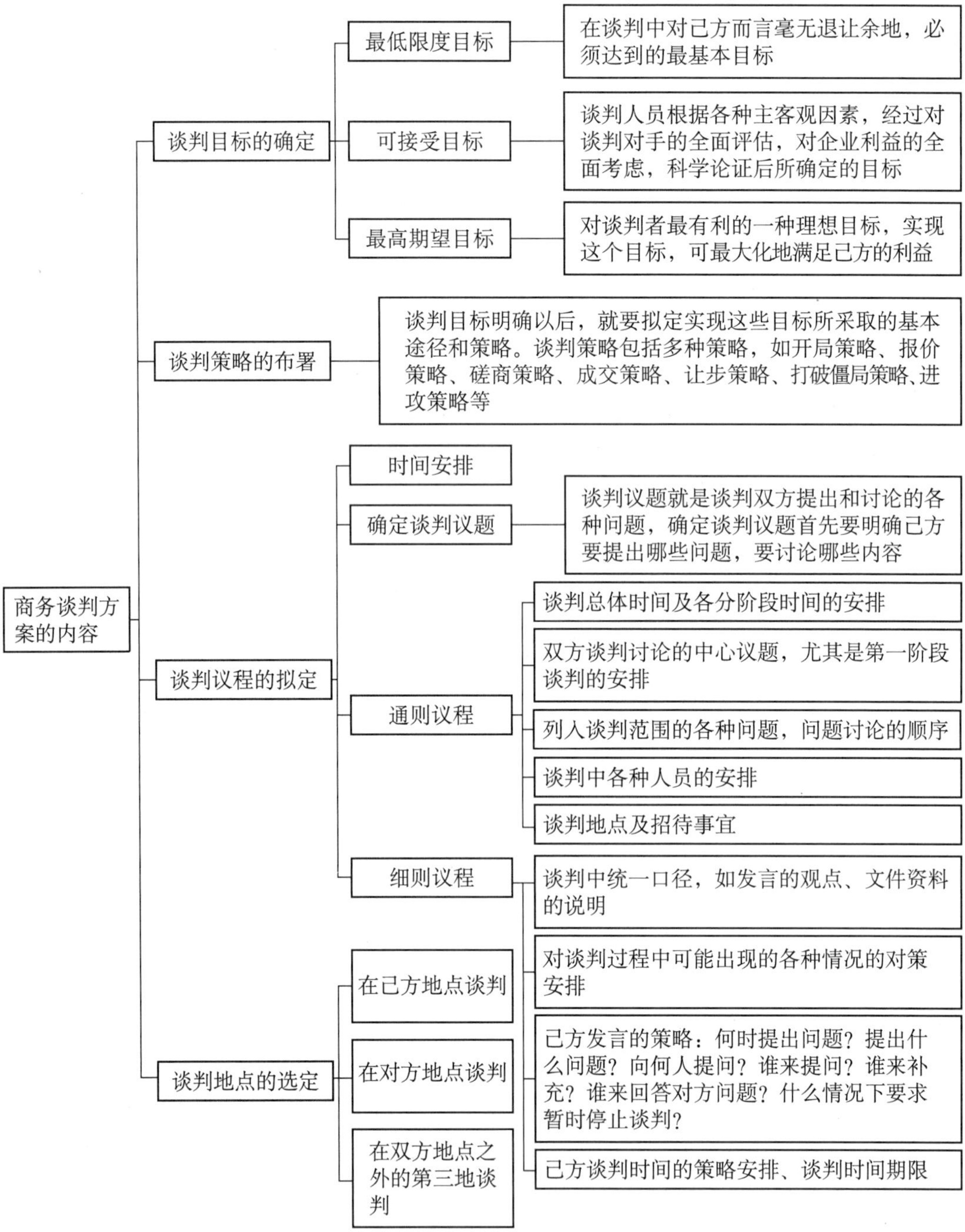

图 3－10　商务谈判方案的内容

（2）尽可能地扮演谈判中所有会出现的人物。要对谈判中可能会出现的人物都有所考虑，并指派合适的人员对这些人物的行为进行模仿。

（3）科学地作出假设。模拟商务谈判实际上就是提出各种假设情况，然后针对这些假设，制定出一系列对策，采取一定措施的过程。因此，假设是模拟商务谈判的前提，又是模拟商务谈判的基础。

（4）及时进行总结。模拟商务谈判结束后要及时进行总结。模拟商务谈判是为了总结经验、发现问题、弥补不足、完善方案，所以在模拟商务谈判告一段落后，必须及时、认真地回顾在谈判中己方人员的表现，如对对手策略的反应机敏程度、自身班子协调配合程度等一系列问题，以便为真正的谈判奠定良好的基础。

情境二　商务谈判技巧

情境描述

与供货商进行商讨的各小组的商务谈判方案已经制定出来了，让我们以小组为单位，进行模拟商务谈判的演练。

基本知识

商务谈判的技巧是人们对商务谈判中成功经验的概括和总结。在商务谈判中，无论是基于赢得尽可能大的利益空间的考虑，还是基于尽量减少企业损失的目的，都离不开对谈判技巧的运用。

一、商务谈判中语言沟通的技巧

（一）成功的商务谈判语言的必备要素

谈判，首要的就是“谈”，要通过语言交流进行相互沟通。成功的商务谈判语言应：

1. 以诚为本

商务谈判行为是一个寻求合作的过程，谈判双方都应抱有诚意。请看以下案例：

某单位党委书记在同外商谈判时，发现对方对自己的身份持有强烈的戒备心理。这种状态妨碍了谈判的进行。于是，这位党委书记当机立断，站起来对对方说：“我是党委书记，但也懂经济、搞经济，并且拥有决策权。我们摊子小，并且实力不大，但人实在，愿意真诚与贵方合作。咱们谈得成也好，谈不成也好，至少你这个外来的‘洋’先生可以交一个我这样的‘土’朋友。”双方于是顺利地开始了融洽的商谈。

2. 言简意赅

商务谈判中，语言的针对性要强，要有的放矢。模糊、啰唆的语言都容易使对方产生疑惑和反感。请看以下案例：

上海一家公司想开拓北方市场，急需找一家当地代理商来为其销售产品。当双方进行谈判时，上海公司的谈判代表路上塞车迟到了。代理商的代表抓住这件事紧紧不放。上海公司的代表于是站起来说：“我们对贵市的交通状况了解不足，耽误了你的时间，但是这绝非我们的本意，我希望我们不要再为这个不重要的问题耽误宝贵的时间了，如果贵方因为这件事怀疑我们合作的诚意，那么，我们也只能另找合作伙伴了，我想以我们的合作条件还是有很多公司愿意合作的。”代理商哑口无言，他们也不想失去这次赚钱的机会，于是不再纠缠迟到的问题，使谈判得以顺利进行。

3. 直接说明利益点

商务谈判中，不能仅关注自己的利益，还应当站在对方的立场上考虑问题，说明合作后对方能获得的利益有哪些。请看以下案例：

某日，某工艺美术厂接待了4家有意向的经销商。其中一家资本雄厚的大经销商要求用较低的价格包销该厂的某款商品，该工艺美术厂开始与这4家经销商在价格上展开谈判。在这次谈判时，该工艺美术厂明确自家商品原材料质量过硬、雕刻水平技艺高超，与其他同类企业相比，产品质量有明显优势。于是该厂没有优先接待这家资本雄厚的大经销商，而是与其他几家经销商商洽，突出自家商品与同类商品相比的优势，让这几家经销商认识到能得到优质商品对自家企业打响知名度、提升品牌影响有积极意义，使得这几家经销商为了得到质量优良的商品给出了一个较高的价格。那家资本雄厚的大经销商在得知该工艺美术厂和几家小经销商达成了供货意向后，产生了货源旁落的危机感，于是希望尽早和工艺美术厂签订供货合同，而且希望能垄断货源，于是主动给出了一个很好的大批量订货价位。

4. 善于运用幽默语言

幽默是人类语言的闪光点，是谈判者综合素质的具体表现。请看以下案例：

一位贵妇人带着她的狗上了汽车，她高傲地问售票员："我要给我的狗买一张票，你不会拒绝它和人一样坐在位子上吧？"售票员微笑说："当然可以，只要它可以和人一样，把双脚放在地上。"售票员巧妙地提出限制条件，从而达到拒绝的目的。

（二）商务谈判中"问"的技巧

商务谈判中恰当地使用"问"的技巧，不仅可以引起双方的讨论，获取自己需要的信息，而且可以有效控制谈判的方向。

1. 提问的时机

（1）在对方发言完毕后提问。在对方发言的时候一般不要急于提问，因为打断别人的发言是不礼貌的。

（2）在对方发言停顿时提问。如果谈判中，对方发言冗长、言之无物或离题太远，可以在对方发言停顿时提问。

（3）在辩论时间提问。在辩论环节提问要事先做好准备，归纳出双方的分歧，然后有的放矢地提问。

2. 提问的类型

（1）询问式提问。例如："您看，我们这样安排可以吗？""我们后天给您发货，您看行吗？"

（2）强调式提问。例如："刚才我们不是确定了由贵方支付运费了吗？""我们之前不是说好首付20%了吗？"

（3）封闭式提问。例如："您选择一号套餐还是二号？""您是不是今天就支付定金？"

（4）诱导式提问。例如："谈到现在，我觉得我方给出的每月5 000元的租金，您一定可以接受，是吗？"

（三）商务谈判中"答"的技巧

谈判中有问有答，答得不好，同样也会使自身陷入被动。所以回答问题也需要一定的技巧：

（1）谨慎作答。在谈判中，对于对方提出的问题，在没有完全理解之前，不要急于回答。

（2）委婉回答。商务谈判中合理运用潜在语言，可以使谈判沿预期方向进行。

（3）答非所问。谈判中，对方可能提出我们很难作出正面直接回答的问题，这时可以采用答非所问的办法，将话题引向别处。

（4）以问代答。对谈判中难以回答或不想回答的问题，可以反问对方相似问题。

（5）沉默作答。恰当的沉默有时也可以取得意想不到的效果。

二、商务谈判中非语言沟通的技巧

（一）商务谈判中“听”的技巧

商务谈判中要善于倾听、分析和判断。

（1）要集中精力，专注地倾听；

（2）要通过记笔记来加强听的效果；

（3）听的同时要有选择性地关注重点。

（二）商务谈判中“看”的技巧

人们在沟通的时候，除了运用语言表达意思，还可以通过表情、语气、身体语言来传达信息。如果善于观察肢体语言，就可以更好地获取或传达信息，从而在谈判中取得主动。例如：我们可以通过观察谈判中谈判者上肢的动作语言了解对方的心理。

（1）握拳表示向对方挑战或自我紧张；

（2）用手敲打桌面或乱写乱画，表示对话题不感兴趣；

（3）两臂交叉于胸前，表示防卫和保守，两臂交叉于胸前并握拳，表示怀有敌意。

三、不同国家商人的谈判风格

不同国家商人的谈判风格如表 3-1 所示。

表 3-1　不同国家商人的谈判风格

日本商人	具有强烈的群体意识，集体决策
	讲究礼仪，要面子
	耐心
美国商人	自信心强，自我感觉良好
	讲究实际，注重利益
	热情，性格外向
	重合同，法律观念强
	时间观念强
俄罗斯商人	固守传统，缺乏灵活性
	对细节感兴趣
	善于在价格上讨价还价
	善于易货贸易

续表

德国商人	很看重商品质量
	对工作极为认真负责，工作效率高
	谈判前准备很充分
法国商人	喜欢建立个人友谊，并进而对生意产生影响
	喜欢使用法语
	注重个人能力，集体决策较少
	善于劳逸结合，不喜欢工作狂
英国商人	不轻易与对手建立个人关系
	对谈判本身并不是非常看重
	经常不能保证按合同执行
	不喜欢讨价还价的谈判方式
北欧（挪威、丹麦、瑞典、芬兰等国）商人	自身具有较高修养，也欣赏具有较高修养的对手
	对自己的商品质量很有信心，对对方商品质量也要求很高
	谈判中十分冷静沉着
	喜欢桑拿浴

任务小结

市场是企业生存和发展的关键。随着市场经济的深入发展，商务谈判逐渐成为企业开拓市场、获取企业发展空间的重要举措之一。加入世界贸易组织以来，我国企业频繁地参与国际经济交往活动，面临更多的发展机遇和富有竞争性的挑战。商务谈判是解决商业机构之间不可避免的经济利益冲突的必不可少的一种手段。

例文简评

一、商务谈判策划书例文

［例文3-4］

××公司商务谈判策划书

一、谈判主题

解决GD公司产品延迟交货的索赔问题，维护企业声誉以及双方长期合作关系，使双方合作向新的高度迈进。

二、准备阶段

寻求法律支持、援引过往案例等，从而达到明确谈判目标和谈判切入点等目的。

谈判团队人员组成：

主谈：公司谈判全权代表

决策人：负责重大问题的决策

技术顾问：负责技术问题

法律顾问：负责法律问题

（一）寻求法律支持

核心问题是新冠肺炎疫情的发生是否属于不可抗力，以及新冠肺炎疫情之后的延迟交货问题法律上怎么规定。我们经过详细地收集资料发现，除了较少数案例外，如2003年北京市一中院曾判定“非典”疫情为可抗因素，更多的案例还是将其定性为不可抗力因素。我方在新冠肺炎疫情时的停产基本属于不可抗力因素，因此我方坚持这一观点。

（二）知己知彼

（1）明确对方公司在整个产业中的位置，进一步明确这种合作关系对双方的重要性，以确定我方的谈判目标。

经过调查我们发现：一方面，对方公司是国内三大GD服装品牌之一，占有全国1/3的市场份额，对方如果失去我方这一合作伙伴，在原材料供应方面会很不利；另一方面，我公司是全国仅有的三家能够生产GD产品的公司之一，失去与我方的合作关系不利于对方的长期发展。

因此，双方都亟须通过这次谈判，和平友好地解决这次延期交货引起的不快，并力争使合作上升到一个新的高度。

（2）了解谈判对手，尽可能地收集信息，包括其性格、职务、任职时间等。

（3）与对方协商确定通则，包括谈判时间、地点等安排。

三、双方核心利益及优劣势分析

（一）我方核心利益

（1）维护企业声誉；

（2）维持双方长期合作关系；

（3）减少本次疫情中企业停产的损失。

（二）对方核心利益

（1）维护双方长期合作关系；

（2）要求我方尽早交货；

（3）要求我方赔偿，弥补其损失。

（三）我方优劣势分析（略）

（四）谈判目标

战略目标：将损失最小化并维护我方声誉及长期合作关系。

最高目标：（略）

底线：（略）

（五）具体谈判程序及策略

1. 开局陈述

根据现有资料和情况，我方决定将谈判维持在和谐友好的气氛中。

方案一：平和开局。首先分析本次争端的背景，强调“非典”带来的双方的损失，大家都应本着尽早解决争端、迅速恢复合作和各自生产的目的。

方案二：强硬开局。强调此次事件为不可抗力，强调我方已经尽力减少损失，希望对方以合作大局为重，不为短期利益而纠缠。

2. 中期谈判（略）

3. 磋商阶段

（1）我方对赔偿金额的基本原则；

（2）我方遵循的谈判方式；

（3）针对对方提出的赔偿金额进行磋商；

（4）针对对方提出的提前交货要求进行磋商；

（5）辅助性条款商榷阶段。

4. 成交阶段（略）

5. 应急预案（略）

资料来源：改编自 http://zhidao.baidu.com/question/79921555.html.

［简评］

该策划书针对性强，条理性强，灵活务实。

二、商务谈判方案例文

［例文3-5］

商务谈判方案

会议时间：2020年12月15日

会议地点：××国际会议中心2号会议室

我方：××有限公司

对方：××科技有限公司

总经理：×××（组长）

销售总监：××× 财务总监：×××

财务部经理：××× 市场总监：×××

公关部经理：××× 法律总监：×××

法律顾问：××× 技术总监：×××

一、谈判双方公司背景

（1）我方公司分析。（略）

（2）对方公司分析。（略）

二、谈判的主题及内容

（1）经销两种数码电子产品，不同型号的价格、数量，主要是价格的折扣情况；

（2）货物的结算时间及方式；

（3）定金的支付、违约的赔偿问题；

（4）促销措施及奖励。

三、谈判目标

以对我公司最有利的条件代理经销两种数码电子产品：价格合理，所经销的两种数码电子产品型号符合消费者使用需求。

四、奖励办法及促销活动方案

（1）E3和X3型号的数码产品（不论内存）月销售量达200～300台的，超出部分每台返3%的现金；月销量达300～350台的，超出部分每台返5%的现金；月销售量超过400台的，超出部分每台返8%的现金。

（2）MiniPlayer 月销售量达 150～250 台的，超出部分每台返 5%的现金；月销售量达 250 台以上的，超出部分每台返 8%的现金。

（3）月销售量持续 3 个月达 200 台以上的，除被评为××品牌 4S 形象店之一，还将受到本公司的额外奖励：现金 5 000 元。

五、厂家支持

（1）旺季：1—3 月，7—9 月，9 折优惠，送耳机（充电套装＋精美水杯＋时尚 T 恤）；国庆、元旦、春节 8.8 折，送耳机＋充电套装/精美水杯＋时尚 T 恤。

（2）淡季：送充电套装＋精美水杯＋时尚 T 恤；各种型号的 E3、X3 及 MiniPlayer 送原装耳机及线控。

六、谈判形势分析

（一）我方优势分析（略）

（二）我方劣势分析（略）

（三）我方人员分析（略）

（四）对方优势分析（略）

（五）对方劣势分析（略）

（六）对方人员分析（略）

七、相关产品的资料收集（略）

八、谈判的方法及策略（略）

九、谈判的风险及效果预测（略）

（一）谈判风险

（1）对方可能会在谈判中凭其优势地位不肯在价格上让步，我方必须发挥自身优势和经销商的身份，迫使其作出让步。

（2）谈判中，对手可能会对我方采取各种手段和策略，让我方陷入困境，对此我方必须保持头脑清醒，发挥好耐心的优势，冷静而灵活地调整谈判策略。

（二）谈判效果预测

双方以合理的条件取得谈判的成功，实现双赢，双方能够友好地结束谈判，获得成功，实现长期友好合作。

十、谈判预算费用

（1）车费：200 元。

（2）住宿费：1 000 元。

（3）饮食费：1 000 元。

（4）电话费：200 元。

（5）旅游礼品费用：1 000 元。

合计：3 400 元。

十一、谈判议程

（1）双方进场。

（2）介绍本次会议安排和与会人员。

（3）正式进入谈判。

1）介绍本次谈判涉及的商品型号、数量等情况；

2）递交并讨论代理销售协议；

3）协商货物的结算时间及方式；

4）协商定金的支付、违约的赔偿办法及法律责任。

（4）达成协议。

（5）签订协议。

（6）预付定金。

（7）握手祝贺谈判成功，拍照留念。

（8）设宴招待，谈判圆满成功。

资料来源：改编自 http://www.baidu.com.

［简评］

与商务谈判策划书相比，商务谈判方案具体而详细。该方案详细论证了双方公司背景、谈判主题及内容、谈判目标、谈判形势分析、谈判风险、谈判预算、谈判议程等内容。

拓展练习

请仔细阅读下面的案例，并思考提出的问题。

奇瑞汽车的海斗之路

奇瑞汽车股份有限公司是一家从事汽车生产的国有控股企业，1997年1月8日注册成立，总部位于安徽省芜湖市。随着中国加入WTO，汽车市场风云变幻骤然加剧，奇瑞汽车也加大了企业国际化的进程，主动出击国际市场。为避开贸易壁垒，奇瑞公司经过慎重考虑，决定在国外寻找合适的合作伙伴，并于2003年与伊朗SKT公司正式签订合作协议。奇瑞汽车在每进入一个市场前，都会因地制宜地制定属地化运营策略，深入研究当地的产业政策、市场情况、竞争对手和当地消费者的行为习惯等，对引入的每一款产品，都要根据当地特殊的气候、温差、路况环境及消费者需求等进行严苛试验和适应性开发，确保性能和品质能够满足当地消费者的需求。2017年，在伊朗ISQI（伊朗标准质量检验公司）分析报告中，奇瑞的产品售后服务水平及整车质量在当地市场名列前茅。近年来，在“一带一路”倡议背景下，作为中国汽车品牌国际化的先行者，奇瑞汽车积极承担“一带一路”探路者角色，加速布局沿线国家和地区市场。目前奇瑞产品已经覆盖“一带一路”沿线的40多个国家，与当地合作伙伴建立长期友好合作。2016年奇瑞在“一带一路”国家的销量已占到奇瑞出口总量的80%以上。在央视财经频道播出的节目中全程展示了近年来奇瑞在“一带一路”沿线国家的良好发展态势，向全世界展示了中国汽车品牌在海外市场的风采。

思考：

（1）在“一带一路”倡议的背景下，奇瑞汽车股份有限公司是如何策划的？

（2）该种策略的基本运作模式是什么？

任务三　签订经济合同

学习目标

1. 具备签订经济合同的意识。
2. 熟悉经济合同的特点和种类。
3. 掌握经济合同的基本要素。

任务导入

几经周折，终于和供货商谈好了条件，下一步就该签订合同了。

思考：

1. 签订合同的时候要注意哪些问题？

2. 几经周折，终于和供货商谈妥了相关细节，我们要如何保障这些环节的顺利实施，如果一方违约又该怎么处理？

执行流程

任务分工及实训步骤与要求	
沟通情境的描述与理解	教师：讲解签订经济合同的流程，分析合同文书的目的，结合案例启发学生理解合同各条款的作用及特点。 学生：（1）了解经济合同，包括合同文书的特点、合同的种类、合同文书的基本要素； （2）寻找类似的合同文本，学习参考。
任务执行	学生：（1）编写合同文书，注意标的、数量和质量、价款或酬金、履行的期限、地点和方式、违约责任、解决争议的办法； （2）复查是否有遗漏项。 教师：检查工作节点完成情况，讲解答疑。
现场展示及评估	学生：学生讨论各组成果并互评。 教师：总结、强化知识点。

情境　经济合同

情境描述

为了让大家更好地了解实训超市，我们打算印制一批宣传单，并和一家印刷厂签订了合同。对方为我们印制 500 份宣传单，总价 150 元，传单具体内容由超市提供，并先付定金 50 元。双方约定，我方在自提宣传单时，支付剩余价款。

超市即将开业，我们几次去印刷厂提货，都被告知业务繁忙还没有印好。几次追讨后，终于拿到了宣传单，但是宣传单的纸质非常差，印刷也不够清晰。我们以延期交货和质量低劣为由拒绝收货，并要求印刷厂承担违约责任，但印刷厂认为原本合同上就没有签订交货日期，印刷不清楚是合理的技术误差。双方为此发生了纠纷。

基本知识

一、经济合同的定义

根据《中华人民共和国民法典》第464条规定："合同是民事主体之间设立、变更、终止民事法律关系的协议。"经济合同是指平等民事主体的法人、其他经济组织之间，为实现一定的经济目的，明确相互权利和义务关系而订立的合同。经济合同是专业协作的纽带，有利于加强企业经营管理。

二、经济合同的特点

（一）约束性

约束性是指法律赋予合同对当事人的强制力，即当事人如违反合同约定的内容，即产生相应的法律后果，包括承担相应的法律责任。

（二）合法性

《中华人民共和国民法典》规定，当事人订立履行合同，应当遵守法律、行政法规，尊重社会公德，不得扰乱社会经济秩序，损害社会公共利益。这是对当事人在签订经济合同时最基本的要求，当事人只有遵循这一原则，签订的经济合同才能得到国家的认可并具有法律效力，当事人的利益才能受到保护。

（三）规范性

经济合同的内容和形式都应该规范化。只有规范化合同，才能真正做到有章可依，避免矛盾和纠纷，确保合同双方的合法权益。

（四）严密性

经济合同的用语应该严密，不能有含糊不清或者模棱两可的情况出现，避免在合同履行过程中出现不必要的争执。

三、经济合同的种类

按业务性质和内容合同分为15类。

（1）买卖合同。买卖合同是出卖人转移标的物的所有权于买受人，买受人支付价款的合同。是买受人接受此项财产并支付约定价款的合同。

（2）供电（水、气、热力）合同。是供电人向用电人供电，用电人支付电费的合同。

（3）赠与合同。是赠与人将自己的财产无偿给予受赠人，受赠人表示接受赠与的合同。

（4）借款合同。是借款人向贷款人借款，到期返还借款并支付利息的合同。

（5）租赁合同。是出租人将租赁物交付给承租人使用、收益，承租人支付租金的合同。

（6）融资租赁合同。是出租人根据承租人对出卖人、租赁物的选择，向出卖人购买租赁物，提供给承租人使用，承租人支付租金的合同。

（7）承揽合同。是承揽人按照定做人的要求完成工作，交付工作成果，定做人给付报酬的合同。

（8）建设工程合同。是承包人进行工程建设，发包人支付价款的合同。包括工程勘察、设计、施工合同。

（9）运输合同。是承运人将旅客或者货物从起运地点运输到约定地点，旅客、托运人或者收货人支付票款或者运输费用的合同。

（10）技术合同。是当事人就技术开发、转让、咨询或者服务订立的确立相互之间权利和义务的合同。

（11）保管合同。是保管人保管寄存人交付的保管物，并返还该物的合同。

（12）仓储合同。是保管人储存存货人交付的仓储物，存货人支付仓储费的合同。

（13）委托合同。是委托人和受托人约定，由受托人处理委托人事务的合同。

（14）行纪合同。是行纪人以自己的名义为委托人从事贸易活动，委托人支付报酬的合同。

（15）居间合同。是居间人向委托人报告订立合同的机会或者提供订立合同的媒介服务，委托人支付报酬的合同。

四、经济合同的基本要素

经济合同是法人之间为显示一定经济目的，明确相互权利和义务关系而订立的合同。一般采用书面形式。经济合同的基本要素包括标的、数量和质量、价款或酬金、履行的期限/地点和方式、违约责任、解决争议的办法等，具体如图 3－11 所示。

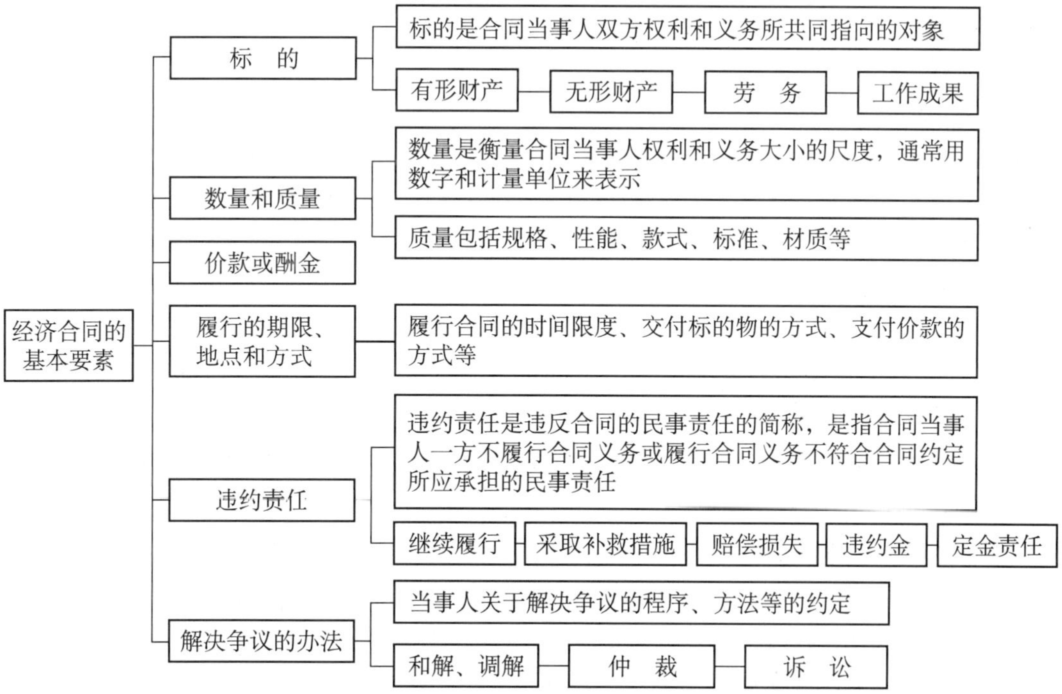

图 3－11　经济合同的基本要素

任务小结

合同是平等主体的自然人、法人、其他组织之间设立、变更、终止民事权利和义务关系的协议。当今社会，越来越多的人开始懂得利用合同条款保障自己的权益，合同在明确双方的权利和义务，减少纠纷等方面产生的作用是毋庸置疑的。

例文简评

［例文3-6］

中外来料加工合同

本合同于____年____月____日在________________签订。

甲方：中国____________________公司

乙方：×国____________________公司

双方为开展来料加工业务，本着平等互利原则，通过友好协商，特签订本合同。

第一条　加工（装配）的项目

乙方向甲方提供加工（或装配）__________（产品）__________套（或件）所需的原材料（或散件）；甲方对乙方提供的原材料（或散件）进行加工（或装配），加工（或装配）后将成品交付乙方。

第二条　交付来料与加工成品的数量和时间

乙方将于____年____月____日至____年____月____日，每月向甲方提供__________原材料（或散件），并负责运至__________港港口（或车站）交付甲方；在甲方收到原材料（或散件）后的____个月内（或自____年____月____日至____年____月____日）分批将加工（或装配）后的成品负责运至__________港口（或车站）交付乙方。

乙方在提供原材料（或散件）时，按百分之__________的备损率提供给甲方，多提供部分不计加工（或装配）数量。如乙方未能按时、按质、按量提供全部原材料（或散件），致使甲方停工待料造成损失，乙方在接到甲方提出的通知后，应予赔偿。如甲方未能按时、按质、按量交付成品，在乙方提出后，甲方亦应负责赔偿。

第三条　加工费

甲方为乙方进行加工（或装配）的加工费，每件（或套）计______币______元。（注一）

第四条　付款办法

乙方将不作价的原材料（或散件）运交甲方；加工费由乙方给甲方开立即期付款信用证。（注二）

第五条　来厂专家和技术培训

根据实际需要，乙方有义务向甲方派遣专家并为甲方培训必要的技术人员。来厂专家和培训人员的数目、时间、任务以及费用负担等，双方另行商议。

第六条　运费、保险费

乙方将原材料（或散件）运交甲方的运费、保险费由乙方负担，甲方将成品运交乙方的运费、保险费由甲方负担。成品的运输保险，由甲方按原材料（或散件）成本加上运费、保险费、加工费之和的110%投保综合险、战争险（如陆上运输则投保陆上运输险）。在加工装配期间，由甲方负责投保火险。（注三）

第七条　质量检验

（1）甲方在收到原材料（或散件）后，应按乙方提供的技术标准，对其规格、品质进行验收，如发现乙方提供的原材料（或散件）的规格、质量不符合技术标准或数量不足，由甲方向乙方提出检验报告后，乙方负责退换或补足。

（2）乙方在收到甲方加工的成品后，按双方议定的验收标准验货，如因甲方装配不当造成质量问题，由乙方向甲方提出检验报告，甲方负责返修或赔偿。

第八条　不可抗力

由于战争和严重的自然灾害以及双方同意的其他人为不可抗拒的事故，致使一方不能履行合同时，遇有上述事故的一方应尽快将事故情况通知对方，并与对方协商延长履行合同的期限。对方由此而产生的损失，不得提出赔偿要求。

第九条　违约责任

任何一方不履行合同条款，致使对方遭受经济损失的，必须承担赔偿责任，受损害方并拥有罚款__________元的权利。

第十条　仲裁

本合同在执行过程中，如发生争议，双方应本着友好方式协商解决。如未能解决，提请×国__________仲裁机构进行仲裁。仲裁裁决为终局裁决，对双方均有约束力。仲裁费用由败诉一方负担。

第十一条　担保

为了保证双方履行合同和及时按合同规定支付罚款或赔偿损失，双方应分别向对方提供各自银行所出具的保函。

第十二条　转让

本合同所载明的权利和义务，非经双方一致同意，一方不得转让给任何第三方。

第十三条　有效期限

本合同自签字之日起生效，有效期到本合同规定的__________套（或件）由甲方加工（或装配）的成品交付乙方并收进全部加工费时终止。

第十四条　续订

本合同有效期限届满之前，如一方认为需要续订合同，可以向对方提出并与之进行协商。

第十五条　文本

本合同正本一式两份，双方各持一份。副本__________份。

第十六条　补充或修订

本合同如有未尽事宜，双方可以进行协商补充或修订。

第十七条　适用法律

中华人民共和国法律为本合同的适用法律。

甲方：（盖章）　　　　　　　　　　乙方：（盖章）

代表：（签字） 代表：（签字）

见证人：

律师：（中国×××律师事务所）（签字）

注一：如包装费用、辅料、运费、保险费等在加工费以外收取，须另订条款明确规定。

注二：乙方提供原材料（或散件），如采用托收或远期信用证（对开信用证），及成品出口不采用信用证方式，而用汇款或托收方式，可作相应更改。

注三：此条系双方均按到岸价格（CIF）的价格条件。如价格条件为离岸价格（FOB）或其他价格条件，则此条的运费、保险费的负担应随之变动。

资料来源：http://wenku.baidu.com/view/bb0cb240be1e650e52ea990a.html.

［简评］

这是一份格式合同，目前在各种交易中，格式合同的使用非常广泛。这份合同写得简明、具体、完备。该合同做到了平等互利，执行起来可以避免不必要的纠纷和损失。

拓展练习

1. 某家具制造厂（甲方）与某商场（乙方）签订了合同。合同规定：（1）由乙方提供原料，甲方为其加工衣柜100个，总价40万元。乙方提供图纸（要求保密），并先支付定金5万元。（2）乙方2021年7月底自提货物，验收合格后就价款转账结算。

2021年7月，乙方去甲方处提货。检验后，乙方以30个衣柜与图纸不符，另70个衣柜质量低劣为由，拒绝收货并要求甲方承担违约责任。甲方认为，与加工图纸不符是合理的技术误差，另70个衣柜质量低劣是因为乙方提供的原材料不合格。双方为此发生了纠纷。

思考：

（1）甲乙双方签订的是什么类型的合同？

（2）双方争执的焦点是什么？

（3）事前可以采取哪些防范措施？

（4）引起纠纷后有哪些解决途径？

2. 下面是一份租赁合同，它的格式是否符合要求？内容上是否有遗漏之处？

租赁合同

出租方：××

承租方：××

根据《中华人民共和国合同法》及有关规定，为明确出租方和承租方的权利义务关系，经双方协商一致，签订本合同。

一、甲方将自有的一套公寓房（地点、楼层）出租给乙方作办公之用。

二、租赁期限：2021年7月1日—2023年7月1日，共两年整。

三、乙方应于每月20日前支付下个月房租，否则按日支付应付款的3%作为滞纳金，直到付款日为止。

四、本合同一式二份，合同双方各执一份。

五、本合同自签订之日起生效，有效期二年。

出租方（章）：　　　　　　　　承租方（章）：
单位地址：　　　　　　　　　　单位地址：
电话：　　　　　　　　　　　　电话：

任务四　成功推销商品

学习目标

1. 了解寻找潜在顾客的方法。
2. 掌握接近准备的内容。
3. 了解顾客异议的产生原因和类型。
4. 掌握处理顾客异议的方法。

任务导入

校园实训超市开业了，来光顾的同学很多。经过一番努力后，你终于顺利推销出了商品。

思考：

大家的选择都不一样，面对不同的客户，怎样才能把商品成功地推销出去？

执行流程

任务分工及实训步骤与要求	
沟通情境的描述与理解	教师：选择案例，引导学生根据沟通背景，理解案例中从寻找潜在顾客到接近准备再到处理顾客异议的整个环节中语言沟通的运用。 学生：从以下四个方面分析案例中双方的沟通需求和心理，点评案例中的方法恰当与否，提出自己的方式，进一步总结相关环节的语言表达模式。 （1）了解寻找潜在顾客的方法； （2）掌握接近准备的内容； （3）了解顾客异议的产生原因和类型； （4）掌握处理顾客异议的方法。
任务执行	学生：（1）寻找潜在顾客，并尝试接近； （2）对产生顾客异议的情况进行分析并寻找合适的处理方法。 教师：检查工作节点完成情况，讲解答疑。
现场展示及评估	学生：学生讨论各组成果并互评。 教师：总结、强化知识点。

情境一　寻找顾客

情境描述

新学年开始了，大量新生来到学校，实训超市购进了一批脸盆、饭盒、衣架等生活日用品，以满足新生的需要。

基本知识

顾客是推销的核心，是推销人员工作的重中之重。第一次从事销售工作的销售人员，有80%的失败源于对消费群体的定位不准确和对潜在客户的寻找不到位。如果对客户的定位不准确，目标消费群体不明确，那么成功概率就会很小。"选择不对，努力白费。"我们要找的不仅仅是客户的姓名、联系方式、家庭地址等这些简单的信息，更多的是要寻找并定位合适的潜在顾客。所以，寻找顾客是推销人员开展工作的第一步，也是重要一步。如果你连最基本的顾客都找不到，又怎么去开展下一步的工作呢？

寻找顾客的方法有很多，如可以从身边认识的人中发掘，借助专业人士的帮助，从企业提供的名单和相关报纸杂志中寻找等，具体如图3-12所示。

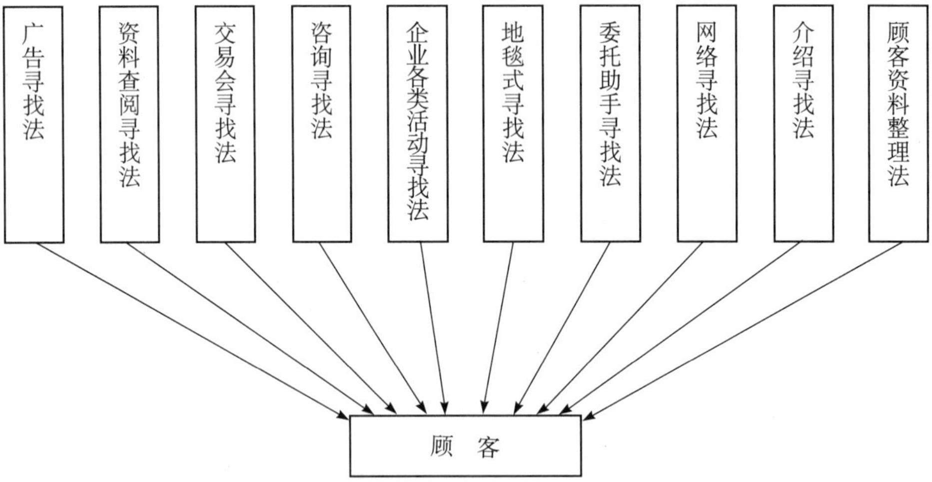

图3-12 寻找潜在顾客的方法

情境二 接近顾客

情境描述

除了在超市里销售商品，我们还打算直接上门推销。我们带上样品，利用晚饭后的空闲时间进行上门推销。

基本知识

接近顾客是销售人员正式开展推销面谈的前奏，是整个推销过程的一个重要环节。接近顾客一般包括接近准备、约见顾客和正式接近顾客三个环节。本情境主要讲述接近准备这一环节。

一、接近准备的意义

(1) 接近准备有助于进一步审查顾客的资格；

(2) 接近准备有助于拟定接近策略；

（3）接近准备有助于制定推销面谈计划；

（4）接近准备有助于推销人员避免推销工作中的失误；

（5）接近准备有助于增强推销人员的信心。

二、接近准备的内容

（一）做好推销洽谈的预期评价

对洽谈可能取得的成效，做一个预期评价，对洽谈将要出现的结果进行预先安排。洽谈可能取得的成效可分为以下两个层次：

（1）本次洽谈的最低界限。例如：让顾客确认自己对推销品有需求，顾客能认同推销品给其带来的利益等。

（2）本次洽谈要取得的成效。例如：有效处理顾客异议等。

在推销洽谈之前，推销人员必须清楚地认识并科学地确定预期值。

（二）确定推销洽谈的时间、地点

推销洽谈的时间、地点的确定，是影响推销洽谈的一个不可忽视的因素。确定在什么时间、什么地点与顾客进行推销洽谈，是制定推销洽谈计划的主要内容之一。通常而言，推销洽谈的时间、地点的确定，既要方便自己，又要方便顾客；既要考虑自身的利益，更要考虑顾客的利益。

推销人员约见顾客要根据推销人员与顾客关系的密切程度、推销面谈需要等具体情况来定。例如：对于关系比较密切的顾客，约见的内容应尽量简短，无须面面俱到，提前打个招呼即可；对来往不多的一般顾客，约见的内容应详细些，准备应充分些，以期发展良好的合作关系；对于从未谋面的新顾客，则应制定细致、周到的约见内容，以引起对方对推销活动的注意和兴趣，消除顾客的疑虑，赢得顾客的信任与配合。

（三）进一步核实顾客的基本情况

顾客的基本情况包括：姓名、年龄、职务、性格、偏好、工作作风、顾客本人及其所在部门和公司的状况、愿望、要求等；顾客是否有购买决定权，是否有支付能力，其购买动机、态度、阻力、需求变化是什么等。只有掌握了这些基本情况，才能制定相应的策略和方法，才能在推销洽谈中灵活、有针对性地进行推销。

（四）介绍产品和服务

制定洽谈计划时，要明确产品的性质、类别、功能、特色及其能为顾客带来什么好处等。这样才能把顾客的需要与所推销的产品联系起来，促使顾客接受。随着市场经济的发展，各种产品间的差异越来越小，众多的产品和服务相互竞争。当人们由于选择太多而感到困惑时，能够帮助顾客解决问题，协助其得到想要的产品和服务的推销人员，才能赢得顾客的信赖，从而顺利达成交易。

（五）选择推销洽谈的策略和方法

推销洽谈的方法是一门技术，更是一门艺术。它需要推销人员在推销洽谈中针对不同的推销品、不同的顾客，灵活地采用不同的策略和方法。因此，在推销洽谈之前，推销人员必须准备好洽谈的策略与方法。推销人员与顾客接触以后，应主动热情地接近顾客，尽快缩短与顾客之间的心理距离，积极创造有利于沟通的气氛和环境。要真诚地向顾客表示关心，如关心顾客的工作、事业、家庭、孩子、身体等。这种关心应是真诚的、发自内心的，真诚的关心会使顾客解除戒心。同时，推销人员要抓住称赞顾客的机会。这种称赞既要看准对象，又要讲究方式和分寸。例如：一位母亲带着一长得并不好看的小孩，你说："这个小孩真可爱。"这位母亲会很高兴。但你如果说："这个孩子真漂亮。"这位母亲会认为你是在讽刺她，因而会引起她的反感。

（六）做好洽谈的心理准备

推销人员做好推销洽谈的心理准备，主要指推销人员要充满自信，要诚恳，要有坚强的意志。

1. 自信

顾客是不会向一个没有主见、态度冷淡、对失败抱有恐惧心理的推销人员购买产品的。推销人员必须具备两方面的自信：首先，是对自己的推销品有信心，确信该产品质量优良，能使顾客得到真正的利益，能满足顾客的需求；其次，是对自己的推销能力有信心。

2. 诚恳

推销人员若能与顾客坦诚相见，有帮助其解决问题和困难的诚意，顾客就会了解和愿意接受推销人员的推销，同时也会对推销人员表示积极的态度。

3. 坚强的意志

推销人员在推销过程中往往会遇到很多困难，但不要灰心，不要放弃，要有坚强的意志和锲而不舍的精神。只有这样，才能做好推销工作，最终实现推销目标。

（七）准备推销洽谈的工具

推销人员在推销过程中不能单纯靠语言，还需要利用各种推销工具。

1. 推销品

推销人员应尽可能随身携带一些推销品，在推销过程中可以直接展示给顾客，有助于激发顾客的购买欲望。

2. 推销品模型

在推销品难以携带的情况下，推销人员可以利用推销品模型来替代，让顾客亲自看一看，试一试。这也能起到刺激顾客购买欲望、增强顾客购买信心的作用。

3. 文字资料

推销人员应携带一些文字资料，包括产品种类介绍及说明书、产品价目表、企业简介等。利用文字资料辅助推销，一是成本低廉，简便易行；二是其对推销品的介绍要比语言详尽、全面、系统，有较强的说服力。但是，文字资料难以做到因人而异地介绍产品，故应配合其他推销工具一起使用。

4. 图片资料

图片资料主要有图表、图形、照片等。在推销品或推销品模型难以携带的情况下，生动、形象的图片资料能对顾客产生较强的说服力和感染力，使顾客通过视觉加深印象，直接激发顾客的购买欲望。

5. 推销证明资料

在推销洽谈之前，推销人员应尽量收集和准备各种有说服力的推销证明资料。例如：营业执照复印件、卫生许可证、产品检测报告复印件（政府部门出具的，如卫生局、质量技术监督局等）。这可以增加产品的可靠性，有利于顾客在心理上产生安全感。

6. 其他物品

包括推销人员的名片、介绍信、订购单、合同书等。

情境三　推销洽谈

情境描述

很多同学选购商品的时候总是有些犹豫，有的觉得贵了，有的觉得便宜了，有的要回去想想再说，到底要怎样才能打动他们呢？

基本知识

现代推销的目标在于向顾客传递推销信息，诱发顾客的购买动机，激发顾客的购买欲望，说服顾客，达成交易。为了实现推销洽谈的目的，推销人员需要完成以下几方面的任务。

一、探寻顾客需求

在实际生活中，顾客很少能直观地将自己的需求表露出来，因为很多需求是隐性的。因此，推销人员要掌握提问的技巧，结合使用开放式问题和封闭式问题。开放式问题是让顾客多说，以便推销人员掌握更多的信息，寻找更有价值的线索，例如："您今天过来想看点什么呢？"而封闭式问题有助于引导顾客谈话的方向，确保其不要离题太远，例如："您看看是要试红色的这件还是蓝色的这件呢？"同时，推销人员也要掌握倾听的技巧。请看以下案例：

推销员："先生，想必您一定知道，以您的身材，想挑选一件合身的衣服，恐怕不是很容易，起码衣服的腰围就要做一些修改。请问您一般穿的西装是在哪里买的？"

（推销员强调市面上的成衣很少有买来不修改就适合顾客的，并向顾客询问所穿的西装是在哪一家买的，这样就可以了解他们的竞争对手是谁。）

顾客："最近几年，都是在××公司买的。"

推销员："××公司的信誉不错。"

（推销员不在顾客面前批评竞争对手。）

顾客："我也觉得不错，但是，我实在是很难抽出时间去挑选适合的衣服。"

推销员："其实，很多人都有这种烦恼。要挑选一套自己喜欢，还要合身的衣服要花很多的时间。再说，到处去逛商店去挑衣服也是很累人的事。很多时候还不如定做衣服来得轻松。"

（推销员强调，买成衣不如定做来得好。）

推销员："你一般喜欢什么价位的衣服？"

（进入价格的探寻。）

顾客："一般是4 000元左右，你们的西装多少钱？"

推销员："从3 000元到8 000元都有。这其中就有适合您的价位的。"

（说出自己的产品价位，但点到为止，没有进一步说明。）

推销员："我们能给顾客带来许多方便，他们不用到处去逛就可以买到所需要的衣服。我一年拜访顾客两到三次，了解他们有什么需要或困难。当然，顾客有任何需要，也可以随时找到我。我们为顾客提供的服务很全面，这样顾客完全想不起要去找其他商店。您一定也不希望把时间花在那些无聊的寻找上吧？"

（推销员强调他能为顾客解决许多烦恼，带来方便。定制西装的顾客多是企业的高级主管，他们主要关心是否方便。）

顾客："是的，我同意你的看法。找到一个提供全方位、良好服务的商家是很难的。"

推销员："提到服务，我们公司有一套很好的服务计划。假如您的衣服有了破损、烧坏的情况，只要一个电话，我们立刻会上门服务的。"

（由于顾客重视服务，因此推销员提到公司的服务计划，进一步让顾客了解。）

顾客："嗯，我有好几条裤子都被烟灰给烧了小洞，这个计划倒是很棒。"

推销员："先生，我希望您给我一个为您服务的机会，您一定可以感受到我们服务的便捷。"

（直接提出要求，希望顾客"买他的东西"，并强调能提供良好的服务。）

顾客："我想先看看样品。"

推销员："您对衣服是否还有其他的偏好，比如颜色？"

（顾客提出看样品，推销员还想进一步了解顾客的喜好，这样便于拿出顾客喜欢的样品。）

顾客："灰色吧。"

推销员："好的，我给您准备了几款西装，您看看更喜欢哪款？"

顾客："……"

表3-2有助于我们探寻到顾客的需求，在实践中不妨一试。

表3-2　顾客需求探寻表

推销员提出的问题	顾客的需求

二、正确理解顾客需求

正确理解顾客需求是满足顾客需求、创造顾客价值、提升顾客满意度的基础。因此，推销人员应有效倾听顾客的问题，并将有价值的信息提炼出来，以形成对顾客需求的正确认识。请看以下案例：

书店里，一对年轻夫妇想给孩子买一套百科全书，推销员过来与他们交谈。

顾客："这套百科全书有些什么特点？"

推销员："您看的这套书的装帧是一流的，整套都是这种真皮套封烫金字的装帧，摆在您的书架上，一定好看。"

顾客："里面有什么内容？"

推销员："本书内容编排按字母顺序，这样便于资料查找。每幅图片都很漂亮逼真，您看这个，多好看。"

顾客："我看得出，不过我想知道的是……"

推销员："我知道您想说什么！这本书内容包罗万象，有了这套书，您就如同有了一套地图集，这对您一定会有用处。"

顾客："我是为孩子买的。"

推销员："哦，这样，这套书很适合小孩的。它的外封皮很容易清洁，这样您的孩子就不会将它弄脏，小书签是随书赠送的。我现在可以给您开单了吗？"

顾客："哦，我还要考虑一下，你能不能打开其他的部分，让我了解一下其中的内容？"

推销员："现在买书是很合算的，本周买书可以参加我们书店的抽奖活动哦。"

顾客："谢谢，我不想买了。"

在这个案例中，这位推销员的失误在于不明白顾客购买此书的真正需求和感受，只是按照自己的想法去推销商品，顾客不能通过推销员了解到自己真正想知道的信息，自然失去了购买商品的欲望。

三、熟悉产品

推销人员一定要全面了解所销售的产品。产品的质量、功能决定着推销人员所销售的产品在满足顾客需求上能达到什么程度，推销人员只有了解自己的产品，才能详细地向顾客说明产品能带给顾客什么利益，产品能满足顾客哪些需求；只有了解自己的产品，才能圆满地回答顾客提出的疑问，从而消除顾客的异议；只有了解自己的产品，才能指导顾客如何更好地使用、保养产品，以便顾客重复购买。请看以下案例：

商场正在开展"五一家电大促销活动"，一位顾客来到热水器柜台。

推销员："您好，想看看热水器是吧？"

顾客："是的，我打算买一台热水器，不过我想先了解一下，电热水器和燃气热水器有什么不同，你可以帮我介绍一下吗？"

推销员："那个……这个……就是用的能源不一样啊，一个用电，一个用燃气的。"

顾客："能具体说说它们各有哪些优点和缺点吗？"

推销员："这个……我也不是很清楚。"

顾客："这样，那谢谢了。"

推销员："……"

在这个案例中，推销员因为对自家的商品的特点、性能等不够了解，不能满足顾客希望进一步了解商品特征的愿望，直接影响了顾客购买商品的兴趣。

四、介绍产品

介绍产品的方法包括：直接讲解、举例说明、借助名人、示范、图文展示、资料证明、强调产品的性价比等。同时，介绍产品时也要有一定的技巧，如将顾客的基本情况了解清楚、强调产品的卖点、进行产品示范等。请看以下案例：

一个菜农在市场卖青菜，他大声地吆喝，很快就吸引了不少人选购。其中有一个顾客发现青菜上有很多虫子咬过的虫眼，于是很大声地说："这上面怎么这么多虫眼啊？这还能吃吗？我看还是去别家买吧！"

菜农拿过那把青菜，微笑着说："先生，看来你也不是经常买菜的人啊，这菜叶上有虫眼，正说明我在种菜的时候，没有打过农药，虫子才敢来吃。"

他又转过脸对其他人说："大家都是有见识的人，你们评评理，那些连虫子都不吃的青菜，会比我这样的天然蔬菜还要好？"

说完，菜农把手里的青菜拿给大家看："您再好好瞧瞧，这个价钱，这么水灵的无公害青菜，不买就是吃亏啊！"

大家被菜农的话说得心服口服，纷纷掏钱，一会儿，菜农的青菜就卖光了。

在这个案例中，菜农（推销者）将菜叶上的虫眼与不打农药联系到一起，满足了人们希望吃到绿色安全蔬菜的愿望，从而激发了人们的购买欲望。

五、识别顾客异议

在推销洽谈过程中，顾客往往会提出各种各样的异议，这既是整个推销过程中的一种正常现象，也是推销成功必须跨越的障碍。

（一）顾客异议的产生原因

（1）顾客方面的原因。主要有：顾客本能的自我保护，顾客对商品不了解，顾客缺乏足够的购买力，顾客已有较稳定的采购渠道，顾客对推销品或推销企业等有成见，顾客的决策有限。

（2）商品方面的原因。主要有：商品的质量、商品的价格、商品的品牌及包装、商品的售后服务。

（3）推销人员方面的原因。主要有：推销服务不到位，推销人员的仪表和形象不合乎顾客的认知，推销人员的知识面窄、推销技巧不熟练、缺乏耐心和自信心等。

（4）企业方面的原因。主要有：经营管理水平较低，产品质量不稳定，企业不遵守信用、缺乏知名度等。

（二）顾客异议的类型

顾客异议的类型有很多，我们要学会正确的判断。具体如图3-13所示。

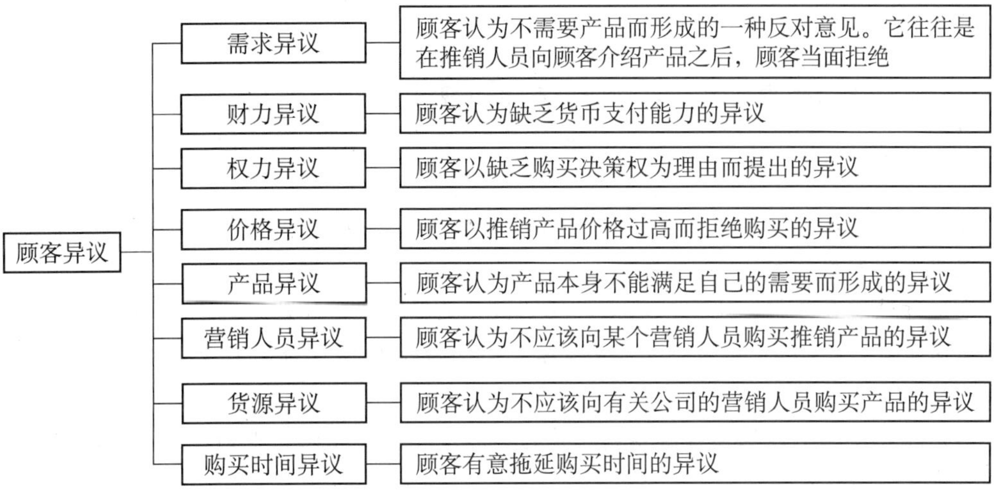

图 3-13　顾客异议的类型

（三）处理顾客异议的方法

处理顾客异议时要注意，应做好准备工作，选择恰当的时机，忌与顾客争辩等。具体方法如图 3-14 所示。

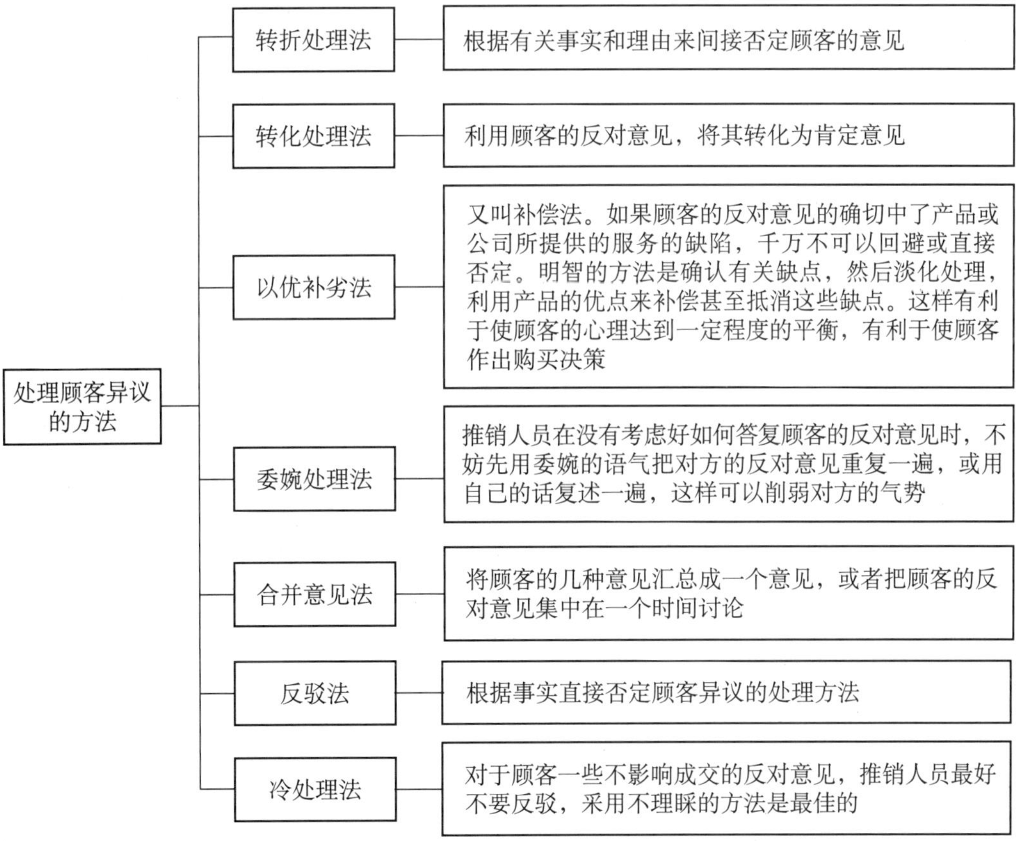

图 3-14　处理顾客异议的方法

知识拓展

处理顾客异议的准备方法

（1）在一张白纸中间画线，制成一张表（见表3-3）：在表的左边把顾客可能提出的异议列出，并加注小标题；在表的右边把自己认为最好的处理方法扼要地写下来。

（2）分别征求其他推销人员、当事人的朋友或其他顾客的意见，从中得到有益的启示，完善处理异议的方法。

（3）通过综合分析、比较、选择，挑选出白纸上记录的处理顾客异议的最佳方法，并据此与同事进行模拟训练，一个扮演顾客，一个扮演推销人员，直至熟练掌握这些处理方法。

（4）在此基础上，根据日常推销工作的实际情况以及自己积累的经验，不断地对这张表进行补充、修改。

这样，充分地做好处理顾客异议的准备工作，能使推销人员更好地拜访顾客，顺利地开展推销工作。

表3-3　顾客异议及处理方法参考

商品名称		
顾客异议（顾客意见及编号）		处理方法及编号
价格异议	(1)	(1)
	(2)	(2)
	……	……
需求异议	(1)	(1)
	(2)	(2)
	……	……
……	……	……

任务小结

推销是一门艺术，当今社会，企业林立、商品繁多，再也不是“酒香不怕巷子深”的年代，再好的商品，想要成功地被顾客接受，都离不开必要的推销。一次成功的推销不是一次偶然事件，而是学习、计划以及推销人员的知识和技巧运用的结果。

例文简评

[例文3-7]

推销案例

销售员：“您好，是××公司吗？你们的网站好像反应很慢，谁是网络管理员，请帮我接电话。”

前台：“我们网站很慢吗？好像速度还可以呀！”

销售员：“你们使用的是内部局域网吗？”

前台：“是呀！”

销售员："所以，肯定会比在外面访问要快，但是，我们现在要等5分钟，第一页还没有完全显示出来，你们有网管吗？"

前台："您等一下，我给您转过去。"

销售员："您等一下，请问，网管怎么称呼？"

前台："有两个呢，我也不知道谁在，一个是小吴，一个是刘芳。我给你转过去吧。"

销售员："谢谢！"（等待）

刘芳："你好！你找谁？"

销售员："我是长城服务器客户顾问，我刚才访问你们的网站，想了解一下有关奥迪用润滑油的情况，你看都10分钟了，怎么网页还没有显示全呢？您是？"

刘芳："我是刘芳，不会吧？我这里看还可以呀！"

销售员："你们使用的是内部局域网吗？如果是，你是无法发现这个问题的，如果用拨号上网的话，你就可以发现了。"

刘芳："您怎么称呼？您是要购买我们的润滑油吗？"

销售员："我是长城服务器客户顾问，我叫曹力，曹操的曹，力量的力。我平时也在用你们的润滑油，今天想看一下网站的一些产品技术指标，结果发现你们的网站特别慢。是不是有病毒了？"

刘芳："不会呀！我们有防毒软件的。"

销售员："那就是带宽不够，不然不应该这么慢的。以前有过同样的情况发生吗？"

刘芳："好像没有，不过我是新来的，我们主要网管是小吴，他今天不在。"

销售员："没有关系，你们网站是托管在哪里的？"

刘芳："好像是西城电脑局网络中心。"

销售员："哦，用的是什么服务器？"

刘芳："我也不知道。"

销售员："没有关系，我在这里登录看似乎是服务器响应越来越慢了，有可能是该升级服务器了。不过，没有关系，小吴何时来？"

刘芳："他明天才来呢，不过我们上周的确是讨论过要更换服务器了，因为企业考虑利用网络来管理全国1 300多个经销商了。"

销售员："太好了，我看，我还是过来一次吧，也有机会了解一下我用的润滑油的情况，另外，咱们也可以聊聊有关网络服务器的事情。"

刘芳："那，你明天就过来吧，小吴肯定来。"

销售员："好，说好了，明天见！"

资料来源：http://apps.hi.baidu.com/share/detail/39441610.

［简评］

这是一个通过电话预约来促进销售的例子。在这个例子中，曹力使用了几个推销技巧。首先是让客户迷茫，他提示客户的服务器的响应缓慢的问题，或者有病毒的可能，或者是带宽的问题等，总之是问题过多导致客户迷茫；其实是采取了唤醒客户的策略，即明确指向服务器响应缓慢的可能，并安抚客户，暗示客户其实找到了行家里手，不用担心，他第二天一来领略一下客户的产品（润滑油），二来聊聊有关网络服务器的事情。

拓展练习

1. 你看中一套房子，地段非常理想，想租下来，房东开价 1 800 元每月，你的心理价位是 1 200 元每月，最多不超过 1 500 元，你打算怎么谈？（要求：分组讨论在和房东谈判时可能遇到的问题，并详细列出你打算采取什么方法去谈判。）

2. 分组讨论，遇到顾客下列反对理由时怎么处理，至少给出两种办法。

（1）顾客说："产品很好，谢谢你向我介绍，如果我们决定要买，就与你电话联系。"

（2）顾客说："你的产品看起来不错，但是我现在不需要。"

（3）顾客说："很遗憾我现在买不起，过段时间再来吧。"

（4）顾客说："你的产品不错，但是我更喜欢××产品。"

3. 以下是一个失败的推销案例，请大家分组讨论：为什么王先生会这么快地拒绝这个年轻人的推销？你知道如何找到合适的推销对象吗？

不久前，王先生正在一家电脑大卖场附近散步，一个年轻人走了过来。

"先生，您好，我是××调查公司的员工，我们正在搞一个调研活动，如果您有时间的话，我们可以问两个问题吗，不会耽误您很久的。"

王先生说："你讲。"

销售员："您经常使用电脑吗？"

王先生说："是的，工作无法离开电脑。"

销售员："您用的是台式机还是笔记本电脑？"

王先生说："在办公室，用是台式机，在家就用笔记本电脑。"

销售员："我们最近的笔记本电脑有一个特别优惠的促销活动，您看您是否有兴趣了解呢？"

王先生说："你其实就是在促销笔记本电脑吧？不是搞调研吧？"

销售员："其实，也是，但是……"

王先生说："你不用说了，我现在对笔记本电脑没有购买兴趣，因为我有了，而且，现在用得很好。"

销售员："不是，我的意思是，这次机会很难得，所以，我……"

王先生说："谢谢，我想我不需要。"随即转身离开了。

4. 以下是一个失败的推销案例，请大家分组讨论：这个推销员犯了哪些错误？应该如何接近顾客？

王科长正在修改一份公司下周的产品推广活动计划书，一位推销员满头大汗地匆匆敲开办公室的门。

"您好！李科长。我是××公司推销员，我姓张。"推销员一边说，一边从包里掏出几个瓶瓶罐罐、一块斑斑点点的抹布、几张皱巴巴的说明书……

"我不姓李，我姓王！"

"哦，对不起啊，我记错了。我来是想向您推荐一下我们公司的电脑键盘专用清洗剂。您也知道，电脑键盘是非常脏的，我们公司……"

"抱歉，我现在正在处理一个文件。"

"哦，是这样啊，没有关系，我就在这里等您好了，您慢慢来。"

说着，这位推销员找了张沙发坐下，顺手从裤兜里掏出了香烟点上。

"您也来一支吧。"

"我不抽烟，我讨厌烟味，而且这个办公室也不能吸烟!"

"哦，哦，那个……哈哈……"

"对不起，我现在要去安排工作，请你下次再来吧，再见!"

反思与成长

2020年我国连续11年位居世界第一制造业大国。党的十九大报告中指出"青年一代有理想、有本领、有担当，国家就有前途，民族就有希望"，要实现中华民族伟大复兴离不开具有创新、奉献、担当、务实的民族企业。

思考：青年一代应具有什么样的担当？民族企业又应担当起什么责任？二者的内涵具有一致性吗？

引导：

个人、企业和国家民族的命运息息相关。我们要将个人的理想、能力与敬业精神结合起来，在实现个人价值的同时成为企业的中坚力量，也成为国家和民族的栋梁之材。

项 目 四

专业沟通与专用文书

项目提要

在工作中，我们不仅要能进行一般的组织沟通，而且要掌握专业沟通技能。现代社会中的各种岗位都呈现强烈的专业化趋势，发展出了独有的工作程序和沟通方式。在本项目中，我们将学习几类应用面比较广，目前已经涉及很多领域的专业沟通技能及相关文书的写作。

项目框架

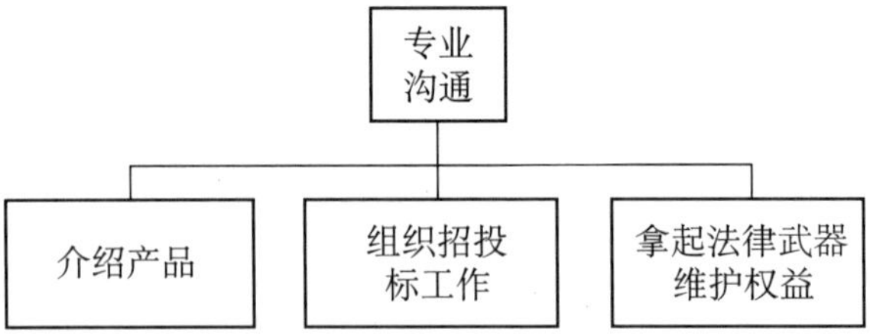

情景模拟

学习内容	模拟项目	主要知识点
介绍产品	撰写产品说明书 模拟展销会解说	产品说明书格式 产品解说技巧
招投标实务	模拟招投标流程	招标的一般程序 投标方的工作程序 开标程序
招投标文书写作	在模拟招投标过程中撰写相关文书	招标书的撰写及注意事项 投标书的撰写及注意事项
法庭审判中的语言沟通	模拟庭审过程	起诉书和答辩状的格式 庭审程序 法庭控辩的技巧 判决书的格式

知识结构图

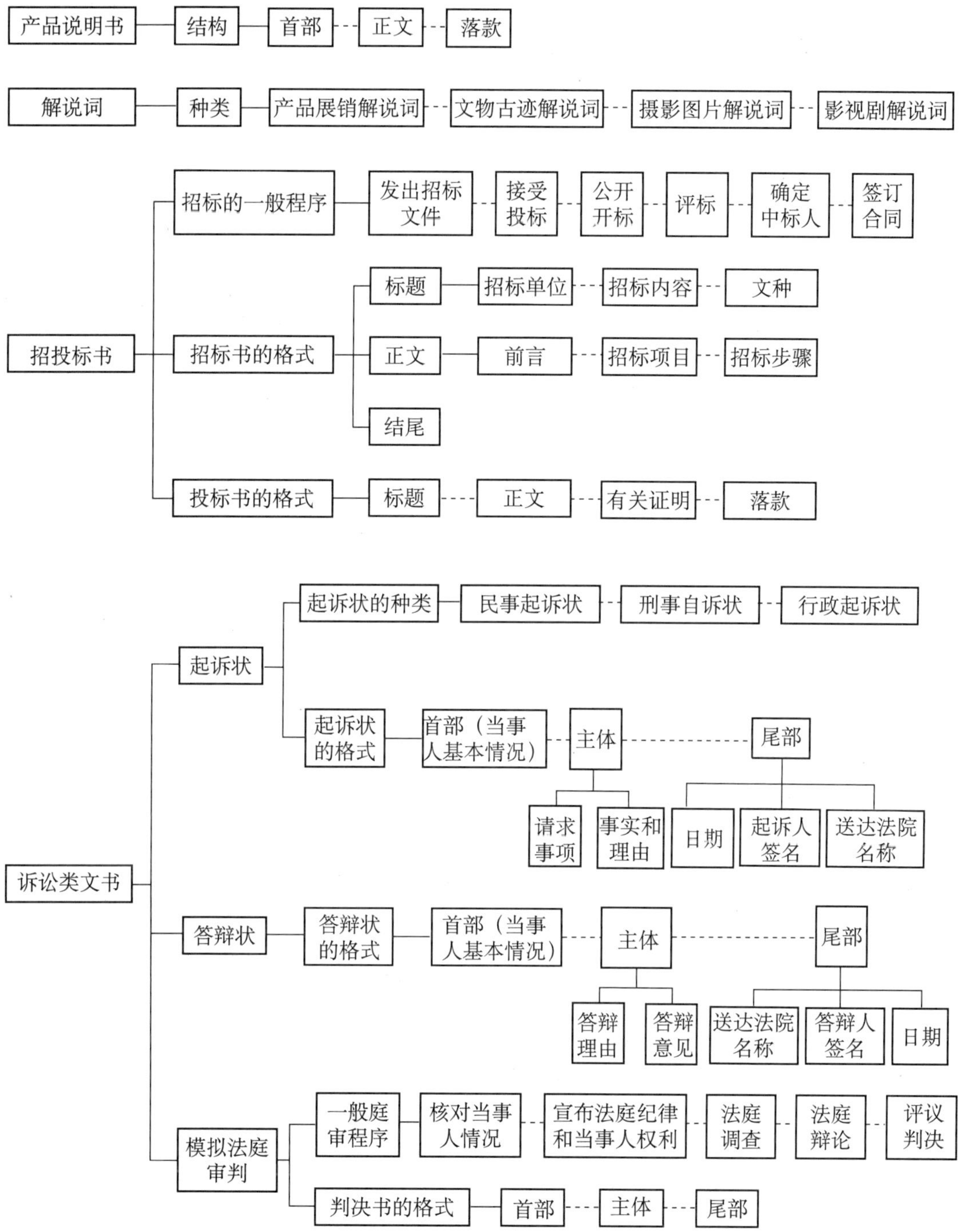
产品说明书
结构
首部
正文
落款
解说词
种类
产品展销解说词
文物古迹解说词
摄影图片解说词
影视剧解说词
招投标书
招标的一般程序
发出招标文件
接受投标
公开开标
评标
确定中标人
签订合同
招标书的格式
标题
招标单位
招标内容
文种
正文
前言
招标项目
招标步骤
结尾
投标书的格式
标题
正文
有关证明
落款
诉讼类文书
起诉状
起诉状的种类
民事起诉状
刑事自诉状
行政起诉状
起诉状的格式
首部（当事人基本情况）
主体
请求事项
事实和理由
尾部
日期
起诉人签名
送达法院名称
答辩状
答辩状的格式
首部（当事人基本情况）
主体
答辩理由
答辩意见
尾部
送达法院名称
答辩人签名
日期
模拟法庭审判
一般庭审程序
核对当事人情况
宣布法庭纪律和当事人权利
法庭调查
法庭辩论
评议判决
判决书的格式
首部
主体
尾部

任务一　介绍产品

学习目标

1. 了解产品说明书的定义和作用。
2. 掌握产品说明书的撰写格式和注意事项。
3. 掌握解说词的撰写要点。

任务导入

小王创建的工厂终于生产出产品了，现在小王要给产品写一份产品说明书，并且在下个月举行的展销会上向经销商进行展示说明。

思考：

请关注一下手头物品的产品说明书，你觉得哪个写得好，哪个写得不好？为什么？

执行流程

任务分工及实训步骤与要求	
沟通情境的描述与理解	教师：以学生常见物品的说明书为例，启发学生注意进行产品说明时读者或听众的需求是什么。 学生：（1）讨论分析读者或听众的需求； （2）讨论分析顾客和说明者之间的关系。
任务执行	学生：根据对沟通情境的分析理解，确定特定产品的说明书和现场解说的风格（说明书设计风格，解说员形象要求，说明书或解说词的内容结构、词汇、句式选择等）。撰写说明书和解说词。
现场展示及评估	学生：进行现场模拟解说，相互点评解说效果。 教师：点评学生撰写的说明书，总结整个任务的重点知识。

情境一　撰写产品说明书

情境描述

经过一段时间的忙碌，产品终于要投入市场了。小王需要为这个新产品写一份产品说明书。

基本知识

一、产品说明书的定义和作用

产品说明书是一种常见的说明文，是产品生产者对产品的性能、构造、规格、使用和保养方法以及维修等事项进行书面解释、介绍的实用性文体。产品说明书是一种指导消费的科技类文书，可以帮助消费者了解产品的性能、特点和用法，指导消费者作出购买决策和正确使用产品，从而扩大销售、提高效益。

二、产品说明书的撰写

市场上的产品五花八门，针对不同的产品，产品说明书的写法也会有变化。有的产品说明书可能有厚厚一本，有的产品说明书可能只是产品包装上的两行字而已，但这些变化的背后存在一些相对统一的基本格式。一般而言，产品说明书由首部、正文和落款三部分组成。

（一）首部

首部主要由标题构成。完整的标题由“商品名称＋产品/使用说明书”组成。如《××牌电吹风使用说明书》，也可省略其中一部分，如《××牌电吹风》或《使用说明书》。

如果产品必须经过国家专门部门批准许可生产，则需在首部标明批准部门的名称、批准文号、专利证号等。

（二）正文

正文是产品说明书的主要部分。形式上可以采用条款式、短文式或条款短文综合式。正文的内容因介绍的产品不同而不同。一般来说，关于产品的基本情况必须说明，如产品的性能特征、设计原理、原料配方、技术工艺、性能参数、效率用途、使用方法、保养维修和注意事项等。

（三）落款

在正文的右下方，写明产品生产企业或定点经销单位的名称、地址、邮政编码、联系电话和网址等。

三、撰写产品说明书的注意事项

（1）内容要全面、真实。虚假信息或重要信息的缺失，会造成用户不会使用、错误使用的情况，甚至可能导致严重后果。

（2）用语要科学严谨、浅显易懂。产品说明书是科技类文书，用于对产品进行客观、科学的描述，所以必须科学严谨。同时，产品说明书是针对消费者的，如果过于艰涩，消费者很难理解，产品说明书也就失去了意义。

（3）形式要美观清晰。在实际生活中，有些产品说明书的纸张过于粗陋，印刷质量很差，影响人们对产品的印象；还有的印刷字迹模糊，让人难以辨认。这样都会失去产品说明书的意义。

情境二　在展销会上展示产品

情境描述

为了打开产品销路，小王带着新产品参加了展销会，向各代理商解说自己的产品。

基本知识

一、解说词的定义和种类

解说词是对具体实物、人物、画面或旅游景观进行讲解、说明、介绍的一种应用性文体。从解说的内容上分，解说词可分为产品展销解说词、文物古迹解说词、摄影图片解说词和影视剧解说词等。

二、解说词的撰写要点

解说词没有固定的格式，但在撰写时要注意如下几点：

（1）解说词是很典型的说明文，因此在撰写时要遵循一般说明文的写作规律。首先，解说词是用来解说现场展示的对象的，所以，在解说的过程中要紧扣对象，内容上可做适当的补充，但不能游离于解说对象及听众兴趣之外。其次，要根据不同的解说对象采用不同的解说方法，如文物介绍的解说词要庄重典雅一些，艺术作品的解说词要更加感性一些，景点解说词要注重知识性和趣味性的结合。另外，要根据解说对象的内在顺序，确定解说词内容的顺序，如电视纪录片的解说词要符合影像的顺序，导游的解说词要符合游览的先后顺序等。

（2）解说词是用于口头介绍的文本资料，而听众的水平可能是参差不齐的，所以语言要通俗易懂、简单明了。

三、在展销会上进行产品解说

在展销会上进行产品解说是一种非常常见的营销手段。但需注意以下两点：

(一) 解说重点

在宣传型展销会上，解说重点应放在企业实力、企业特点、品牌内涵上。

在销售型展销会上，解说重点应放在产品本身的特点、优点、提供给用户的利益上，解说内容要具体实在，符合客观事实，让听众觉得你有凭有据。

(二) 解说风格

根据产品和听众的不同，解说风格也多种多样，活泼、幽默、高雅……各种风格都可以，但语气一定要柔和亲切，表达一定要自然流畅，切忌生硬乏味。一般用普通话解说居多，在特定的场合条件下，也可适当使用方言。

任务小结

产品生产出来了，还要向特定人群介绍，产品说明书和现场解说是其中常见的两种方式。在介绍的过程中，要像我们前面完成过的介绍类任务一样，表达时注意条理性，语言要简洁流畅，使听众易懂。另外，还要记得用具体的细节体现介绍的真实性和可靠性，提高顾客的信任度。

例文简评

[例文 4-1]

板蓝根颗粒说明书

[药品名称]

通用名称：板蓝根颗粒

汉语拼音：Banlangen Keli

[成　　分] 板蓝根。辅料为蔗糖。

[性　　状] 本品为棕色或棕褐色的颗粒；味甜，微苦。

[功能主治] 清热解毒，凉血利咽。用于肺胃热盛所致的咽喉肿痛、口咽干燥；急性扁桃体炎见上述证候者。

[规　　格] 每小袋装 10 克。

[用法用量] 开水冲服。一次 5～10 克，一日 3～4 次。

[不良反应] 尚不明确。

[禁　　忌] 尚不明确。

[注意事项]

1. 忌烟酒、辛辣、鱼腥食物。
2. 不宜在服药期间同时服用滋补性中药。
3. 糖尿病患者及有高血压、心脏病、肝病、肾病等慢性病严重者应在医师指导下服用。
4. 儿童、孕妇、哺乳期妇女、年老体弱者及脾虚便溏者应在医师指导下服用。
5. 扁桃体有化脓或发热体温超过 38.5℃的患者应去医院就诊。
6. 服药 3 天症状无缓解，应去医院就诊。
7. 对本品过敏者禁用，过敏体质者慎用。
8. 本品性状发生改变时禁止使用。
9. 儿童必须在成人监护下使用。
10. 请将本品放在儿童接触不到的地方。
11. 如正在使用其他药品，使用本品前请咨询医师或药师。

[药物相互作用] 如与其他药物同时使用可能会发生药物相互作用，详情请咨询医师或药师。

[贮　　藏] 密封。

[包　　装] 药品包装用复合膜袋，20 袋/包

[有 效 期] 24 个月

[执行标准]《中国药典》2005 年版一部

[批准文号] 国药准字 Z41020484

[说明书修订日期] 2007 年 5 月 14 日

[生产企业]

企业名称：河南兴源制药有限公司

生产地址：河南省西平县迎宾大道 99 号

邮政编码：463900

电话号码：0396-6237839　0396-6255055

传真号码：0396-6255058

如有问题可与生产企业联系。

[简评]

产品说明书的结构和内容是由产品的性质与内容决定的，本文是一篇典型的药物使用说明书，符合一般药物说明书的通用格式。

[例文 4-2]

我 e 家抛光砖产品解说词

一、金碧辉映（铂金）（主推系列）

1. 创意来源

金碧辉映（铂金）系列，圣洁高贵，将炼金术般的现代科技融入产品设计及生产中。金纯玉脂般的奢华质地，细腻而温润，给人以奢华的宠爱，成为建陶行业膜拜的尖端产品。

2. 技术特性

（1）精选意大利进口原料，充分执行各项环保标准，真正维护人类健康。

（2）通过上千次的抗污实验，融合全新环保材料，使砖体具备超强抗污性能。

（3）融合了玉石晶莹剔透的质感，砖面波光丽影，纹理鬼斧神工。如出水芙蓉般的质感，超越了天然石材的纹理效果。

3. 应用范围

可用于住宅客厅、别墅以及高级酒店，尽显大气、奢华品位。经切割后上墙，使用效果舒适而温馨，简约又大气。

二、敦煌印象无洞洞石（纳福娜洞石）（主推系列）

1. 创意来源

敦煌印象洞石，历经千年演练，古老而神秘，却又凝聚了人类智慧的精髓。敦煌印象无洞洞石系列，如在大器天成中凝聚着浓重的天然古典气息和尊贵的气质。无洞洞石产品破解天然石材形成原理，突破性地运用现代科技，实现了“看似有洞却无洞”的视觉效果。吸水率极低，经久耐用。

2. 技术特性

（1）采用了独创仿天然洞石微粉布料系统，形成波浪式洞石纹理，图案古朴自然。

（2）二次精控布料工艺，有效控制洞石的分布层次，经高温煅烧后，在砖面形成天然不规则密闭洞孔，达到完全玻化，使杂质无法渗透。

（3）产品质地异常坚硬，具有天然洞石无可比拟的高抗折强度和高防污性能。条纹清晰、质感丰富，凝聚着浓厚的天然古典气息，独特色泽给人以尊贵感受。

3. 应用范围

可使用于商场、酒店、商务中心等场所的墙面和地面，也适合家居应用，彰显大气、天然的气息。

资料来源：www.myhome2000.com/myhome2000/newshow.asp.

［简评］

这篇解说词紧扣解说对象的特点，条理清晰、富有文采，既说明了产品特征，又能使听众对产品产生很强的吸引力。

［例文 4－3］

安徽红色文化解说

安徽红色文化浓缩了中国共产党领导安徽人民进行革命、建设和改革发展的辉煌历史，是安徽不断发展进步的动力源泉，是安徽人民共有的精神家园。进入新时代，在推进全面建成小康社会的新征程中，安徽红色文化以其特有的魅力，对坚定干部群众理想信念、激励干部群众担当作为、全面提升党员干部工作能力、推进革命老区脱贫致富，都具有十分重要的时代价值。

安徽红色文化蕴含着共产党人坚定马克思主义信仰，坚定共产主义理想和社会主义信念，忠诚于党，忠诚于人民，为中国人民谋幸福、为中华民族谋复兴的丰富内容。中共安徽省委首任书记王步文被捕后坚贞不屈，以革命的理想信念勉励难友："我们目前的不自由，正是为了给广大人民群众争自由。我们的死，正是为了广大人民能活下去。让我们用自己的鲜血去浇灌自由之花吧！"六霍起义领导人之一周狷之牺牲前留下"宁为革命死，不做阶下囚"的壮丽诗篇；旌德县的安徽第一位党员县长谭梓生履职当天就对外宣布要为穿草鞋的工农群众办事，被誉为"草鞋县长"；新四军军长叶挺在皖南事变中被扣，在狱中写下了气壮山河的《囚歌》，表达了对党、对共产主义坚定不移的信念。正如新四军政治部主任袁国平所说，共产党人是以一种殉道者的精神为革命、为国家民族服务的，正如他在皖南部队突围动员时所讲的阵前誓言："如果有 100 发子弹，要用 99 发射向敌人，最后一发留给自己，绝不当俘虏。"所有这些，都体现了共产党人的家国情怀与为民宗旨，体现了中国共产党人崇高的人生境界。教育引导广大干部群众坚定理想信念，不忘初心牢记使命，全面推进现代化五大发展美好安徽建设，离不开上述红色文化的滋养，需要红色文化为广大党员干部强筋壮骨、铸造灵魂。

资料来源：中安在线，见 http://www.anhuinews.com/.

拓展练习

1. 请收集身边物品的产品说明书并按不同的说明对象进行分类，考察每一类说明书的撰写要点。

2. 为自己熟悉的产品撰写一份说明书。

3. 撰写一篇在招生宣传会上介绍本校或本专业的解说词。

任务二　组织招投标工作

学习目标

1. 了解招投标的定义和原则。

2. 掌握招标的一般程序、投标方的工作程序。
3. 掌握招投标书的撰写格式。
4. 熟悉开标的程序和注意事项。

任务导入

学校的校园超市对外招标，寻求固定供货商，小王公司生产的产品也在招标范围内，他决定参加投标。全班同学分别模拟招标方、投标方和评标人员完成任务。

思考：

1. 投标对企业来说是非常重要的事情，你了解它的流程吗？
2. 你认为在这一过程中，招投标双方的关系有什么特点？

执行流程

任务分工及实训步骤与要求	
沟通情境的描述与理解	教师：选择近期本地招投标真实案例，介绍详细背景，提供公开招标文件，引导学生模拟过程。 学生：自学书本上的招投标相关知识，理解招投标操作流程。
任务执行	学生：结合案例讨论总结招投标文书的组成及每种文书的结构，练习写作其中较简单的几种文书。
现场展示及评估	教师：总结点评，强化知识点。

情境一　组织招标

情境描述

校园超市位于学校学生生活区的中心位置，给学生的生活提供了极大的便利。为了保证稳定的货源供给和货物质量，超市决定对日用品、方便食品两类进行公开招标，请以超市的名义安排一次招标活动。

基本知识

一、招投标的定义和原则

（一）招投标的定义

招投标是国际上广泛使用的一种商业交易形式。招标是指招标人对货物、工程和服务等事先公布采购的条件和要求，以一定的方式邀请投标人投标，并按照公开规定的程序，在投标人中选择最适合的合作伙伴的行为。投标是指投标人响应招标人的邀请，参加投标竞争的行为。

（二）招投标的原则

招投标起源于西方。英国在 1782 年最早采用公开招标的购买形式。目前，一些国际组织也相继出台了相关规范性文件，影响较大的有联合国国际贸易法委员会制定的《货物、工程和服务采购示范法》、世界银行贷款和国际开发协会制定的《信贷采购指南》及亚洲开发银行制定的《贷款采购准则》等。

我国的招投标活动出现于改革开放以后。1980年10月，国务院《关于开展和保护社会主义竞争的暂行规定》首次明确："对一些适宜于承包的生产建设项目和经营项目，可以试行招标、投标的方法。"1999年通过的《中华人民共和国招标投标法》第一章第五条规定："招标投标活动应当遵循公开、公平、公正和诚实信用的原则。"

1. 公开原则

公开原则要求招标投标活动具有较高的透明度，实行招标信息、招标程序公开，即发布招标通告，公开开标，公开中标结果，使每一个投标人获得同等的信息，知悉招标的一切条件和要求。

2. 公平原则

公平原则要求给予所有投标人平等的机会，使其享有同等的权利并履行相应的义务，不歧视任何一方。

3. 公正原则

公正原则就是要求评标时按事先公布的标准对待所有的投标人。

4. 诚实信用原则

诚实信用原则是我国民事活动所应当遵循的一项重要的基本原则。《中华人民共和国民法典》第一章第七条规定："民事主体从事民事活动，应当遵循诚信原则，秉持诚实，恪守承诺。"招标投标活动作为订立合同的一种特殊方式，同样应当遵循诚实信用原则。从这一原则出发，《中华人民共和国招标投标法》规定了不得规避招标、串通投标、泄露标底、骗取中标、转包合同等诸多义务，要求当事人遵守；中标通知书发出后，招标人不得擅自改变中标结果，中标人不得擅自放弃中标项目，并规定了相应的罚则。

二、招标的一般程序

招标的一般程序包括：发出招标文件→接受投标→公开开标→评标→确定中标人→签订合同。具体如下：

（一）发出招标文件

发出招标文件是指采购方（即招标人）根据已经确定的采购需求，提出招标采购项目的条件，向潜在的供应商或承包商发出投标邀请的行为。这一阶段的步骤主要有：确定采购机构和采购需求，编制招标文件，确定标底，发布采购公告或发出投标邀请，进行投标资格预审，通知投标人参加投标并向其出售标书，组织召开标前会议等，这些工作主要由采购方组织进行。

（二）接受投标

接受投标是指投标人接到招标通知后，根据招标通知的要求填写投标文件，并将其送交采购方的行为。在这一阶段，投标人所进行的工作主要有：申请投标资格、购买标书、考察现场、办理投标保函、算标、编制和投送标书等。

（三）公开开标

公开开标是采购方在预先规定的时间和地点将投标人的投标文件正式启封揭晓的行为。开标由采购方组织进行，但需邀请投标人代表参加。在这一阶段，采购方要按照有关要求，逐一揭开每份标书的封套。开标结束后，还应由开标组织者编写一份开标会议纪要。

（四）评标

评标是采购方根据招标文件的要求，对所有的标书进行审查和评比的行为。评标由采购方组织进行。在这一阶段，采购方要进行的工作主要有：审查标书是否符合招标文件的要求和有关规定，组织人员对所有的标书按照一定方法进行比较和评审，就初评阶段选出的几份标书中存在的某些问题要求投标人加以澄清，最终评定并写出评标报告等。

（五）确定中标人

确定中标人即决标，是采购方决定中标人的行为。在这一阶段，采购方所要进行的工作有：决定中标人，通知中标人其投标已经被接受，向中标人发授标意向书，通知所有未中标的投标人，并向他们退还投标保函等。

（六）签订合同

签订合同习惯上也称授予合同，它是由招标人将合同授予中标人，并由双方签署的行为。在这一阶段，通常双方会对标书中的内容进行确认，并依据标书签订正式合同。为保证合同履行，签订合同后，中标的供应商或承包商还应向采购方或业主提交一定形式的担保书或担保金。

三、招标书的撰写

招标书是招标活动最直接的依据，因此，招标书的撰写非常重要。撰写招标书时，应该注意以下几点：首先，必须合法进行；其次，招标程序、合同样式、技术响应等主要内容一定要完备；最后，招标书的内容排列一定要富有逻辑性。另外，因为招标书是依法采购的依据，所以标书的描述要精练、准确、切中要害，千万不能有含糊不清的表述、逻辑不清的言辞。

招标书由标题、正文和结尾三部分组成，具体格式如下：

（一）标题

招标书的标题由招标单位、招标内容、文种三部分组成，如《××电视台 2021 年黄金段位广告招标书》；有时也可以省略招标单位，如《机械产品出口招标书》；或者省略招标内容，如《××职业技术学院招标书》。

（二）正文

正文包括以下三方面内容：

1. 前言

这一部分简要说明本次招标的目的和依据、招标项目名称、招标范围等内容。

2. 招标项目

这是招标书的核心部分。这一部分应具体写明本次招标的内容和要求、招标项目或产品名称、规模和数量，要让投标人全面了解招标单位所提供的各种有关信息。招标书的详细程度和复杂程度因招标项目的大小和合同性质的不同而有所不同，但都必须有充分的资料，使投标人能够提交符合采购实体需求，并使采购实体能够以客观和公平方式进行比较的投标。

3. 招标步骤

这一部分应写明招标单位的名称、地点，本次招标的起止日期、招标方式、开标时间及地点、投标截止时间等。

（三）结尾

这一部分应详细写明招标单位的全称、地址、联系电话、传真号和联系人等。

情境二　组织投标

情境描述

模拟投标流程，编制投标书。

基本知识

一、投标和投标书的定义

（一）投标的定义

投标是指在招标活动中，投标人按照招标单位提出的标准、条件和报价，填具标单争取中标的经济行为。

《中华人民共和国招标投标法》第二十七条规定："投标人应当按照招标文件的要求编制投标文件。投标文件应当对招标文件提出的实质性要求和条件作出响应。"

视具体情况，招标项目对投标文件的要求也不同，但一般必备的投标文件如下：投标书及附录、授权书、投标人资格证明、投标担保（投标保证金等）、货物或工程量清单等。

（二）投标书的定义

投标书是指投标单位根据招标单位要求填写，盖印、密封后按时送达招标人指定接受地点的书面文件。投标书也称标函或标书。

投标书是对招标文件的响应，投标单位应在其中提出具体的投标方案、项目报价，以及投标方的各种有利条件，争取中标。在正式开标之前，投标书应该严格保密，未盖印、未密封的标函是无效的。招标方接到投标书后，也应妥善保存，不得启封。

二、投标方的工作程序

投标方在投标工作中首先要选择适当的投标项目，提出申请，接受资格审查，然后在充分研究和理解招标书的基础上撰写并按要求发送投标文件，如图 4－1 所示。

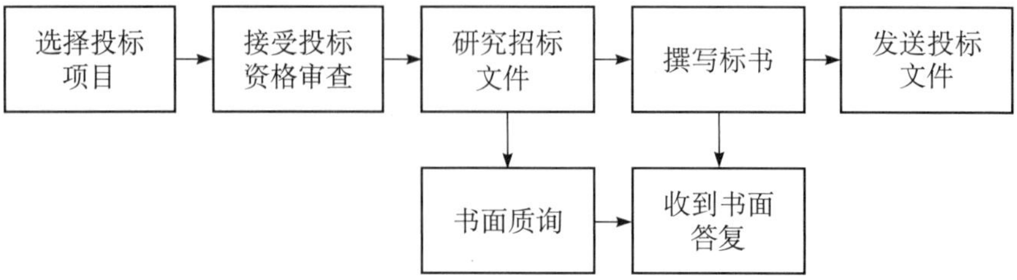

图 4-1　投标方工作程序

三、投标书的撰写

针对招标内容的不同，投标书的具体内容也各式各样。总的来说，投标书的内容与招标书相对应，对招标的条件和要求作出明确和清楚的回应，包括总投标价、与不同招标项目对应的有关内容、投标书有效期、必要的目录。

投标书一般包括以下几部分：

（1）标题。一般写明投标项目及文种，如《××项目投标书》，也可以只注明《投标书》。

（2）正文。应具体写明本次投标的项目名称、数量、规格、技术要求、报价、交货（或完成）的日期、质量保证等内容。

（3）有关证明。投标单位应在投标书中出具相关资格证明文件，证明投标单位是合格的，而且中标后有能力履行合同，同时还要证明投标单位提供的货物及其辅助服务是合格的货物和服务。

（4）落款。写明投标单位的全称、地址、联系方式、联系人，以便招标方及时与其联系。

四、编制投标书的注意事项

编制一份高水平的投标书，是保证在采购活动的竞争中取得成功的关键。编制投标书时应注意以下几点：

首先，要认真阅读采购文件，了解对方要求，摸透对方意图，排除疑问。如有必要，对有疑问的地方，可采用书面质询，并要求对方书面答复。

其次，要精确计算，制定合理报价。同时，在投标书中展现自身实力。

最后，投标书在形式上要完整、美观、制作精良。

情境三　模拟开标

情境描述

到了开标的日期，招投标各方来到开标现场，请模拟招投标活动中开标、评标、中标环节，遴选中标小组。

基本知识

一、开标程序

开标、评标、中标和签订合同这四个步骤是一脉相承的，这里只重点介绍开标的程序。在开标过程中，招投标双方及其他与会人员将依照以下开标程序完成招投标工作。

（一）招标人签收投标人递交的投标文件

在开标当日且在开标地点递交的投标文件的签收应当填写投标文件报送签收一览表，招标人专人负责接收投标人递交的投标文件。提前递交的投标文件也应当办理签收手续，由招标人携带至开标会现场。

（二）投标人出席开标会的代表签到

投标人授权出席开标会的代表本人填写开标会签到表，招标人专人负责核对签到人身份。

（三）主持人宣布开标会开始

（1）主持人介绍主要与会人员。主要与会人员包括开标人、唱标人、到会的招标人代表、招标代理机构代表、各投标人代表、公证人员、见证人员及监督人员等。

（2）主持人宣布开标会程序、开标会纪律和当场废标的条件。（略）

（3）核对投标人授权代表的相关资料。核对投标人授权代表的身份证件、授权委托书及出席开标会人数。招标人代表出示法定代表人委托书和有效身份证件，同时，招标人代表当众核查投标人的授权代表的授权委托书和有效身份证件，确认授权代表的有效性，并留存授权委托书和身份证件复印件。法定代表人出席开标会要出示有效证件。主持人还应当核查各投标人出席开标会的代表的人数，无关人员应当退场。

（四）主持人介绍，投标人确认

主持人主要介绍招标文件的组成、发标时间、答疑时间、补充文件或答疑文件的组成、发放和签收情况，并可以同时强调主要条款和招标文件中的实质性要求。以上内容需经投标人确认。

（五）主持人宣布投标文件截止和实际送达时间

主持人宣布招标文件规定的递交投标文件的截止时间和各投标单位实际送达时间。在截标时间后送达的投标文件应当场废标。

（六）代表共同检查各投标书密封情况

招标人和投标人代表（或公证人员）共同检查各投标书密封情况。

（七）主持人宣布开标和唱标次序

一般按投标书送达时间逆序开标、唱标。开标由指定的开标人在监督人员及与会代表的监督下当众拆封，拆封后应当检查投标文件组成情况并记入开标会记录。

（八）开标会记录签字确认

开标会记录应当如实记录开标过程中的重要事项，投标人的授权代表应当在开标会记录上签字确认。对记录内容有异议的可以注明，但必须对没有异议的部分签字确认。

（九）公布标底

招标人设有标底的，标底必须公布。标底由唱标人公布。标底、投标文件和开标会记录等均须送封闭评标区封存。

（十）主持人宣布开标会结束

主持人宣布开标会结束，并宣告本次开标活动合法、有效。

二、开标的注意事项

想要提高中标概率，在开标过程中也要注意一些事项：

（1）充分注意相关信息，提前做好相关手续、材料的准备工作。

（2）开标现场组织到位。第一，要组建搭配合理的小组参加开标活动；第二，在现场要认真核对信息，记录其他投标人的报价，解答专家的疑问；第三，还要把握好最后一次报价的机会。

任务小结

标书是整个招标、投标过程中的核心文件。投标响应的依据围绕着招标文件的技术需求、供货时间、条件等因素而产生。招标单位组织的议标、评标、定标等重要招标活动，均是依据投标书而进行的；中标作为招投标活动的终结环节，也是以投标书为凭据的。原则上，合同的内容也应根据招标文件和投标文件订立。因此，想要成功地进行一次招投标活动，无论是招标文件还是投标文件，都要精心撰写，细致推敲。

例文简评

一、招标书例文

［例文4-4］

北京化工大学X射线光电子能谱仪采购项目公开招标公告

招标项目的潜在投标人应在北京市东城区崇文门外大街90号705室（北京市京发招标有限公司）获取招标文件，并于2021年06月08日09点30分（北京时间）前递交投标文件。

一、项目基本情况

项目编号：BUCTHWFC2021002

项目名称：北京化工大学X射线光电子能谱仪采购项目

预算金额：420.000 000 0万元（人民币）

最高限价（如有）：420.000 000 0万元（人民币）

采购需求：

序号	采购内容	数量（台/套）	交货期	控制金额（万元）	是否允许采购进口产品
1	X射线光电子能谱仪	1	销售合同签订后九十天内	420	是

合同履行期限：销售合同签订后九十天内。

本项目（　不接受　）联合体投标。

二、申请人的资格要求

1. 满足《中华人民共和国政府采购法》第二十二条规定。

2. 落实政府采购政策需满足的资格要求：

（1）执行节能产品政府优先采购和强制采购制度。

（2）执行环境标志产品政府优先采购制度。

（3）执行《政府采购促进中小企业发展管理办法》《关于政府采购支持监狱企业发展有关问题的通知》和《三部门联合发布关于促进残疾人就业政府采购政策的通知》。

（4）执行《关于开展政府采购信用担保试点工作的通知》。

3. 本项目的特定资格要求：

（1）在中华人民共和国境内注册，能够独立承担民事责任，有生产或供应能力的本国供应商，包括法人、其他组织、自然人。

（2）遵守国家有关法律、法规、规章和政府采购有关的规章，具有良好的商业信誉和健全的财务会计制度。

（3）具有履行合同所必需的设备和专业技术能力。

（4）有依法缴纳税收和社会保障资金的良好记录。

（5）参加政府采购活动前三年内，在经营活动中没有重大违法记录。

（6）供应商不能被列入“信用中国”网站（www.creditchina.gov.cn）和中国政府采购网（www.ccgp.gov.cn）失信被执行人、重大税收违法案件当事人名单、政府采购严重违法失信行为记录名单。

（7）向采购代理机构购买招标文件并登记备案。

（8）本项目不接受联合体投标，不允许分包、转包。

（9）本项目接受货物代理商投标。

（10）采购标的对应的中小企业划分标准所属行业：工业。

三、获取招标文件

时间：2021年05月19日至2021年05月25日，每天上午9:00至11:30，下午13:30至17:00。(北京时间，法定节假日除外)

地点：北京市东城区崇文门外大街90号705室（北京市京发招标有限公司）

方式：购买文件携带以下材料：营业执照复印件（须加盖公章）、法定代表人授权书原件、被授权人身份证原件及复印件（须加盖公章），现场购买。

售价：人民币500.0元，本公告包含的招标文件售价总和。

四、提交投标文件截止时间、开标时间和地点

提交投标文件截止时间：2021年06月08日09点30分（北京时间）

开标时间：2021年06月08日09点30分（北京时间）

地点：北京市东城区崇文门外大街90号3层315会议室。

五、公告期限

自本公告发布之日起5个工作日。

六、其他补充事宜

1. 现场踏勘集合时间及地点：不组织。

2. 本公告期限为5个工作日。

3. 本次招标公告同时在中国采购与招标网（http://www.chinabidding.com.cn）、中国政府采购网（http://www.ccgp.gov.cn）、北京化工大学采购与招标办公室网站（http://cgb.buct.edu.cn）上发布。

4. 本项目采用综合评分法，价格部分（30%）、商务部分（18%）、技术部分（50%）、政策功能（2%）。

5. 凡对本次招标提出询问，请与北京市京发招标有限公司联系（请以信函或传真形式表述）。

七、对本次招标提出询问，请按以下方式联系

1. 采购人信息

名称：北京化工大学

地址：北京市朝阳区北三环东路15号

联系方式：孙老师，010-64433870

2. 采购代理机构信息

名称：北京市京发招标有限公司

地址：北京市东城区崇文门外大街90号

联系方式：张超，010-67169727

3. 项目联系方式

项目联系人：张超

电话：010-67169727

资料来源：ccgp.gov.cn.

[简评]

招标公告作为重要的招标文件，要写清楚招标项目的相关事宜及投标资格和投标流程。本招标公告基本达到了这些要求。

二、投标书例文

（一）投标书封面格式

[例文4-5]

投　标　书

项 目 名 称：

投 标 单 位：

投标单位全权代表：

投标单位：（公章）

____年____月____日

（二）投标书内容

［例文 4－6］

投　标　书

致：××公司（招标方）

根据贵方为__________项目招标采购货物及服务的招标文件__________（招标编号），全权代表__________（全名）__________（职务）经投标方正式授权并代表依据中华人民共和国法律在__________（注册地址）注册的投标方__________（投标方名称）提交下述文件正本一份和副本一式__________份。

（1）开标一览表

（2）投标价格表

（3）货物简要说明一览表

（4）按投标须知要求提供的全部文件

（5）资格证明文件

（6）其他：____________________

投标方全权代表宣布同意如下条款：

（1）按照招标文件中的一切内容，提供符合要求的产品。

（2）投标方将按招标文件的规定、要求及投标方文件的每一项要求或承诺，按期、按质、按量履行合同责任和义务。

（3）投标方已详细审查全部招标文件，包括修改文件（如需要修改）以及全部参考资料和有关附件，我们完全理解并同意这些内容。投标方同意提供按照贵方可能要求的与投标有关的一切数据或资料，并保证提供的投标文件均真实、完整，不存在任何虚假事项，投标方完全理解不一定要接受最低价格的投标或收到的任何投标，并自行承担与投标及相关过程中涉及的全部费用、风险、损失。

（4）投标自开标日期起，有效期为六十个自然日。

（5）与本投标有关的一切正式往来通信请寄：

地址：____________________邮编：________________

电话：____________________传真：________________

投标方全权代表姓名、职务：______________________

投标方名称（公章）：_____________________________

法定代表人签字：____________________

日期：____年____月____日

全权代表签字：__________

（三）开标一览表

［例文 4－7］

开标一览表

（设备招标样式）

招标编号：______________

	名称	主要技术参数或说明	数量	单位
设备价格				

	名称	费用（元）	备注
其他费用			

除上述列明费用外，无其他任何再需要支出费用。

投标单位（盖章）：____________

授权代表签字：____________

××××年××月××日

（四）企业法人营业执照复印件

企业法人营业执照复印件，实行许可证制度的，还应提供生产许可证复印件。

（五）投标企业资格报告

（1）投标方投标时，应填写和提交规定的文件以及提供其他有关资料。

（2）对所附表格中要求的资料和询问应作出肯定的回答。

（3）资格文件的签字人应保证所作的声明以及回答的问题的真实性和准确性。

（4）投标方提供的资格文件将由投标方和买方使用，并据此进行评价和判断，确定投标方的资格和能力。

（5）招标方对投标方提交的文件将予以保密，但不予退还。

（6）全部文件应以中文书写，正本1份，副本7份，按投标须知进行封装。

（7）附相关格式：

[例文4-8]

制造厂商授权函

致（招标方）____________：

为响应贵方____年___月___日第________号招标书，下述制造厂商兹授权投标方________及下面签字人________参加投标，提供货物需求一览表中规定的（货物品目号和名称），提交下述文件并证明全部说明是真实的和正确的。

（一）由制造厂商提供的____________（货物品目号和名称）参加投标。授权书1份正本，1份副本。签字人代表该制造厂商并受其约束。

（二）制造厂商的资格声明，有1份正本，________份副本。

（三）下述签字人在证书中证明本资格文件中的内容是真实的和正确的，同时附上我方银行（银行名称）出具的资信证明。

制造厂商：____________（盖章）

授权签署本资格文件人：____________

名称：____________　　签字：____________

地址：____________　　姓名：____________

邮编：____________　　职务：____________

电话：____________　　传真：____________

（六）投标设备报告

投标设备报告应包括下述内容：

（1）投标设备型号、规格、技术参数和说明。

（2）投标设备的质量标准、检测标准、测试手段。

（3）对投标设备的设计、制造、安装、测试等方面采取技术和组织措施。

（4）交货地点、交货时间、交货方式、交货进度及运输条件。

（5）技术服务、售后服务（保修服务）。

（6）备品备件提供情况。

（7）投标单位认为有必要说明的问题。

（七）投标设备偏差表

当投标设备与招标要求不完全一致时需填此表。

[例文 4-9]

投标设备偏差表

招标文件编号：

序号	设备名称	型号及规格	数量	招标设备要求数据	投标设备实际数据

（八）法定代表人授权书

[例文 4-10]

法定代表人授权书

（招标方）__________：

现委派我公司____________（姓名、职务）参加贵方组织的____________招标活动，全权代表我单位处理投标、竞标、应标及后期的执行、完成和保修等事宜，以本公司名义全权处理一切与之有关的事务。

附全权代表情况：

姓　　名：__________年　龄：__________性　别：__________

身份证号：____________

职　　务：____________

邮　　编：________________通信地址：____________________
电　　话：________________传　　真：____________________

投标单位（盖章）：
法定代表人（签字）：
年　　月　　日

拓展练习

我校需统一购买5 000套学生寝具，现向社会公开招标，请以小组为单位模拟招投标过程，撰写相关文件。

任务三　拿起法律武器维护权益

学习目标

1. 了解诉讼程序。
2. 掌握起诉状和答辩状的格式。
3. 了解一般庭审程序和法庭控辩的技巧。
4. 掌握判决书的格式。

任务导入

小王和校园超市发生了纠纷，最后，小王决定通过法律途径解决问题。请你撰写这一过程中产生的起诉状和答辩状。

思考：

1. 想一想，你有没有经历过或听说过周围发生的类似事情？在现实生活中，问题最后是如何解决的？你对解决结果满意吗？如果遇到类似事情，你有没有更好的解决办法？

2. 诉讼是一个很复杂的过程，你了解诉讼和审判的程序及要求吗？

执行流程

任务分工及实训步骤与要求	
沟通情境的描述与理解	教师：启发学生结合自身生活经验，讨论如何拿起法律武器维护自身利益。结合课程案例分析诉讼过程中原、被告及法官的相互关系，讨论在此背景下的语言沟通程序及特点。 学生：理解并分析司法文书及法庭控辩的语言特点。
任务执行	学生：不同小组相互配合，选择诉讼案例，分别撰写起诉书及答辩状，合作创作模拟庭审剧本。 教师：掌控学生完成各阶段作业的时间节点，对每阶段的重点难点适时指导。
现场展示及评估	学生：现场模拟法庭审判。 教师：结合学生现场模拟的表现，点评学生作业，强化重点难点。

情境一　模拟法院起诉

情境描述

小王根据中标合同，向校园超市供应了一个月的货物，结款时却发生了纠纷。原来，超市觉得小王的货物质量不错，就跟小王沟通了一下，在超市黄金区域给小王做了一次促销活动。小王高高兴兴去结款时被告知，这次促销活动超市会收取小王高额场地费和活动费，合计下来，正好是货款的 80%，小王觉得收费过高，很不合理，与超市方发生了纠纷。最终，小王决定用法律武器维护自己的权益。

基本知识

一、诉讼程序

诉讼程序是在诉讼和司法过程中必须遵循的法定顺序、方式和步骤。一般诉讼程序如图 4－2 所示。

图 4－2　诉讼程序

二、撰写起诉状和答辩状

(一) 司法文书的写作要求

起诉状和答辩状是诉讼过程中常用的司法文书，在撰写时，首先要遵循司法文书的写作要求。司法文书是司法机关在办理各类诉讼案件中依法制作的各类文书，是处理司法实务时的文字凭证，是处理案件时不可缺少的必备手续。某些司法文书还具有强制性的执行效力，我们在制作司法文书时要注意其法律属性。

首先，撰写司法文书时，关于在什么情况下由什么人撰写文书、文书的内容和要求是什么、如何提交送达等内容都必须有法律依据。

其次，每一种司法文书都必须按照国家有关机关颁布的统一格式样本制作，使用固定的结构、规范的术语、统一的称谓，不允许别出心裁。

(二) 起诉状的种类及格式

1. 起诉状的种类

(1) 民事起诉状。是指民事案件的原告为维护自己的民事权益，就有关民事权利和义务的争执或纠纷向人民法院起诉，要求依法处理时提交的文书。民事起诉应具备的条件如下：原告必须与本案有直接的利害关系；有明确的被告；有具体的诉讼请求和事实理由；属于送达法院管辖受理范围。

(2) 刑事自诉状。是指刑事案件的被害人及其法定代理人为追究被告人的刑事责任，直接向人民法院起诉时提交的文书。刑事自诉状适用于无须侦查的轻微刑事案件，严重的刑事案件应由检察院提起公诉。

（3）行政起诉状。是指公民、法人或者其他组织不服行政机关的具体行政行为，而向人民法院提起诉讼的书面请求。

2. 起诉状的格式

起诉状包括首部、主体和尾部三部分（见图4－3）。

（1）起诉状首部包括标题、当事人基本情况。

（2）起诉状主体要写明请求事项及相关事实和理由。

（3）起诉状尾部包括送达法院名称、起诉人签名、日期及副本、证据等相关附件。

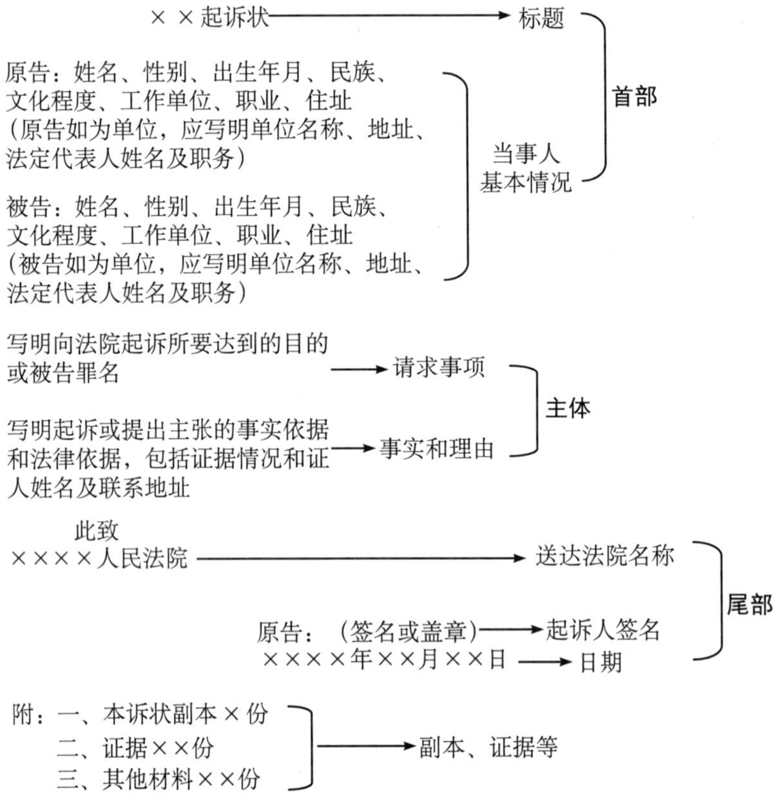

图4－3 起诉状格式

（三）答辩状的定义及格式

1. 答辩状的定义

答辩状是被告（人）或被上诉人在收到人民法院的起诉状副本或上诉状副本后，针对其内容，在法定期限内根据事实和法律进行回答和辩驳的文书。

答辩状是法律赋予处于被告地位的案件当事人的一种权利，有利于保护被告的正当合法权益；也有利于人民法院在全面了解案情的基础上，判明是非，作出正确的判决。被告（人）有处置答辩权的自由，可以答辩，也可以保持沉默。被告（人）不提出答辩不会妨碍人民法院审理案件。

2. 答辩状的格式

答辩状的格式与起诉状类似，只是主体部分内容不同，答辩状的主体主要是写答辩理由和答辩意见（见图4－4）。

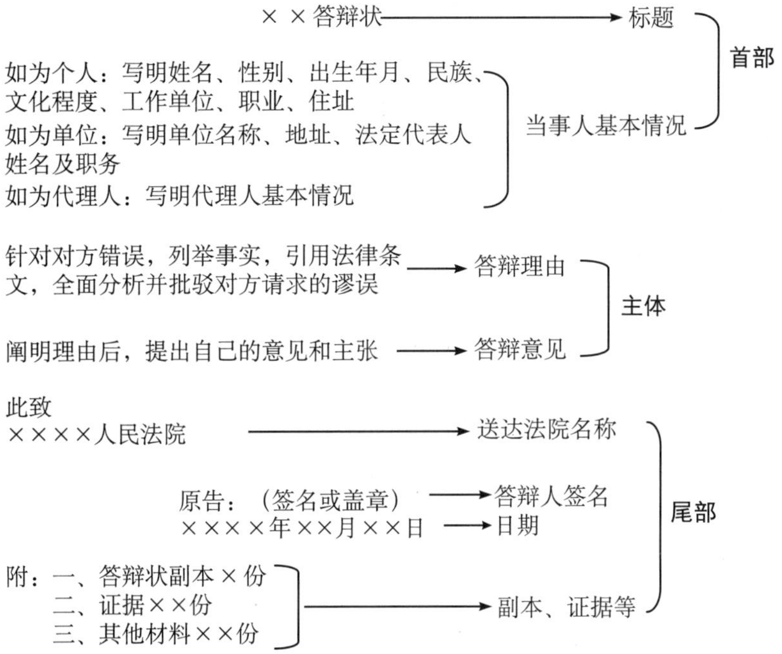

图 4-4　答辩状格式

情境二　模拟法庭审判

情境描述

诉讼进入了庭审阶段。

基本知识

一、一般庭审程序

人民法院审理民事案件时，除涉及国家秘密、个人隐私或者法律另有规定的，实行公开审理。对决定开庭审理的案件，在开庭三日前通知双方当事人。

庭审一般经过五个阶段：核对当事人情况、宣布法庭纪律和当事人权利、法庭调查、法庭辩论、评议判决。其中最主要的三个阶段如图 4-5 所示。

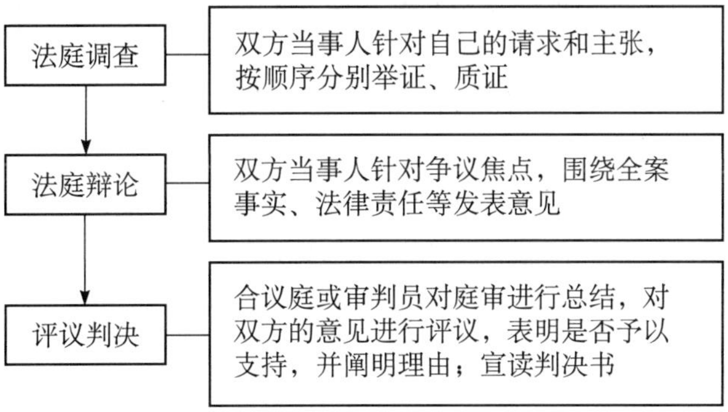

图 4-5　一般庭审程序

当事人在宣判前的任何诉讼阶段都可以同对方当事人进行和解，或者请求人民法院主持调解。如果对方不同意调解或未达成调解协议，人民法院将继续审理并作出判决。

二、法庭控辩

（一）控辩制的含义

控辩制，又称当事人主义诉讼模式，或称对抗制、抗辩制，就是“让双方打仗”，双方当事人各自收集并向法庭展示其证据，并以对抗方式表达对事实和法律的理解，提出自己的正义主张。法官的责任不是发现案件事实真相，而是充当竞争的裁决者，法官仅处理或集中处理有关法律的问题，并作出审判。

控辩平等是现代诉讼法治的基本理论和基本理念。1991年4月，《中华人民共和国民事诉讼法》颁布，并在一些地方进行了控辩制的司法审判改革试点；1996年，《中华人民共和国刑事诉讼法》作了重大修订，引入了强烈的控辩对抗因子，中国的司法庭审开始由纠问制向控辩制转变。

（二）法庭控辩的技巧

1. 庭审举证

庭审举证要根据各案特点，选择足以证明犯罪时间、地点、手段、主要情节和后果的证据进行举证，要体现证据的链条性。要按案情的发生和发展脉络、时间顺序、情节轻重进行庭审举证。庭审举证要充分体现语言感染力，能够使全场人员，特别是法庭组成人员洗耳恭听。

举证完毕后，要对在法庭上所举证据进行归纳，说明所举证据的种类、数量、质量，进一步强调证据的客观性、一致性、连贯性，以强化指控。

2. 庭审质证

庭审质证是指控辩双方就对方向法庭出示的证据进行质疑和反驳答辩。质证的内容主要是证据的可采用性和证明力。庭审质证的范围仅限于双方当事人为证明争议的事实而提供的书证、物证、视听资料。庭审质证是控辩双方水平、智慧的较量。在质证过程中，为了充分了解对方情况，要学会听和看。

首先，要全神贯注，边听边记，完整地理解和记忆对方陈述；其次，要排除对方情绪化言辞的干扰，并且能从对方的语气、语调、语速中听音辨调，留意对方的言外之意；最后，对法庭上出示的书证、物证、视听资料等证据材料，要仔细辨别，因为辨认是对该类证据最主要的调查手段。

此外，在质证过程中，要使情况朝有利于己方的方向发展，要掌握提问和表达的技巧。可以在出庭前预备发问提纲，在法庭调查时依据庭审调查情况变化，适当调整。对方已经清晰表达的问题，不必再质问；比较清楚的但还有些不足的问题，要变换角度发问；对根本未涉及的或不够清楚的问题，应有计划地发问。

三、判决书的格式

判决书分首部、主体和尾部三个部分。首部主要交代相关背景，包括法院名称，文书名称及编号、诉讼当事人身份、案件由来、法庭组成和审理过程等。主体主要是阐述事实、说明理由，最后宣布结果。尾部说明诉讼相关问题，如诉讼费用、上诉权等。具体如图 4-6 所示。

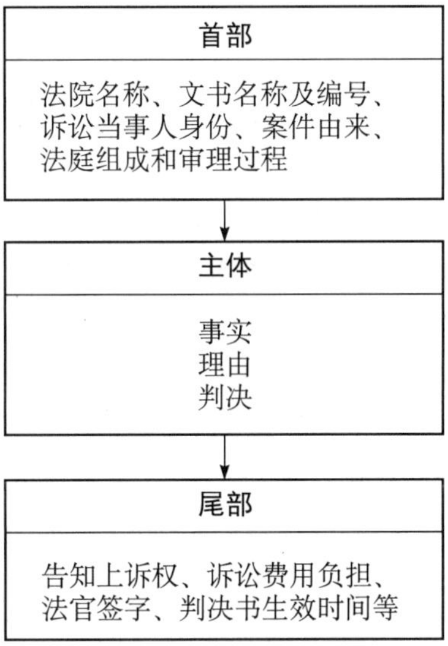

图 4-6　判决书的格式

任务小结

当我们在生活中遇到麻烦时，要敢于拿起法律武器维护自己的权益。法律程序的第一步就是撰写诉讼文书，没有诉讼文书，就没有法律程序的开始。但是，撰写诉讼文书时，要以事实为依据，以法律为准绳，符合真实与合法两个原则。如果伪造证据、隐匿证据或毁灭证据，终难逃相应的法律制裁。

庭审是实现诉讼要求的关键性一步。参加庭审时，要注意庭审的要求。根据《中华人民共和国人民法院法庭规则》的规定：首先，参与庭审的人应当衣着整洁；其次，诉讼参与人应当遵守法庭规则，维护法庭秩序，不得喧哗、吵闹，发言、陈述和辩论须经审判长或者独任审判员许可。

例文简评

一、起诉状例文

[例文 4-11]

民事起诉状

原告：吴州市卷烟厂　地址：吴州市南街 32 号　电话：6789560

法定代表人：李瑞，吴州市卷烟厂厂长

被告：青州市利达公司　地址：青州市石桥路 90 号　电话：8314582

法定代表人：何佳，利达公司经理

诉讼请求：

1. 要求被告立即予以退货，退还货款30 000元人民币并支付违约金2 400元人民币；

2. 诉讼费用由被告承担。

诉讼事实和理由：

2021年10月19日，我厂与被告签订了一份《烟草过滤机买卖协议》（以下简称《协议》）（附件1）。2021年10月29日，过滤机安装调试完毕，开始使用。前两周运转比较正常，但从11月中旬起，过滤机频出故障，如停机、过滤效果差等。我厂通知被告后，被告派人员来检修过，但过滤机仍旧没有好转。经吴州市甲研究所检测，这三台过滤机为质量不合格产品，其中C、F两项技术指标达不到国家标准（附件2）。我厂根据《协议》第19条的约定“产品质量不合格，应向对方退款并支付货款总额8%的违约金”，要求被告予以退货，同时退还我厂货款并支付违约金，但被告拒不同意。

根据《中华人民共和国民法典》第610条规定：“因标的物不符合质量要求，致使不能实现合同目的的，买受人可以拒绝接受标的物或者解除合同。”被告向我厂交付质量不合格产品，其行为已构成违约，应按《协议》将30 000元货款退还我厂并支付2 400元违约金。特提起诉讼。请贵院支持我厂诉讼请求。

此致

吴州市海滨区人民法院

附：1.《烟草过滤机买卖协议》；

2. 吴州市甲研究所检测报告。

具状人：吴州市卷烟厂（公章）

2021年11月20日

资料来源：改编自 http://www.360doc.com/content/10/1124/16/4703601_72063001.shtml.

［简评］

这是一份合同纠纷诉讼起诉状。状头介绍了当事人的基本情况。案由明确，诉讼请求具体明确，交代事实简洁清楚，陈述理由合情合理，引用法规明确具体，人称前后一致，是一篇值得学习的起诉状。

二、答辩状例文

［例文4-12］

民事答辩状

答辩人：青州市利达公司　地址：青州市石桥路90号　电话：8314582

法定代表人：何佳，利达公司经理

答辩人因吴州市卷烟厂诉青州市利达公司买卖合同纠纷一案，特答辩如下：

我公司向原告交付的三台过滤机无质量问题，为合格产品。

一、这三台过滤机是我公司从美国进口的，有经美国权威机构检测的质量合格证书（附件）。

二、原告依据的吴州市甲研究所的检测报告没有任何说服力。它们属于同一地区，不能保证检测的公正性。我公司要求贵院安排重新检测。

综上，我公司一直严格履行《烟草过滤机买卖协议》的约定，交付的三台烟草过滤机质量合格。原告自己使用不当造成过滤机故障，一切后果应由其自行承担，与我公司无关。请贵院依法公正裁判，驳回原告无理请求。

此致

吴州市海滨区人民法院

附：过滤机质量合格证书。

答辩人：青州市利达公司

2022 年 1 月 10 日

资料来源：http://www.360doc.com/content/10/1124/16/4703601_72063001.shtml.

三、判决书例文

［例文 4－13］

吴州市海滨区人民法院

民事判决书

〔2022〕海民初字第 32 号

原告：吴州市卷烟厂　地址：吴州市南街 32 号　电话：6789560

法定代表人：李瑞，吴州市卷烟厂厂长

被告：青州市利达公司　地址：青州市石桥路 90 号　电话：8314582

法定代表人：何佳，利达公司经理

吴州市卷烟厂诉青州市利达公司买卖合同纠纷一案，本院受理后，依法组成合议庭，公开开庭进行了审理。原告法定代表人李瑞和被告法定代表人何佳到庭参加诉讼。本案现已审理终结。

原告诉称，2021 年 10 月 19 日，其与被告签订了一份《烟草过滤机买卖协议》（以下简称《协议》），但被告交付的过滤机频出故障。被告派人员来检修过，过滤机仍无好转。经吴州市甲研究所检测，这三台过滤机为质量不合格产品。原告为此要求被告接受退货，同时退还原告货款 30 000 元及支付违约金 2 400 元。

被告辩称，其向原告交付的三台烟草过滤机是合格产品。这三台过滤机有经美国权威机构检测的质量合格证书；吴州市甲研究所的检测报告不能保证检测的公正性，被告要求我院重新检测。

经审理查明，原、被告之间的买卖协议合法有效。被告交付给原告的三台烟草过滤机自 2021 年 11 月中旬至今多次出现停机故障，过滤效果达不到一般使用要求。根据吴州市甲研究所的检测报告分析，过滤机有 C、F 两项指标达不到国家标准，因此这三台过滤机为质量不合格产品。

本院认为，被告没有按《协议》约定向原告提供质量合格的烟草过滤机，已构成违约。根据《中华人民共和国民法典》第 577 条、第 610 条，判决如下：

一、被告青州市利达公司应在本判决生效之日起 15 日内接受原告吴州市卷烟厂三台过滤机的退货，并退还吴州市卷烟厂货款30 000元，支付违约金2 400元。

二、诉讼费1 500元，由被告负担。

如不服本判决，可在判决书送达之日起15日内，向本院递交上诉状，并按对方当事人的人数提交副本，上诉于吴州市中级人民法院。

审判长：×××

审判员：×××

审判员：×××

2022年5月8日

（院印）

本件与原本核对无异

书记员：×××

资料来源：改编自 http://www.360doc.com/content/10/1124/16/4703601_72063001.shtml.

［例文4-14］

吴州市中级人民法院民事判决书

〔2022〕吴中民终字第6号

上诉人（一审被告）：青州市利达公司　地址：青州市石桥路90号　电话：8314582

法定代表人：何佳，利达公司经理

被上诉人（一审原告）：吴州市卷烟厂　地址：吴州市南街32号　电话：6789560

法定代表人：李瑞，吴州市卷烟厂厂长

上诉人因吴州市卷烟厂诉青州市利达公司买卖合同纠纷一案，不服吴州市海滨区人民法院2022年5月8日"〔2022〕海民初字第32号"民事判决，向本院提出上诉。本院依法组成合议庭开庭审理，上诉人法定代表人何佳和被上诉人法定代表人李瑞到庭参加了诉讼，本案现已审理终结。

原审认定：上诉人销售给被上诉人的三台烟草过滤机质量不合格，据此判决：

一、被告青州市利达公司应在本判决生效之日起15日内接受原告吴州市卷烟厂三台过滤机的退货，并退还吴州市卷烟厂货款30 000元，支付违约金2 400元。二、诉讼费1 500元，由被告负担。宣判后，利达公司不服判决，向本院提起上诉，诉称：原审法院认定过滤机质量不合格这一事实有误，请求撤销原审判决。被上诉人未作书面答辩。

经审理查明：吴州市甲研究所是吴州市轻工业局工业学校的附属研究所，其主要从事新型包装材料的开发工作，不具备检测烟草过滤机的技术能力；本院依法指定了检测烟草过滤机的国家权威检测机构——北京市××研究所进行检测，根据检测结果，上诉人销售给被上诉人的三台烟草过滤机质量完全符合国家标准。

本院认为：上诉人销售给被上诉人的三台烟草过滤机质量合格，无违约行为。根据《中华人民共和国民法典》和《中华人民共和国民事诉讼法》之规定，判决如下：

一、撤销吴州市海滨区人民法院2022年5月8日"〔2022〕海民初字第32号"民事判决。

二、一审诉讼费1 500元和二审诉讼费1 900元全部由吴州市卷烟厂负担。

本判决为终审判决。

审判长：×××
审判员：×××
审判员：×××
2022 年 11 月 1 日
（院印）
本件与原本核对无异
书记员：×××

资料来源：改编自 http://www.360doc.com/content/10/1124/16/4703601_72063001.shtml.

四、模拟法庭剧本例文

［例文 4-15］

消费纠纷模拟法庭剧本

时间：××××年××月××日

地点：哈尔滨工程大学模拟法院民事审判庭

主审法官：×××

审判员：×××、×××

书记员：×××

原告：×××，女，25 岁，江苏省南京电视大学教师　住所地：南京市玄武区旭日园

原告代理人：×××

被告：浙江省杭州市乐金化妆品有限公司　住所地：杭州市经济技术开发区

法定代表人：×××，该公司董事长

委托代理人：×××，男，杭州市豪威律师事务所律师

被告：江苏省南京市苏宁环球购物中心　住所地：南京市湖南路

法定代表人：×××，该中心负责人

案由：消费者权益保护纠纷

案情梗概：原告×××因与被告浙江省杭州市乐金化妆品有限公司（以下简称乐金公司）、江苏省南京市苏宁环球购物中心（以下简称苏宁中心）发生消费者权益纠纷，向江苏省南京市鼓楼区人民法院提起诉讼。一审判决后，原告不服，又向南京市中级人民法院提起诉讼。以下为二审内容。

（一、法庭准备阶段）

书记员：

（一）查点当事人及其诉讼参加人到庭情况并请入席

（二）宣布法庭纪律

1. 所有到庭人员应听从审判员统一指挥，一律关闭通信工具，遵守法庭秩序，不准吸烟。

2. 旁听人员必须保持肃静，不得喧哗、鼓掌、插话，不得进入审判区，有意见可以

在闭庭后提出。

3. 当事人及其诉讼参与人不得中途退庭，如擅自退庭，是原告的作撤诉处理，是被告的则依法按缺席判决。

4. 审判人员或法警有权制止违反法庭纪律、妨碍民事诉讼活动的行为，对不听制止的，可依法予以训诫、责令退出法庭或者予以罚款、拘留；对情节严重的依法追究其刑事责任。

（三）请主审法官入席

（四）报告审判员，当事人均已到庭，请开庭

主审法官：现在开庭，首先核对当事人身份。原告，你的姓名、年龄、职业、住址？有无代理人？

原告：我叫×××，女，25岁，江苏省南京电视大学教师，住玄武区旭日园。

原告代理人：我叫×××。

主审法官：被告，你的姓名、年龄、职业、住址？可有代理人？

被告1：我叫×××，浙江省杭州市乐金化妆品有限公司董事长，住杭州市经济技术开发区。委托本市豪威律师事务所律师×××作一般代理人。

被告代理人：我叫×××。

被告2：我叫×××，江苏省南京市苏宁环球购物中心负责人，住南京市湖南路。

主审法官：根据《中华人民共和国民事诉讼法》第142条、第143条、第145条的规定，南京市人民法院民事审判庭今天在此依法适用简易程序审理原告×××与被告×××为消费者权益保护纠纷一案。本案由本院审判员×××独任审判长，本院书记员×××担任记录。有关当事人诉讼权利和义务本院已书面告知，不再重复。下面本庭根据《中华人民共和国民事诉讼法》第46条的规定，交代回避权。审判人员有以下三种情况，可能影响案件公正审理的，当事人有权口头或书面申请他们回避：1. 是本案当事人或者是当事人、诉讼代理人的近亲属；2. 与本案有利害关系；3. 与本案当事人有其他关系，可能影响对案件的公正审理的。现在询问：当事人是否申请回避？

原告：不申请。

被告：不申请。

（二、法庭调查阶段）

主审法官：下面进行法庭事实调查，先由原告陈述事实。

原告：2019年1月26日，上诉人×××在被上诉人苏宁中心处购买了由被上诉人乐金公司生产的海皙蓝O^2时光嫩肤液（中性肌肤适用）一瓶，净含量130毫升，价格170元。该化妆品外包装盒底部标注“限用日期：记载于底部或侧面”，内置玻璃容器底部标注：“限用合格日期2020.11.21”。原告在被告苏宁中心处购买了由被告乐金公司生产的海皙蓝O^2时光嫩肤液。该化妆品外包装上没有标注开瓶后的使用期限以及正确的使用方法。原告买到这样的化妆品，难以正确使用。乐金公司不在化妆品外包装上正确标注，苏宁中心将这样的化妆品销售给消费者，这种行为侵害了原告依法享有的消费者知情权。请求判令被告：1. 在海皙蓝O^2时光嫩肤液的外包装上标注开瓶后使用期限，并提供相应的检测报告；2. 说明和标注正确使用商品或者接受服务的方法。

主审法官：下面由被告答辩。

被告委托代理人：（略）

主审法官：根据原被告陈述，本案争议焦点是：1. 本案化妆品包装上标注的“限用合格日期”，是否包括开瓶后的使用期限；2. 在本案化妆品上标注“限用合格日期”，是否误导消费者；3. 乐金公司对本案化妆品的标注方法，是否侵害了消费者知情权；4. 对在海皙蓝 O^2 时光嫩肤液外包装上标注开瓶后使用期限的诉讼请求，应否支持。双方当事人围绕此焦点提供相关证据。

（原告向法庭提交了购物发票、海皙蓝 O^2 时光嫩肤液的包装盒以及照片 4 张，用以证明起诉事实。）

主审法官：被告对发票有无异议？

被告：对原告提供的发票的真实性及内容无异议。

（被告乐金公司、苏宁中心对原告提交的购物发票无异议，但认为根据商品包装盒上的暗码显示，这一盒海皙蓝 O^2 时光嫩肤液不是苏宁中心卖出的。被告乐金公司向法庭提交了海皙蓝商标注册证、企业标准备案号、生产许可证、卫生许可证、杭州市疾病预防控制中心的检验报告、海皙蓝 O^2 时光嫩肤液的包装盒和说明书，用以证明其经批准生产的海皙蓝 O^2 时光嫩肤液是合格化妆品，该化妆品的正确使用方法已经向消费者说明。被告苏宁中心向法庭提交了 2018 年 12 月至 2019 年 12 月的联合销售专柜合同、海皙蓝 O^2 时光嫩肤液包装盒、说明书等，用以证明其是合法经销海皙蓝 O^2 时光嫩肤液。）

主审法官：原告对被告提供的证据及要证明的内容有何意见？

原告：对乐金公司、苏宁中心提交证据的真实性无异议。

主审法官：原、被告在事实方面有无补充？

原告：没有。

被告：没有。

主审法官：双方当事人在事实方面没有补充，事实调查结束。下面围绕争议焦点进行法庭辩论。首先由原告作辩论发言。

（三、法庭辩论阶段）

原告：被上诉人乐金公司的 Q330101 号《杭州乐金化妆品有限公司企业标准》第 64 条中明文规定：“符合规定的贮存条件，产品在包装完好、未经启封条件下，本产品保质期为 4 年。”化妆品开瓶后即接触空气，加之温度、环境的变化，以及使用人的使用习惯和卫生条件不同，其活性成分容易发生变化，开瓶后的保质期必将大大缩短。上诉人于 2019 年 1 月 26 日购买的海皙蓝 O^2 时光嫩肤液包装上，标注的“限用合格日期”2020 年 11 月 21 日，应该是指该产品在符合规定的贮存条件、包装完好、未开瓶状况下的保质期，不包括开瓶后的使用期限。一审认定“该期限应视为开瓶前或开瓶后都应达到的安全使用期限”，是错误的。因此请求法院支持原告的诉讼请求。

主审法官：下面由被告作辩论发言。

被告委托代理人：（略）

被告：（略）

主审法官：双方互相辩论。

原告：消费者购买化妆品，其目的不是长期收藏，而是要用它来清洁、保护、美化肌肤。化妆品一旦变质，通过消费者肌肤的吸收、渗透，必将对消费者的身体产生伤害。因此，消费者真正关心的，不是化妆品在未启封条件下的保质期，而是启封后的使用期。《中华人民共和国产品质量法》为确保消费者使用产品时的生命和财产安全，才在第27条第1款第4项规定："限期使用的产品，应当在显著位置清晰地标明生产日期和安全使用期或者失效日期。"在海晳蓝 O^2 时光嫩肤液的外包装上，被上诉人乐金公司仅标注了"限用合格日期"，同时不说明该日期是指产品未启封状态下的保质期。乐金公司还在一审中将"限用合格日期"解释为"在正常保管下正常使用，不要超过瓶底的使用期限，可以保证质量"。作为生产化妆品的专业人员，尚不能对"限用合格日期"的真正含义作出正确解释。消费者不是专业人员，在无特殊说明的情况下，将"限用合格日期"理解为其所关心的开瓶后安全使用期，则是情理中事。因此，仅标注"限用合格日期"，不同时说明该日期真实含义的做法，不能使消费者正确了解该化妆品的安全使用期，对消费者有误导作用。

被告：（略）

原告：GB 5296.3—1995 国家标准规定，化妆品通用标签上，必须标注生产日期和保质期，或者生产批号和限期使用日期。我国产品质量法也有相关规定。纵观两个规定，我国产品质量法只是对限期使用产品的标注方法提出了更高要求，二者不存在矛盾。《中华人民共和国消费者权益保护法》第八条规定："消费者享有知悉其购买、使用的商品或者接受的服务的真实情况的权利。消费者有权根据商品或者服务的不同情况，要求经营者提供商品的价格、产地、生产者、用途、性能、规格、等级、主要成分、生产日期、有效期限、检验合格证明、使用方法说明书、售后服务，或者服务的内容、规格、费用等有关情况。"限期使用产品的生产者，应当将该产品的安全使用期标注在显著位置，清晰地告知消费者。被上诉人乐金公司只按国家标准的规定标注了"限用合格日期"，没有按产品质量法的规定标注产品的安全使用期，侵害了上诉人和其他消费者依法享有的知情权。

被告：（略）

原告：通过两审审理，上诉人已了解"限用合格日期"仅指海晳蓝 O^2 时光嫩肤液未开瓶状态下的保质期，现仍要求被上诉人乐金公司、苏宁中心在海晳蓝 O^2 时光嫩肤液外包装上标注开瓶后的使用期限。对于海晳蓝 O^2 时光嫩肤液开瓶后的使用期限，乐金公司、苏宁中心均表示难以确定。根据法律规定，作为化妆品的经营者，乐金公司和苏宁中心有义务以明确无误的方式，向消费者告知海晳蓝 O^2 时光嫩肤液开瓶后的安全使用期限，以确保消费者安全地使用该化妆品。难以确定，并非不能确定。企业应当本着为消费者服务的宗旨，使用直接标注启封后使用期限，对"限用合格日期"的真正含义作出说明，或者对不能继续使用的情形加以警示等方式，帮助消费者充分了解并正确使用自己的产品，消除消费者可能产生的误解。乐金公司、苏宁中心以难以确定为由，要求驳回诉讼请求，理由不能成立。

主审法官：双方无新的辩论，辩论结束，下面征询双方当事人最后意见。原告，最后还有什么意见？

原告：坚持诉讼请求。

主审法官：被告，最后还有什么意见？

被告：请求驳回原告的诉讼请求。

（四、法庭调解判决阶段）

主审法官：下面依据法律有关规定，对本案进行调解。被告，你有何调解意见？

被告：不同意调解。

主审法官：原告，有何调解意见？

原告：在诉讼前，双方已进行过多次协商，但被告没有调解诚意，现在我不愿意进行调解，听候判决。

主审法官：由于原告不同意调解，本庭不再做调解工作，下面进行宣判。

本庭认为，本案事实清楚，可以结案。

被上诉人乐金公司、苏宁中心有义务向消费者告知海皙蓝 O^2 时光嫩肤液开瓶后的安全使用期限。在民事诉讼中，法律只保护特定民事主体自身的合法权益，因此民事诉讼中的权利人和标的物均应是特定的。上诉人×××要求乐金公司、苏宁中心在海皙蓝 O^2 时光嫩肤液的包装上标注开瓶使用期限，这一诉讼请求虽然合理，却已涉及不特定的权利主体和标的物，超出本案能够处理的范围，难以全部支持。但这一诉讼请求中，包含了×××希望知道自己购买的这一瓶海皙蓝 O^2 时光嫩肤液的开瓶使用期限。作为消费者，×××享有知情权，该诉讼请求中的这一部分合理合法，应当支持。

综上，一审认定事实错误，判决驳回上诉人×××的全部诉讼请求不当，依法应予改判。据此，南京市中级人民法院依照《中华人民共和国民事诉讼法》第 153 条第 1 款第 3 项的规定，于 2020 年 3 月 10 日判决：

一、撤销一审民事判决。

二、被上诉人乐金公司、苏宁中心于本判决生效之日起三个月内，以书面形式向上诉人告知其购买的海皙蓝 O^2 光嫩肤液的开瓶使用期限。

三、驳回上诉人关于要求乐金公司、苏宁中心在与其购买的海皙蓝 O^2 时光嫩肤液同样产品上标注开瓶使用期限的诉讼请求。

四、二审案件受理费共 1 000 元，由上诉人×××负担 200 元，被上诉人乐金公司、苏宁中心各负担 400 元。

本判决为终审判决。

闭庭。当事人在闭庭后五日内至本院阅读笔录并签字。

书记员：全体起立。

（在主审法官退出法庭后，当事人及旁听人员退出法庭。）

资料来源：改编自 http://bbs. nau. edu. cn.

五、控辩案例

[例文 4-16]

西安宝马彩票案

一、西安宝马彩票案背景

2004 年 3 月 23 日，西安小伙刘亮摸中了一等奖宝马轿车，当天他戴上了大红花进行全城展示。然而随后事情发生了转变，主办方声称刘亮的彩票是假的。3 月 25 日刘亮爬上高高的广告牌讨要自己的宝马，由此拉开了宝马彩票案的序幕。

经查，西安宝马彩票案是由彩票经销商杨永明发起，原本一等奖都已经内定了，没想到刘亮的运气太好了，居然误打误撞摸中了宝马大奖。

最后，陕西体彩中心主任、副主任一起落马，经销商杨永明锒铛入狱，全程公证的公证员也被绳之以法。

二、西安宝马彩票案控辩过程

2004年11月12日，引起全国关注的“西安3·25宝马彩票案”在西安中级人民法院公开开庭审理，全国30多家新闻媒体的50多名记者聚焦杨永明等6名被告，500多人前来旁听此案，庭审从9:00一直持续到19:20。经过10个小时的庭审，未当庭宣判。

庭审中，杨永明、孙承贵、王长利、岳斌、刘晓莉、白勤生6名被告被指控均涉嫌诈骗罪，杨永明还被指控涉嫌行贿，先后20次给8名体彩机构人员行贿共计43.16万元。庭审中，杨永明对起诉书中所指控自己的犯罪事实基本无异议，并进行了自我辩护。6名被告人的12名律师对检察机关指控各被告犯诈骗罪的罪名均提出了异议。

庭审中，西安市人民检察院的检控官和被告人的辩护律师展开了3个多小时的精彩辩论，双方就多个焦点进行了针锋相对的交锋。

■ 焦点一：杨永明是否构成诈骗罪？

在庭审辩论中，最激烈的问题就是关于杨永明等人的行为是否构成诈骗罪。公诉方与辩护方意见分歧极大，辩护方提出杨永明不构成诈骗罪，而构成非法经营罪的观点。

控方：根据各被告人的讯问笔录，公安机关和检察机关的调查取证，所指控杨永明等6名被告人涉嫌诈骗罪的事实根据和法律依据确实、充分，各证据经庭审质证具备完整性、严密性和排他性，故罪名应该成立。

辩方：辩方律师认为杨永明与体彩中心签订的合同属于民事行为，在此之前签订的合同应该认定为无效，而且诈骗罪的构成要件对于杨永明销售彩票这种特殊行业来讲并不完全适用，应该考虑是否适用诈骗罪。

■ 焦点二：杨永明是自首还是有罪供述？

控方：警方于4月24日下午5时将杨永明控制，但杨永明一直拒不交代其犯罪事实。直到当晚11时刘晓莉交代其犯罪事实后，警方据此突击审查杨永明，杨在次日凌晨2时交代了其作案事实，因此杨永明在西安宝马案中不存在自首情节。

辩方：4月24日，杨永明被公安机关传讯，由于杨永明始终未与刘晓莉直接接触，刘晓莉交代情况并未触及被告人杨永明及西安宝马彩票案实质，因此当时在公安机关尚未掌握内幕的情况下，杨永明主动交代了西安宝马彩票案的所有作假过程，应该视为自首情节。

■ 焦点三：杨永明是否构成非法经营罪？

控方：杨永明等人有主观上的故意，并且有诈骗的手段，侵害的客体是中奖彩民应得的利益，各项证据及犯罪要件均可指向6名被告涉嫌诈骗罪。

辩方：由于彩票行业尚未规范，并且存在各种违规操作，虽然不能构成诈骗罪的要件，但杨永明等被告确实有违法行为。依据特殊行业的销售行为，利用行业优势违法是一种新类型的犯罪，虽然法律没有相适应的规定，但其行为应适用于非法经营罪有关规定。

■ 焦点四：辩方四疑点提问公诉人

1. 刘晓莉、王长利事实上并没有领取奖品，但起诉书没有明确表示。

2. 诈骗的数额还有待进一步认定，审判法官应适当考虑其所涉嫌的诈骗金额中有杨永明支付了23万元回收的作假彩票，以及销售活动的先期投入。

3. 公诉人庭审中提供的刘晓莉4月24日的交代材料表明，当天23时刘晓莉坦白其参与西安宝马彩票案的犯罪事实，但先前公安新城分局提供的笔录却表明刘晓莉当天21时已经供述结束，这明显前后矛盾。

4. 被告杨永明在没有被执行强制措施的情况下，4月24日在公安机关传讯后，主动交代了西安宝马彩票案的犯罪事实，同时审讯笔录中也表明没有任何不交代事实的情况，但公诉人却称公安机关在了解案情的情况下，通过突击审讯查明了案情。

■ 焦点五：孙承贵是否属于主犯

在西安宝马彩票案中，公诉方提出杨永明系该案主犯的说法得到辩护方的认可，但公诉方同时认为孙承贵也系主犯的说法在法庭上引发激烈辩论。

公诉方认为，在陕北和西安的彩票欺诈活动中，孙承贵曾主动寻找“托儿”，并试图在欺诈活动牟利后分红，情节严重，当属主犯。但辩护律师认为孙承贵自始至终都属从属地位，当为从犯。

16:10，法庭进入被告人自我辩护阶段。

杨永明：“孙承贵帮我造假。”

杨永明拿着话筒，一口气为自己辩护了10分钟。

“检察官刚才对我主动交代延安、榆林地区体彩发行作假及行贿事实，认定有自首情节，我特感谢！我觉得，西安宝马彩票案的发生也应该认定我有自首情节，我当天主动交代了自己的犯罪事实。对宝马案的发生，我的确感到很抱歉！因为宝马案的发生，大大影响了政府的公信力。说真的，当时，我就想找机会说出来，可那时没有合适的机会。公安机关也一直友好地对我进行讯问，我也如实供述了自己的犯罪事实。后来随着宝马案的查清，整个事件真相大白后，我内心感到很轻松，我应该还事实一个真相。现在，事情已经发生了，我不想给政府再添麻烦……”

“我从事彩票发行已很多年了，在西安市的口碑也一直很不错，上上下下、里里外外都有些影响。18岁我就开始出来做生意，我现在还清楚地记得，我的父亲在我小时候就告诉我：人一定要讲诚信，要诚信交友，诚信得财。在2003年前，我从来没有做过违法之事。”

（眼圈红红地）“刚才，我听到检察官指控我‘胆大妄为、肆无忌惮’时，我真的感到很内疚。宝马案在全国产生了这么大的影响，涉案金额也是这么多。我知道，当时虽有客观原因，但也有我的主观愿望，我开始就是想要拥有一辆宝马。”

（停顿片刻后，杨永明继续说）“通过宝马案，我也想说，体彩监管机构的不完善也使我有了可乘之机，加上当时体彩市场不景气，这些都是我犯案的原因之一。我还是想对我犯罪背景进行强调，作为我的本意，我一个人不会想着去要那么多车，不会肆无忌惮地去作假。其实，从延安、榆林把车往西安拉时，我特别心慌，当时心想：如果有谁把这些车拉走，把我以前所做的一切事一笔勾销的话，我都愿意！当时真的不想再干违法的事！”

“如果没有孙承贵的帮忙，包括西安宝马案，我都不可能一个人去作假。当时，我的心情也是乱七八糟的，加上一个合伙人要退出，如果没有孙承贵的助长，我也不会去冒这么大的险……”

16:20，杨永明在结束自己的辩护时，对法庭提出了请求：“我希望法庭对西安宝马案能认定我有自首情节，这是我唯一的请求……”

孙承贵：“我只是帮杨永明炒作市场。”

10:55，孙承贵被押进法庭。

据孙承贵说，西安宝马案前，杨永明只跟他说让找几个人来炒作市场，至于如何确保特等奖被自己人抽奖，都是由杨永明来具体负责的，大奖的编号也是杨提前告诉他的。兑奖时，他们手上持有两个中奖人名单，一个上面打着钩，一个上面没有钩，自己的人上来抽奖时，让他们拿未打钩的抽奖。同时，孙称，他只是受杨永明的雇用，挣劳务费而已。

同时，王长利、岳斌、刘晓莉、白勤生均称，自己是孙承贵、杨永明直接或间接地找来的，帮助上台领下奖就行。事成之后，几人不同程度地得到了一定的报酬。

资料来源：改编自 http://www.stuln.com.

拓展练习

请根据下面的内容，拟写起诉状、答辩状、判决书，进行模拟庭审。

1. 案件背景

2009年4月，小谢、小周、小唐顺利通过了佛山市公务员考试笔试和面试，三人表示他们的笔试和面试成绩都在前两名。其中，小谢报考的是南海区经济贸易局，小周报考的是顺德区检察院，小唐报考的是顺德区法院。

后来，各考生在体检中被安排进行了一项基因分析检测，其中多名考生被认定为地中海贫血症基因携带者，经复检后仍为不合格，从而失去了被录用为公务员的机会，这其中包括小谢等三人。

2. 案件经过

2009年12月29日，三名考生一纸诉状将佛山市人力资源和社会保障局（以下简称人保局）告上法庭。三人称，人保局在考生血常规五项必检项目都合格的情况下，以其非必检项目平均红细胞体积的检查数值偏小为由要求其进行地中海贫血症基因检测，该操作不仅违反相关规定，而且侵犯了考生的基因隐私。三名考生请求法院责令该局认定他们体检合格，并按程序对其进行考察录用。

人保局随后正式就“基因歧视第一案”提交了书面答辩状。

首先，人保局在答辩状中指出，三名考生对公务员录用体检医疗机构依法作出的体检不合格的结论不服。《公务员录用体检操作手册（试行）》（以下简称《体检手册》）只是规定了对体检结论不服的只能申请复检一次，并没有规定对体检结论不服的可以申请复议或提起行政诉讼。

此外，《中华人民共和国公务员法》和《公务员录用规定》等相关法律法规中，均没有明确规定公务员报考者对公务员招录机关在公务员录用过程中的行为有不服的可申请行政复议或向人民法院提起诉讼的规定。因此，三位考生的起诉不符合规定。

其次，人保局表示，小谢等在一审庭审中，对他们患有地中海贫血症的事实也无异议。三位考生明确承认他们是地中海贫血症患者，因此无论用何种方法或者不用某种方法对其进行体检，均不能也不会改变他们是地中海贫血症患者的事实。

基于此，人保局根据相关规定，决定三人不能进入考察录用环节的行为是合法的，因此，三位考生要求法院判决人保局作出让三人进入考察录用程序的决定，也是缺乏事实和法律依据的。

2010 年 2 月 2 日，广东佛山市禅城区人民法院对案件首次公开开庭审理。2010 年 6 月 3 日下午 2 时 20 分，法院对案件进行公开宣判。

法院认为，《公务员录用规定》和《公务员录用体检操作手册（试行）》属于在全国公务员招录体检中均适用的现行有效的国务院部委规章，该规章对于患有血液病是否合格的规定清楚、明确。无论该规章有无考虑广东地区的实际情况，是否具备不合理性，在没有新的规定出台前，均应参照执行。因此，被告指定的体检机构认定原告体检结果属血液病、体检不合格，符合上述规章的规定。

禅城区人民法院一审宣判三名考生败诉。有一名考生明确表示要上诉。

资料来源：http://www.gjgwy.org/2010/0604/9045.html.

反思与成长

1. 2010年，杭州市江干区警方抓获一个高学历的盗窃团伙，4人都是大学生。不到一年的时间里，他们在上海、杭州、绍兴、嘉兴和湖州的16所高校，盗窃30多次。其中，大学毕业在杭工作的犯罪嫌疑人陈某的作案理由竟然是“我有工作，入伙偷窃是给同学面子”。

同年，从事淫秽网站网络管理工作的两名主管和3名版主被北京石景山法院以传播淫秽物品罪判刑。5人中，两人为大学文化程度，1人为海归硕士，犯罪目的是“可以看更多淫秽图片和视频”……

36岁的云南籍男子吴某因涉嫌贩卖毒品被桐乡市公安局依法刑事拘留。谁知其貌不扬的吴某居然是一所国内知名的政法大学高材生，以身试法的理由是：视力不好，找不到工作。

对呈逐年上升趋势的高学历人员犯罪，有关专家概括为：文化水平高，法律素质低。

曾有一位李姓工程师，本是名牌大学高材生，后因诈骗、盗窃、越狱等多项犯罪事实被判死刑，在死刑执行前不久因一项重要发明改判死缓，若干年后，他还运用自己的技术改造了监狱的防卫系统，最终刑满释放，重获自由。

思考：你是怎么看待专业技术人员犯罪这一现象的？

引导：

古语道：“不以规矩不能成方圆”。专业人才应该德才兼备。所谓德指遵守社会公序良俗、遵守行业规范、遵守国家法律。

项 目 五

职业发展与语言沟通

项目提要

写毕业论文或做毕业设计一直被当作某一个学习阶段结束的标志，其实，更积极的看法是，把它看成你的职业发展的起点，在这一过程中，你学会在专业领域综合运用所学知识解决实际问题。

这是一个多元化的时代，毕业之后，你或许准备考公务员，或许准备自己创业，或许在兢兢业业地工作一段时间后，想要参加单位的竞聘，寻找新的事业平台。不管你的选择是什么，在职业发展的过程中，语言沟通都是非常重要的。

项目框架

情景模拟

学习内容	模拟项目	主要知识点
完成毕业前的最后考核	模拟毕业论文写作及毕业答辩	撰写毕业论文的三个阶段 一般学术论文的格式 毕业论文、毕业设计报告的格式 毕业答辩的程序
应对公务员考试	应对申论考试及模拟面试过程	申论考试的内容和形式 申论应试步骤和技巧 公务员面试的内容和应对步骤
做好创业计划	模拟拟订创业计划书并口头陈述	创业计划书的拟订步骤和格式 创业计划书现场展示要点
抓住竞聘机会	模拟竞聘过程	竞聘流程 竞聘演讲的特点和内容 竞聘答辩的基本原则和技巧

知识结构图

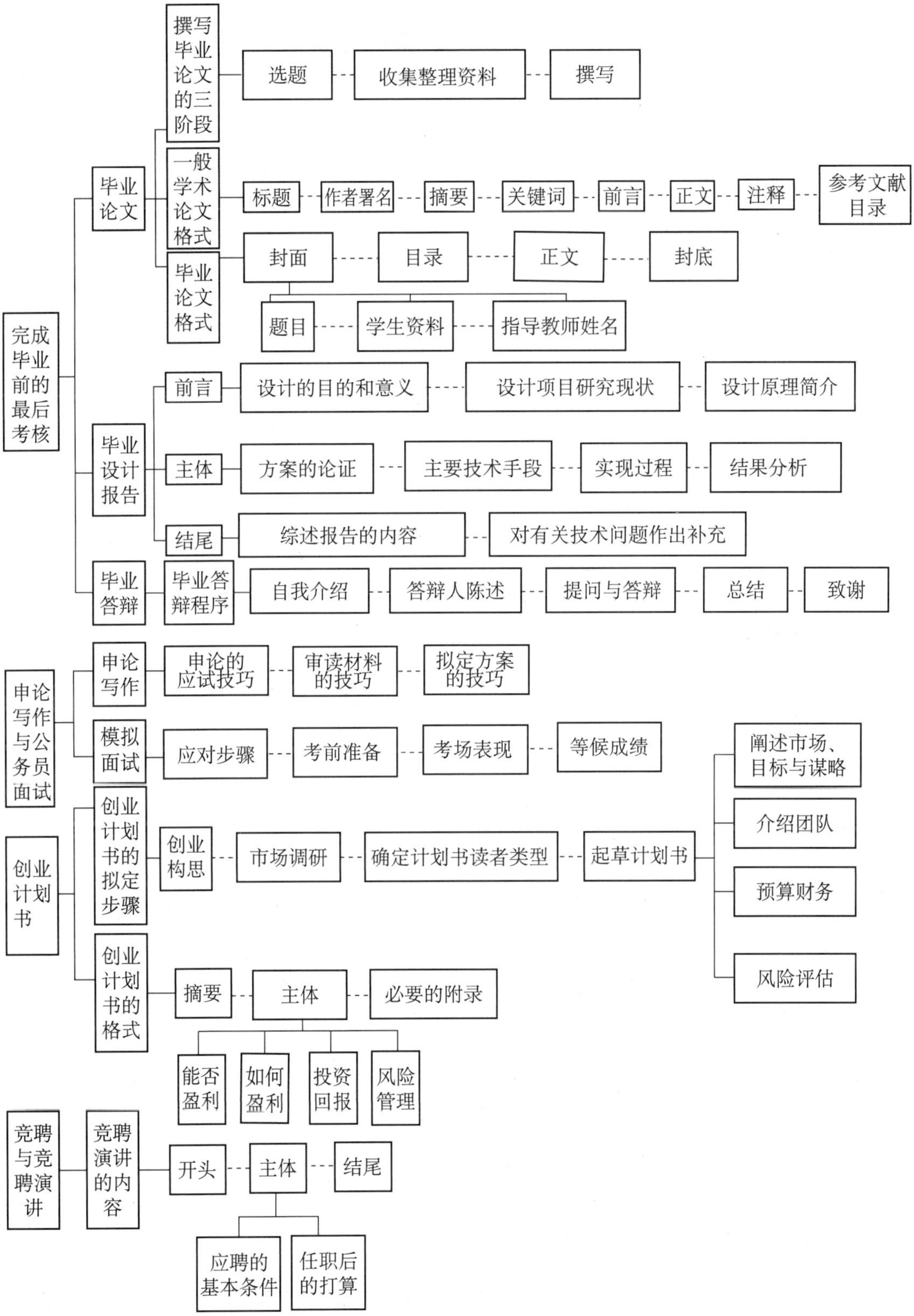
完成毕业前的最后考核
毕业论文
撰写毕业论文的三阶段
选题
收集整理资料
撰写
一般学术论文格式
标题
作者署名
摘要
关键词
前言
正文
注释
参考文献目录
毕业论文格式
封面
目录
正文
封底
题目
学生资料
指导教师姓名
毕业设计报告
前言
设计的目的和意义
设计项目研究现状
设计原理简介
主体
方案的论证
主要技术手段
实现过程
结果分析
结尾
综述报告的内容
对有关技术问题作出补充
毕业答辩
毕业答辩程序
自我介绍
答辩人陈述
提问与答辩
总结
致谢
申论写作与公务员面试
申论写作
申论的应试技巧
审读材料的技巧
拟定方案的技巧
模拟面试
应对步骤
考前准备
考场表现
等候成绩
创业计划书
创业计划书的拟定步骤
创业构思
市场调研
确定计划书读者类型
起草计划书
阐述市场、目标与谋略
介绍团队
预算财务
风险评估
创业计划书的格式
摘要
主体
必要的附录
能否盈利
如何盈利
投资回报
风险管理
竞聘与竞聘演讲
竞聘演讲的内容
开头
主体
结尾
应聘的基本条件
任职后的打算

任务一　完成毕业前的最后考核

学习目标

1. 掌握撰写毕业论文的三个阶段。
2. 掌握一般学术论文的格式。
3. 掌握毕业论文、毕业设计报告的格式。
4. 了解毕业答辩的程序。

任务导入

以小组为单位，每组写一篇关于本专业就业情况研究的论文，并模拟论文答辩过程。

思考：

1. 哪些渠道可以给我们提供可靠的相关信息?
2. 讨论进行论文答辩的意义。
3. 结合前面应聘面试的经验，合理设计答辩流程和考官问题，考虑答辩方要注意哪些问题。

执行流程

任务分工及实训步骤与要求	
沟通情境的描述与理解	教师：介绍毕业论文/毕业设计报告的写作目的及学校相关流程要求，引导学生理解本次任务研究的课题范围。 学生：小组讨论确定本次任务，小组成员有序分工合作。
任务执行	学生：完成收集整理资料、撰写、提交论文等工作，做好答辩准备。 教师：批改学生论文，选择有代表性论文准备答辩问题。
现场展示及评估	学生：现场模拟论文答辩。 教师：现场模拟论文答辩提问，针对学生作业及现场表现，强化知识点。

情境一　撰写毕业论文/毕业设计报告

情境描述

本专业的就业趋势和发展前景是每位同学都非常关心的，我们将以小组为单位，分工合作，对此进行深入研究，撰写关于本专业就业情况的论文。

基本知识

一、毕业论文的定义和考查内容

学术论文是研究、探讨、总结自然科学和社会科学领域的理论问题的应用文，是我们进行科研、表述科研成果的必要工具。毕业论文是学术论文的一种，是学生完成高等教育阶段学业的最后一个环节，目的在于总结专业理论的学习成果，培养综合运用所学知识解决实际问题的能力。

毕业论文的考查内容主要集中在以下两点：

（一）综合考查已学知识的应用能力

（1）考查运用已学专业知识分析问题、解决问题的能力；

（2）考查查询专业资料（中外文资料）的能力；

（3）考查运用计算机分析和处理数据的能力；

（4）考查语言（中外文）的表达能力和文章的撰写能力。

（二）考查学生以科学态度和方法工作的素质

要求详细阐述课题研究过程，体现出该课题的科研方法。

二、撰写毕业论文的三个阶段

与一般学术论文相同，毕业论文的撰写分为以下三个阶段。

（一）选题

论题的选择是学术论文写作中非常重要甚至是最关键的一步。论题选择的好坏直接关系到学术论文的水平和价值。因此，毕业论文的选题要遵循课题价值与自身研究条件相结合的选择原则。

（1）选择论题时，要充分考虑自身专长或选择自己特别感兴趣的领域。这样，你在研究过程中才会坚持不懈，积极主动，才能取得更好的成果，最终完成高质量的论文。

（2）要关注选题本身的价值、意义。通常学术论文有三种类型：第一种是进行某领域的开创性研究，第二种是在前人研究的基础上拓展延伸，第三种是综合梳理此领域的研究现状。无论是哪种类型的论文，论题都必须具备理论意义和现实意义，如国民生产中有待解决的问题等。在毕业论文的撰写过程中，同样要遵守以上原则。

（3）要结合毕业论文的时间背景和容量要求，考虑自身研究水平的限制。应选择范围适当的论题，不宜贪大求广。例如：“论中国当代秘书实务”就过于庞大，明显不是一篇大学阶段毕业论文可以容纳的内容，而“小型企业秘书日常协调职能探讨”就比较合适。

（二）收集整理资料

收集整理资料是撰写毕业论文时非常重要的前期工作。

首先，占有大量的资料，掌握本学科的研究现状，以便更好地确定选题的方向。

其次，学术研究必须在大量占有材料的基础上，运用科学方法分析材料并得出结论。

学术研究的资料分为一手资料和二手资料两种。一手资料可通过实地调查的方式获得，调查方法多种多样，常见的有观察法、实验法、访谈法、问卷调查法等。二手资料可通过在图书馆、档案馆等机构查阅书籍、报刊、文献，也可以通过上网查询等多种方式获得。二手资料也是对客观现实的反映，对研究有非常重要的意义。

因为毕业论文写作期限短、时间紧，所以要及早收集资料。在这个过程中，同学们也能尽早了解专业动态、自己的专业兴趣及职业发展方向。

(三) 撰写

在大学阶段，大部分同学还是比较缺乏撰写学术论文的经验的。撰写学术论文时，有两种不同的程序：一种是根据选题，拟订写作提纲，收集研究资料，然后写作；另一种是根据选题，收集占有资料，分析资料，拟订写作提纲，然后写作。后一种更适合缺乏经验的同学们在撰写毕业论文时使用。

三、论文格式

(一) 一般学术论文的格式

根据国家标准《科学技术报告、学位论文和学术论文的编写格式》（GB 7713—87）的要求，学术论文应当由标题、作者署名、摘要、关键词、前言、正文、注释、参考文献等部分构成。

1. 标题

标题又称题目，通常是对学术研究过程或成果的直接阐述，是论文内容的高度概括，要求确切、鲜明、生动。

2. 作者署名

作者署名是作者对研究成果拥有著作权和具有责任感的体现。

3. 摘要

摘要又称提要，是以提供文献内容梗概为目的，不加评论和补充解释，简明、确切地记述文献重要内容的短文，主要起报道和检索作用。一般为200～300字，适当概括论文主要内容。

4. 关键词

关键词又称主题词，其目的是为文献检索提供方便。学术论文主题词为3～8个，用于反映论文观点或主要内容。以显著的字符另起一行，排在内容摘要的左下方。

5. 前言

前言又称引言、绪论等。前言包括研究背景、研究目的、研究范围、研究方法、主要观点及成果、评价意义等方面的内容。

6. 正文

正文又称本论，是论文的核心部分。这一部分直接表述科研成果。其结构根据需要有不同形式，常见的有并列式、递进式、过程式和综合式。

7. 注释

注释是对正文某些问题的进一步解释或补充说明，分为脚注和尾注。脚注位于该页的页脚，尾注位于文章正文内容的后面。

8. 参考文献

参考文献是作者撰写论文时所参考的文献书目，一般集中列于文末。其作用是表示对他人成果的尊重；便于读者研究和查找文献资料；反映作者对本课题的历史和现状的了解程度，使读者相信论文水平，增加资料可信度。

（二）毕业论文的格式

毕业论文的正文格式与一般学术论文类似，不同的是，毕业论文必须加上封面。一篇标准的毕业论文格式如图 5－1 所示。

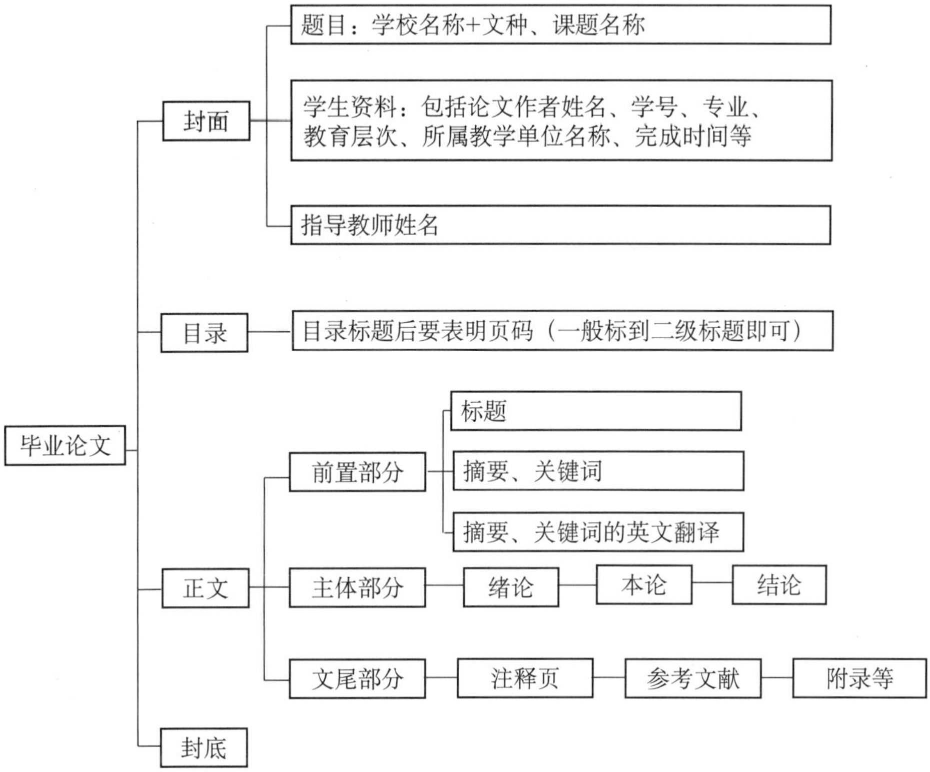

图 5－1　毕业论文的格式

四、毕业设计报告的定义和格式

（一）毕业设计和毕业设计报告的定义

毕业设计是在教学过程的最后阶段采用的一种总结性的实践教学环节。在这个环节中，学生有计划、有组织地在教师的指导下，学会独立地综合运用所学知识解决生产实际问题，并在这一过程中逐步提高分析问题和解决问题的能力。

毕业设计报告，又叫工科毕业设计说明书，是理工科专业学生综合运用所学知识对其毕业设计进行解释和说明的科技文书。

（二）毕业设计报告的格式

毕业设计报告的格式与毕业论文类似，只是正文主体部分内容不同，毕业设计报告的正文主体重在描述设计的全过程，包括方案的论证、主要技术手段、实现过程和结果分析等。毕业设计报告的正文结构大致如图 5－2 所示。其余部分请参考毕业论文的格式（见图 5－1）。

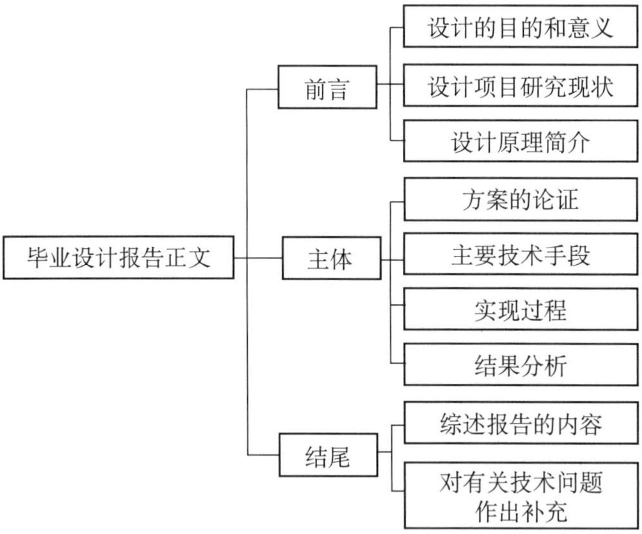

图5-2　毕业设计报告的正文结构

情境二　模拟毕业答辩

情境描述

各组都提交了精心撰写的论文，本情境我们将分角色模拟答辩过程，对答辩同学的表现进行打分，并就最终结果进行说明及讨论。

基本知识

一、毕业答辩的目的

（1）鉴别毕业论文的真伪。答辩是学生毕业前的最后一次考核，其首要目的是要考查学生毕业论文的真伪性。

（2）评价毕业论文的质量。毕业答辩有一套评分标准，包括对基本理论/基本技能/专业知识的综合运用、创造性的研究方法和研究成果、学术水平和实际意义、表达分析的条理性和准确性、毕业论文中存在的不足与问题、工作能力和态度、工作量等进行评估。答辩小组成员将根据学生的具体情况评分，评价其是否达到基本要求，有无突出表现。

（3）考察学生的临场发挥能力、语言表达能力、思维活跃能力。学生自述与回答问题时，应该沉着冷静、口齿清晰、论述充分有利、思维清晰、符合逻辑。对答辩教师的提问，应该仔细倾听、抓住中心、快速思考、正确作答。

二、毕业答辩的问题

答辩教师提出的问题要具有一定的方向性，这些问题主要分为鉴别论文的真实性、识别知识的掌握程度、判断论文的研究深度三类。同时，要把握一定的原则，注意问题的难易程度和范围，题目的数量一般在3个左右。常见问题的分类如下：

（1）辨别论文真伪，检查是否为答辩人独立撰写的问题；
（2）测试答辩人掌握知识的深度和广度的问题；
（3）论文中没有叙述清楚，但对于本课题而言尤为重要的问题；
（4）关于论文中出现的错误观点的问题；
（5）课题有关背景和发展现状的问题；
（6）课题的前景和发展问题；
（7）关于论文中独特的创新观点的问题；
（8）与课题相关的基本理论和基础知识的问题；
（9）与课题相关的扩展性问题。

三、毕业答辩的程序

（一）自我介绍

自我介绍是毕业答辩的开场白，要求学生介绍姓名、学号、专业等。介绍时要举止大方、态度从容、面带微笑，礼貌得体地介绍自己，争取给答辩小组留下一个良好的印象。

（二）答辩人自我陈述

自我介绍只是答辩的开始，接下来的自我陈述才步入正轨。自我陈述的主要内容包括：

（1）论文题目。向答辩小组报告论文的题目，标志着答辩的正式开始。

（2）简要介绍课题背景、选择此课题的原因及课题研究现状。

（3）详细描述有关课题的具体内容，其中包括答辩人所持的观点看法、研究过程、实验数据、结果。

（4）重点讲述答辩人在此课题中的研究模块、承担的具体工作、解决方案、研究结果。

（5）侧重创新的部分。这部分是重中之重，也是答辩教师比较感兴趣的地方。

（6）结论、价值和展望。对研究结果进行分析，得出结论，阐述新成果的理论价值、实用价值和经济价值，以及展望本课题的发展前景。

（7）自我评价。答辩人对自己的研究工作进行评价，要求客观、实事求是、态度谦和。自我评价的具体内容包括：通过撰写毕业论文，专业技能上的提高、取得的进步，研究的局限性、不足之处以及心得体会。

（三）提问与答辩

答辩教师的提问安排在答辩人自我陈述之后，这是答辩中相对灵活的环节，有问有答，是一个相互交流的过程。一般采用由浅入深的顺序提问，采取答辩人当场作答的方式。

答辩教师提问的重点放在论文的核心部分，通常会让答辩人对关键问题作详细、展开性的论述，深入阐明观点。答辩教师也会让答辩人进一步解释自我陈述中未讲明白的地方、论文中没有提到的地方，以及论文或答辩陈述中明显的错误。如果遇到这种状况，不要紧张，应保持镇定，认真考虑后再作答。

答辩人要仔细聆听答辩教师的问题，然后经过缜密的思考，组织好语言。回答问题时要求条理清晰、符合逻辑、完整全面、重点突出。如果没有听清楚问题，可以请答辩教师重复一遍，态度要诚恳，有礼貌。当有问题确实不会回答时，可以请答辩教师给予提示。答辩教师会改变提问策略，采用启发式的、引导式的问题，降低问题难度。当出现可能有争议的观点时，答辩人可以与答辩教师展开讨论，但要特别注意礼貌、态度要谦虚。

（四）总结

上述程序一一完毕，代表答辩也即将结束。答辩人最后纵观答辩全过程，做总结陈述，其中包括：毕业设计和论文写作的体会，以及参加答辩的收获。答辩教师也会对答辩人的表现做出点评，包括成绩、不足、建议。

（五）致谢

答辩人感谢在毕业论文的写作方面给予帮助的人们，并且要礼貌地感谢答辩教师。

四、做好毕业答辩准备

（一）毕业答辩前需准备的资料

毕业答辩不同于一般的口试，准备工作必须是全方位的。论文底稿、答辩提纲和参考资料这三种资料的准备工作尤为重要。

答辩人应保留论文底稿，答辩之前要熟读其内容。无论是答辩中的自我陈述，还是答辩教师的提问都是以论文内容作为依据，因此，答辩人必须牢记论文中的重点内容。同时，答辩人应收集与论文相关的参考资料，分类整理，做好索引以便查找。答辩提纲作为毕业答辩中必不可少的物质资料，直接影响答辩的质量。答辩提纲是对论文底稿和参考资料的融合与提炼。从表面上看，与论文相比，答辩提纲的篇幅相对较小，但其内容和信息量是论文底稿与参考资料的总和。

（二）拟订答辩提纲

答辩提纲有助于厘清答辩的思路，帮助答辩人组织语言。答辩提纲主要涵盖以下要点：所研究课题的背景和研究该课题的主要意义、研究该课题的关键、独立解决问题的创新方法、研究依据和研究结果。答辩提纲的内容包括：

1. 论文主要内容

列出对这一问题的基本观点、看法，提供的主要论据、结论，理论价值和实际应用的意义。从论文本身出发，整理此篇论文所涉及的核心内容。这些内容是答辩提纲的重要组成部分。

2. 所研究课题的背景及有关材料

充分掌握课题的研究背景、现状和由来，有助于在答辩中回答老师的提问。

3. 参考资料

要尽可能全面和准确地收集所研究课题的参考资料。

4. 论文作者在该课题中的工作

复杂的研究课题需要多人的合作，每位学生承担的工作重点有所不同，毕业设计要求每位学生必须独立完成相应模块。答辩人要重点陈述自己独立工作完成的部分，这是评价论文难易程度的主要依据。同时，答辩人对课题的整体研究状况要了解清楚，对其他合作者研究的部分也要简单知道。

5. 论文的局限性

对论文的不足之处要谦虚地提出来。

6. 新成果的评价与展望

如何将新成果推广到实际生活中，取得较好的经济效益，这是答辩人要思考和研究的问题之一。

答辩提纲拟订完成之后，要经过反复阅读、修改，才能最终定稿。接下来要进行试讲，试讲的时间应与实际答辩的自述时间相同，以各学校的规定为准。

（三）辅助准备

视觉图像往往会让人有更加深刻的认知，答辩人可以选择图、表、照片、幻灯片等作为辅助答辩的物质材料。

任务小结

对学生来说，撰写毕业论文或毕业设计报告是我们的专业知识体系完成从书本知识向实践知识、从零散孤立的知识向系统知识转化的第一步。这是非常难得的学习机会，我们不仅要把它看作一个学习阶段的结束，而且要更积极地将其视为我们在专业领域内职业生涯的开始。

例文简评

[例文 5－1]

论张家界市旅游业的可持续发展

×××

摘要：旅游是张家界立市之本。自开发旅游以来，该市已打下了相当好的基础，旅游业的支柱地位已初见端倪。本文针对张家界旅游业发展现状，探讨了该市旅游业可持续发展的基本策略。

关键词：旅游业；可持续发展；张家界市

张家界市以旅游建市、兴市。1988 年设市至今，该市大力发展旅游业，已经打下了相当好的基础。1999 年全市接待国内外游客……12 年来，累计接待游客……已显示出旅游在经济发展中的巨大作用，体现出旅游带动战略的巨大效应，旅游业的支柱地位已初见端倪。作为一个初具规模的旅游城市，张家界的经济建设已经步入了“第二次创业”的快车道。要“把张家界建设成为国内外知名的旅游胜地”，加快经济建设步伐，以旅游为龙头，促进其持续发展，是张家界的必然选择。

1. 张家界旅游业持续发展障碍因素

1.1　发展旅游经济观念模糊

张家界建市的目的就是发展旅游经济。目前，张家界市全民办旅游的气氛还不浓，合力还不够，思想观念还没有完全统一，许多政策和管理措施还不到位，旅游规划不严谨，旅游投入不足，旅游企业体制不完善。所存在的最大问题是“三个不适应”，即世界级的风景与相对落后的基础设施不适应、世界级的风景区与相对落后的管理不适应、飞速发展的旅游经济与相对落后的市民素质不适应。

1.2 旅游行业管理不规范，服务质量差

（略）

1.3 旅游产品单一，旅游文化品位不高

（略）

1.4 旅游环境容量有限

（略）

1.5 旅游环境破坏严重

（略）

2. 张家界市旅游业持续发展策略

2.1 强化旅游规范开发，制定旅游产业总体规划

（略）

2.2 强化旅游管理体制改革，建立完善的旅游管理新机制

（略）

2.3 加快旅游法制化建设，提高旅游管理水平

（略）

2.4 强化旅游资源保护意识，确保旅游业持续发展

（略）

2.5 强化人文旅游资源开发，增加旅游文化内涵

（略）

2.6 强化旅游西线开发，培养新的经济增长点

（略）

2.7 强化旅游投入力度，加快旅游基础设施建设

（略）

参考文献：

[1] 徐飞雄．湖南旅游业［M］．长沙：湖南地图出版社，1999.

[2] ……

[3] ……

资料来源：http://61.183.207.201/qygl/main.asp?channelid=230.

［简评］

该毕业论文主要探讨了张家界旅游业面临的众多问题，及其保持可持续发展的基本策略。该论文具有一定的学术价值，对整个旅游业的发展具有借鉴意义。论文题目新颖，具有时代感。第一部分剖析了张家界市旅游业目前面临的一系列的问题。第二部分针对目前的严峻现状，从7个方面详细阐述了张家界市旅游业持续发展的策略。

拓展练习

请使用本任务中学到的技能，利用课余时间在本专业领域进行力所能及的研究。

任务二　应对公务员考试

学习目标

1. 了解申论考试的内容、形式和应试步骤。
2. 掌握申论的应试技巧。
3. 熟悉公务员面试的内容和应对步骤。

任务导入

就给定材料写一篇申论并模拟公务员面试场景。

思考：

1. 申论写作与以往学过的一般议论文写作有什么不同？
2. 思考并分析公务员面试与前面提到的求职面试的异同。

执行流程

任务分工及实训步骤与要求	
沟通情境的描述与理解	教师：结合案例，引导学生思考申论考试的考查目的、考查方向。 学生：理解书本的相关知识，思考相关案例的写作思路。
任务执行	学生：收集课堂讨论案例的相关资料，写作申论作文。 教师：设计相关案例的面试问卷。
现场展示及评估	学生：现场模拟参加面试，讨论总结面试经验。 教师：结合学生现场模拟的表现，点评学生作业，启发学生思考公务员面试与求职面试的异同。

情境一　申论写作

情境描述

申论写作是公务员考试的重要内容，也是很多同学感到头疼的地方，那么，怎样才能写好申论考试文章呢？

基本知识

一、了解申论考试

（一）申论的定义

从字面来理解，“申”为引申、申述，“论”为议论、论证，“申论”则指针对特定话题提出自己的观点，并展开论述。申论是针对某一问题申辩、分析、阐述。从 2000 年开始，申论正式成为国家机关公务员录用考试的一门基本科目，旨在对考生的阅读能力、写作能力和分析、解决实际问题的能力进行综合考查。

（二）申论考试的内容和形式

从历年试题来看，申论考试的内容分两部分：第一部分是罗列一堆材料，内容一般是当前时政热点；第二部分是答题要求，一般要求应试者在规定的字数、形式内完成答题。从形式上看，分为概括材料、根据材料反映的问题拟定对策、展开相应论述三部分。

（三）申论的应试步骤

申论的应试步骤如图 5-3 所示。

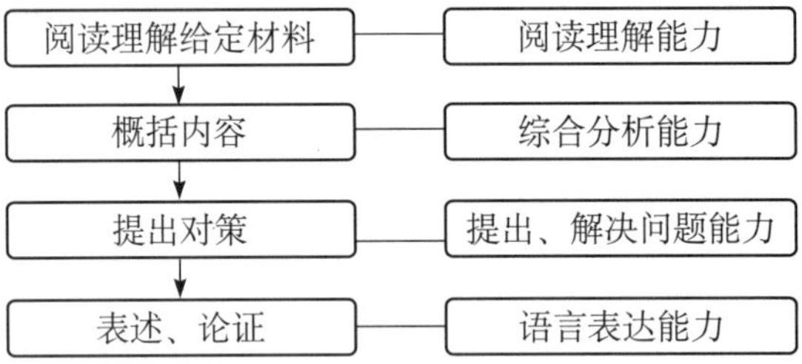

图 5-3　申论应试步骤

二、申论的应试技巧

（一）审读材料的技巧

目前，申论考试提供的材料一般在 4 000 字以上，而且常常是一堆并列材料的简单累积，应试者要想在有限的时间里把握材料背后的本质问题，为后面的答题打好基础，可以采用如图 5-4 所示的方法。

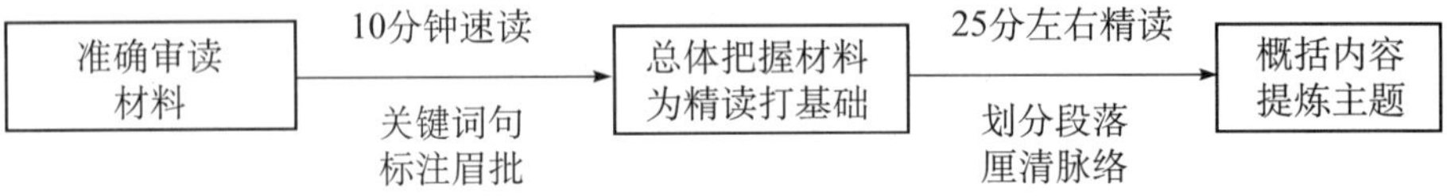

图 5-4　材料审读流程

（二）拟订方案的技巧

拟订方案时应遵循下列步骤有序进行，如图 5-5 所示。

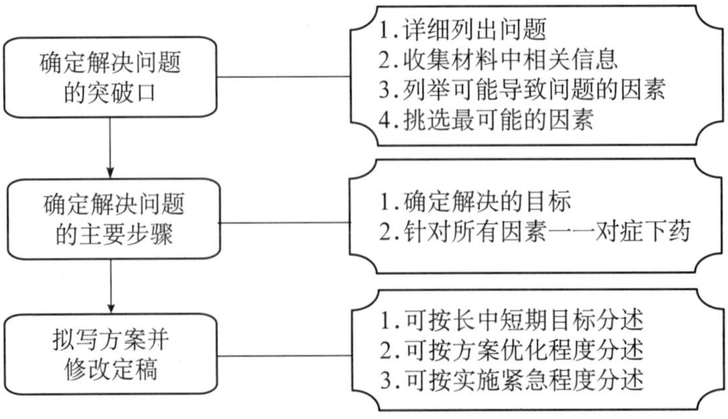

图 5-5　拟订方案流程

情境二　模拟公务员面试

情境描述

假设你通过了笔试，顺利进入了面试。你需要为面试进行积极准备，这将是你成为公务员的道路上决定性的一关。

基本知识

一、公务员面试的内容

公务员面试时，一般考查应试者工作能力、基本素质和求职心态三个方面的情况，具体内容如表 5－1、表 5－2、表 5－3 所示。

表 5－1　工作能力

考查内容	考查方向
应试者的有关背景及过去工作的情况	工作实践经验
应试者专业知识的深度、广度	专业知识
应试者专业知识与职位的吻合度	

表 5－2　基本素质

考查内容	考查方向
表达的逻辑性、准确性、感染力、音质、音色、音量、音调等	口头表达能力
对问题的理解是否准确，回答问题是否迅速，对于突发问题的反应是否机智、敏捷	反应速度、应变能力
能否抓住问题本质，是否做到说理透彻、分析全面	综合分析能力
是否参与社团活动，适应人群、社交场合所扮演的角色	人际交往能力
挫折经历及克服方法	自我控制能力
应试者体型、外貌、衣着、动作举止	仪表风度
业余爱好与兴趣	其他

表 5－3　求职心态

考查内容	考查方向
为何希望来本单位工作，对哪类工作最感兴趣	求职动机
过去学习、工作的态度，对报考职位的态度	工作态度
在工作中有什么追求	进取心

二、公务员面试的应对步骤

（一）考前准备

（1）领取面试通知书，核实面试相关信息。

（2）熟悉考场环境、路线等。

（3）依照面试通知书要求，准备考试用品。

（4）选择面试服装、妆容。

（二）考场表现

进入考场时，要神情自然，动作轻，脚步稳，缓缓关门。

开场白要语音清晰、内容简洁朴实、态度不卑不亢。

倾听问题时，要集中精力，听题完整，弄清题意；思考答案时，要整理好答题要点，注意条理性和辩证性；答题时，要态度沉稳、语速适中、语音洪亮；确定结束前，回顾整理答案，及时补充观点；答题完毕时，用轻快的语调报告考官答题完毕。

（三）等候成绩

面试结束后，根据要求等待面试成绩，密切关注下一步的通知。

任务小结

很多应试者在申论考试中会洋洋洒洒写下一大篇议论文，有的还充满激情，自己感觉很好，但是最后出来的分数却很低。申论考试要求写的文章不同于一般的议论文。它要考查的不仅是应试者的语言理解与表达能力，而且更侧重于考查应试者的分析问题、解决问题的能力，考查应试者的思维方式与处理事情的角度是否与国家行政体制的要求、风格保持一致。因此，进行申论写作时，可以假定自己已经进入公务员行列，从公务员的角度冷静地分析情况，找到关键问题并提出切实可行的解决方案。

参加公务员面试时要注意两点：一是要有自信。不能过度紧张；回答问题时，不能慌慌张张，而要想好了再说；精力要花在分析题目上，不要试图去猜测迎合考官的想法。二是要表现得理智。仪表举止上要给人理智冷静的感觉；阐述答案时要有条有理，清晰具体。

例文简评

一、申论考试真题及范文

[例文5-2]

2020年公务员考试申论真题（地市级）

材料一

上午9点不到，“老马工作室”的门口已经排起了长队。“我们小区消防栓不出水、电梯天天出故障，您可得给评评理。”“啥情况？你们先说，我记一下。”老马笑着掏出随身带着的笔和本，开始了一天的工作。

老马是街道首席调解员，也是全国人大代表，做了30年的调解工作。“老老少少都叫我‘老马’。去年两会上，习近平总书记也亲切地喊我‘老马’，让我又惊又喜！总书记握着我的手说，老马讲得好，接地气，很结合实际。”老马乐道，“总书记还说，基层工作就是上面千条线、下面一根针，必须夯实基层。我们需要千千万万像老马同志这样的基层干部。”

去年，老马接待群众600多人次，有家长里短，有邻里矛盾，也有基层治理中的一些问题。接待群众是门“技术活”，不仅要真诚待人，还得对政策烂熟于心。“当好基层这根

‘绣花针’，状态要投入，本领得过硬，我一天都不敢怠慢。”虽已年过花甲，老马仍每天坚持学习 3 个小时。30 年来，老马成功调解矛盾纠纷 2 000 多起，写了 160 多本、520 多万字的工作笔记。

一天下午，老马接待了一对夫妻，女的一说话就哭起来：“老马，我和他是没法过了。”原来，两人从农村进城打拼多年，生活富裕了，但矛盾也多了。老马一边安抚、一边分析：“为什么穷的时候没有什么矛盾，富了反而矛盾多？说明精神贫穷，有短板。”一个小时的交流后，两人带着笑容离开，与来时相互指责的样子截然不同。“时代不一样了，老百姓生活越来越好，大的矛盾冲突越来越少。基层调解，更多的是要做好思想政治工作，做好情绪疏导和心灵抚慰工作。”老马总结道，“我不一定能帮助所有人解决问题，但我要尽最大努力帮大家都解开心结。所有的矛盾，只要用心去调就有解。调解常常不是说服了群众，而是感动了群众。”

老马这根与时俱进的“针”连得巧、织得密、缝得牢。多年来，老马给自己立下了接待群众的 24 字规矩：起立迎接，请坐倒水，倾听记录，交流引导，解决问题，出门相送。“工作室要成为一个温馨的驿站，群众只要来了，就要努力让大家愁脸进来笑脸出去。”有事没事找老马聊聊的人越来越多，老马总是笑脸相迎。有时，一些群众会问老马：“你是什么职务、什么级别？”“职务和级别都不重要，重要的是——我是你需要的人。”这就是老马的回答。

“我就是想来跟着学、跟着做。”22 岁的小温大学毕业后到社区工作，听完老马的一次宣讲后，坚持来“老马工作室”实习。来老马这学习的可不仅仅只有小温，街道的社区综治干部每年都要来“老马工作室”学习一个月以上。老马培养了不少善做调解工作的“小马”。73 岁的老党员老齐也经常来工作室找老马，他对老马说：“我年纪比你大，但我也是‘小马’，按照你的方法，我成功劝阻了小区里很多不文明行为呢！”在众多“老马”和“小马”的共同努力下，当地的各种矛盾纠纷逐年减少。

“基层干部就是一根绣花针，要把为群众服务视为终身事业。”老马说，“只要群众遇到困难，问谁是老马的时候，我都会毫不犹豫地站出来告诉他：我，就是老马！”

材料二

午后的阳光洒在脸上，桌上的茶壶里冒着热气。乡干部小雷正坐在村民老窦家里，笑谈两人之前在村子搬迁问题上的那段“不打不相识”的趣事。

这事得从 2016 年下半年说起。窦家梁这个大山里的村子，土地贫瘠，生存环境恶劣。这里的村民祖祖辈辈守着自己的一亩三分地，种着经年不变的杂粮和谷子，收成常没有保证。村民们看着山下的蔡村靠着红色旅游把日子过得越来越红火，只有眼馋的份。既然一方水土养不了一方人，县里启动了窦家梁村易地扶贫搬迁工程，每户交一万元，搬到山下与蔡村相邻的统一规划的新村。这时，村里突然流传开一个小道消息：村子地底下发现了铝矿，政府要来开采，所以才让大家搬迁，补偿低不说，新村还没个影，有可能连住的地方都没了。在这个闭塞的传统村落里，这样的“消息”很有市场。

假消息的来源，就是老窦。老窦在外打工几年，不但没挣到钱，身体还落下好些个病，回村后不能再干重活，家里还有三个孩子上学。生活压力的叠加，让他脑子不由得“活泛”起来。在听说村子成为当地第一个整村搬迁试点后，他就想：“为什么是我们村？”

联想到此前听说附近有铝矿，就发散了自己的思维。

这让包村干部小雷有些猝不及防。此前，大家意见就一个字：“搬!”可这个“消息”，让搬迁工作还没开始，就遇到了下马威。

“白天入户走访，晚上连着开会，村两委一起讨论办法。”小雷那年只有 33 岁，但这个年轻的乡镇干部脸上却比同龄人多了好几道皱纹，“我也很奇怪，本来说得好好的，怎么大伙突然就变卦了。”多方询问，小雷才知道铝矿的说法出自老窦。“那天晚上正在开会，他就不请自来了，我也正在火头上。”两人吵了一架。

“那天最后还是没说拢，老窦吵着要我保证能住进新房，还让我写保证书，盖‘红戳戳’，可那会儿搬迁政策还不明朗，我也不敢啊！后来想想，说到底是信任问题。”小雷说，“怎么解决？只有让事实说话。那时几乎天天催跑各种建房手续。”真正让老窦和村民们吃下定心丸的，是山下的挖掘机开始“轰隆隆”地平整土地，这意味着新村已经开建。伴随着机器声，这个山里的汉子红着脸在小雷面前搓着手：“前面的话就当我瞎说。”

但问题还没结束。2017 年下半年，山下的新村就快建成了，好事将近，可村里人又犯起了嘀咕，搬进什么样的新居成了焦点。

“有的家里四口人，我家是五口人，可住的一般大，这不公平。”老窦说。这回小雷没跟他吵，事实上，通过上回合交锋，两人关系还有点升温。可在这问题上，老窦半点不含糊。小雷把当初的规划、各家人口数和老屋面积都拿出来：“你看，咱们就是这么块地，建再大的条件也不允许。再说，新村是按村里的实际情况统一规划和设计的，房子面积主要和老屋相应，人口数不是决定因素。这些事先也都公示过了。”在事实面前，老窦算是无话可说，可他又提出另外一个问题：“大家都养着牛、羊，现在要搬迁，可还不到每年牲口集市的时间，卖又卖不出去，你让这些牲口去哪?”小雷又被问个措手不及。当晚，他仔细翻阅了县里的易地扶贫搬迁条文，“人、钱、地、房、树、村”都有明确办法，但没有一条跟牲口有关。第二天一早，他就去县里反映情况，县长很重视，特意召集人员开会，商讨出了一个解决办法：牲口也给补偿费。

2018 年 12 月，村民们陆续搬进新房。小雷长舒一口气，有一种胜利的喜悦。可这种喜悦还没持续几天，他就被十几个村民堵在了办公室门口。大伙七嘴八舌地说起来：“马桶不好用”“电视没法看”……习惯了山上生活的人们，搬入现代化设施齐全的新居后，不适应的状况五花八门，小雷都耐心地一一解答。

送走了这些人，楼道里闪出那个熟悉的人影。老窦冲着他嘿嘿一笑：“他们来可不是我的主意，咱俩这交情，我会因为这些找你吗?”小雷知道他想什么：“你不就是担心不能种地以后怎么办吗? 前段时间村里申请了 3 个护林员指标，你是贫困户，又干不了重活，村里已经推荐你担任护林员了。不光是你，县里开展的护工培训和扶贫车间招工，咱村人都能沾上光。咱村离蔡村近，蔡村的旅游还可以带动咱村的发展。”

老窦笑了。几次接触，他发现，小雷是个值得交的朋友。过年时，小雷来老窦家拜年，两人搂着肩膀有说有笑，哈哈一乐，往事都付笑谈中。

材料三

在锦林区社会治理综合指挥中心，一块巨大的显示屏实时显示着交通、餐饮、环境等领域的几十个监控场景，每个场景的运行都配有详细的数据和指标。这个集管理、执法、服务为一体的“智慧锦林”综合平台，是锦林区社会治理的中枢神经。它可以通过网格巡查、视频监控、无人机巡防、移动终端接受举报等多种手段，对公共秩序、公共环境、公共安全等相关问题进行巡查，“触角”延伸至辖区的每一个角落。

“触角”的末端，除了智能设备，既有各部门下沉到基层的工作人员，也有街道社区干部、网格管理员，还有使用专门 App 的每一位市民。区委李书记介绍，通过“智慧锦林”综合平台，锦林区打造了部门联动、街道配合、群众参与的机制，实现了以指挥中心为圆心，以网格责任体系为基础，以全方位快速响应队伍为力量的社会治理共建、共治、共享新格局。

专门的 App 里面，设置有水、电、气、物业等多种生活缴费功能，并提供养老金、老年证、低保申请等常用便民服务咨询与网上办理服务。在“锦林群众”栏，设有“你是我的眼”平台，提供违法、违规及扰民行为的举报渠道及奖励方式；而在“政民互动”栏，则有市民关于入学、物业、环境卫生等各方面的诉求，以及相关单位的具体答复和联系人等内容。指挥中心王助理介绍，在平台上，大到环境整治、食品安全、治安防控、物业纠纷，小到车辆违停、占道经营等各类杂事烦事，群众都可以上来反映，通过 App 实现信息源头全覆盖。

网格员童大姐每天都会巡察自己负责的网格，并上报各种情况。通常情况下，这些事由网格员自己发现并处理。“在我们这儿，小事不出网格，大事不出社区。”童大姐自豪地说，“网格员就像社区客服，有求必应。我处置过群租扰民、违规占道等好多事情，也举报过安全隐患、河道污染等问题。”像童大姐这样的网格员，在锦林区共有五百多名。这是一支充分发动各社区党员、志愿者，按照“一格一员”原则组建的专兼职队伍。“主动发现的问题多了，市民的投诉也就少了。”王助理说，“平台上 70%的问题信息是由网格员上报的，问题隐患可以在第一时间发现、处置、解决，提高了源头发现和前端处置能力。”

初夏，新开业的德嘉酒店将空调外挂机组安在锦绣小区绿地，噪音扰民严重。居民举报当日，酒店经理满口答应整改，却迟迟未见实际行动。举报的第四天，指挥中心启动共治机制，通过平台通报，区综合执法局、园林局、派出所和街道办事处等组成联合执法队，进行联合执法。在处理现场，联合执法队查看了酒店规划设计图，指出“空调外挂机组占用绿地并不在规划之中，属非法占用绿地”，责成其立即整改。经过一个月的施工，原本想拖过夏季再做改造的酒店方将机组搬到了酒店楼顶。

“办案中，3 天内属于社区端自治机制，尽力将问题在社区、网格员、居委会、物业、业主委员会协同自治层面处置。对于自治无效的，4 天后启动‘大联动’执法共治机制，打破了社区工作人员单打独斗处理问题的困难局面。”社区马书记说，“过去解决这些难题时，协调过程复杂、耗时长，现在通过综合平台的应用，实现了‘平台一吹哨，大家来报到’的智能化联合管理。”执法中队队员小方同样也感受到了变化：“现在和‘大联动’小分队一起处理案件，执法过程顺利多了，也能实实在在帮老百姓解决问题。”

“2018 年，我们经过对举报数据的长期观察，发现餐饮行业的油烟污染是市民反映的热点、难点问题。”王助理说。研判数据提交后，区政府多次召开专题会议研究部署，在餐饮行业集中的街道，开展绿色餐饮示范街区建设。“在综合平台，大数据的运用无处不在。针对居民诉求较多的问题，指挥中心工作人员定期分析研判，为政府提供决策依据。”

区综合执法局吴局长说。平台借助视频天眼系统，利用1 000多个摄像头对重点区域进行不间断监控，抓拍采集油烟污染线索，及时取证，第一时间将数据下派执法队员查处。此外，还利用无人机反应迅速、覆盖范围广、无死角监控等特点，对餐厨油烟、焚烧垃圾、锅炉黑烟等问题进行空中取证，形成了平台化、科学化、效能化的管理与执法常态，有效解决了空气污染环境违法难管、难罚的问题。

材料四

2019年年初，沙洲市启动城区农贸市场的改造升级工作。针对不同的市场现状，改造升级怎么进行更切合实际？为此，沙洲市市场服务中心调研走访了几个市场。

先把镜头对准莲池农贸市场，这个市场有40年的历史了，附近的社区从一个发展到七八个，居民从千把人变成四五万人。随着周边居民的大量增加，市场脏乱得不成样子。"过道没两尺宽，并排都站不下两个人，买菜要侧着走。有时大夏天实在受不了，宁可走老远到一家超市买菜"。居民刘阿姨说。市场管理员最怕春夏之交："下大雨，水一下子能积二三十厘米深。还有，消防设施配备也不全，存在安全隐患。"摊主王女士也愁，菜摊旁有条水沟散发着异味，市场内空气流通又不畅，顾客经常一边挑菜一边捂着鼻子，她不得不找木板盖着。

莲池街道办事处廖主任认为，老市场虽然问题多，但是居民有需求，搬不走，拆除重建代价又太大，最合理的办法就是对准问题改造。他说："改造期间，老市场得关门施工，几万人的'菜篮子'不管不顾可不行。改造之前有准备，改造当中才好应对。"市场管理员提议："要不先找个地方过渡一下。"居民刘阿姨对"过渡"有点担心："那下雨天买菜方便不方便？卫生还有没有人管？"摊主王女士考虑的是："在这里做了几十年生意，就在一个位置上没动过，老顾客都熟悉，如果进行改造，工程完工后，还能不能重新回到老地方？"

镜头摇到豹岭农贸早市。摊贩周大姐一早就来到处于小巷子的早市卖菜，5点半开始，8点就得收摊。她打比喻说："我就是个'流浪'的摊贩。""早市起先只有周边的菜农卖自产蔬菜，后来逐步有一些外来摊贩加入。考虑到确实能解决居民的买菜难题，社区一开始默许了其存在，只对开市闭市时间稍加限制。"豹岭社区党支部范书记介绍。几位居民代表也一致抱怨："每天早上，摊贩们将小巷堵个严严实实，出行极不方便。""大清早就吵吵闹闹，觉也睡不好。"

社区深感为难。直接禁止，太粗暴；开了口子，管理力量又跟不上。"有时候八点已过，摊贩还不愿意走。"城市管理大队副大队长说，"我们和社区工作人员去管，摊贩们就一哄而散，人一撤，他们又继续贩卖。""过去几年，社区周边的楼盘如雨后春笋般建起，人口激增，买菜的需求越来越多，之所以流动摊贩多、临时市场乱，恰恰是因为缺少规范、稳定的农副产品交易场所。"范书记建议，"这附近有一片闲置老厂房，是不是可以盘活起来做点文章？"

镜头转到沙洲市中心最大的农贸市场——月湖市场。这个市场各个道口没有设置栏杆，加上停车坪被货物堆满，更显得拥挤不堪。"经营户的手推车、三轮车，居民的电动车、自行车，通通往市场里扎。"居民张大妈说，"占道经营也很普遍，经营户的纸箱、塑料筐，全扔在过道上。"沙洲人喜好买活禽，但活禽是月湖市场环境污染的主要来源。如果直接取消活禽供应摊位，居民大多不同意，经营户也很难接受。参加调研走访的丁工程师在实地考察后指出："目前活禽摊位的存放、宰杀和售卖三位一体不够科学，通风也不顺畅，这些都是造成污染的重要原因。"

"月湖市场本身建筑设施比较齐全，硬件上施工不需要伤筋动骨，只要预先做好安排特别是安全防范，完全可以就地边营业边整改。"月湖街道办事处李主任说。他认为，市场改造为的是利民、便民，相比于"一刀切"，还应该寻找更好的办法。"即使是改造提升后，管理也不只是政府部门和市场管理方的事，消费者和经营户，都是参与主体。要走出'治理一变乱一再治理'的循环，还得在制度层面上下功夫。"

材料五

莱康村所在的M市位于沿海地区的S省，各项改革都走在前面。"伴随着率先发展，新问题、新矛盾更加突出、更加集中。如果老是跟在后面，像消防队一样到处救火，难免疲于应付、效果不佳。"M市委孙书记说，"面对这些难题，亟待探索既能解决短期现实问题，又能兼顾长效公平的乡村治理新模式。要想建设更加富有活力的乡村，就得聚焦如何减少矛盾、化解矛盾，乡村治理也不能再'单兵作战'，而应'联合出击'，从以行政管理为主要手段向行政、法律、道德等手段的综合运用转变。"

走进莱康村，绿树成荫，鸟语花香，街道平坦干净，草地绿林中矗立着一幢幢红瓦白墙的乡间别墅，到处呈现出一派欣欣向荣的景象。"要知道，莱康村过去可是个有名的问题村，基层组织软弱涣散，人心也是出了名的不齐，打架斗殴事件特别多。特别是早些年，由于征地补偿问题，小吵小闹天天有，大吵大闹三六九，几乎每天都有村民挤在村委会里争吵。村里吵不出结果，不少村民还去省里讨说法。"村党支部陈书记感叹，"更让我记忆犹新的是，7年前我刚当书记时，由于以前村集体资产严重流失，村里的账上只有2.4元。"

给钱给物，不如建个好支部。在镇里的支持下，莱康村狠抓村党支部班子自身建设和党员队伍建设，配备了一批有能力、有威望的村民担任村两委委员。新班子把中心工作放在村民最关注的问题上，重新核查低保、危房改造、临时救助等惠民项目，全力解决影响团结和谐的问题；积极争取补助资金，整治村容村貌，完善水、电、路等基础设施；开展绿化亮化、厕所革命、清理违章建筑等项目。这一系列举措，使莱康村逐步树立起崭新的形象。

"我们通过各种办法努力做到让村民满意，让组织放心。"陈书记说，"但要建设美丽乡村，光靠我们干不行。村里的事还是得村民说了算。"在村党支部的引导下，莱康村成立了村民理事会，让村民主动参与到村庄事务的管理与决策中来。今年年初，为落实村企攻坚项目的规划建设，村民理事会一直积极跟进，到每家每户积极宣传农村集体产权制度改革政策，就如何成立合作社、如何分红、土地流转定价等细节广泛征求意见，得到了全体村民的支持。

如今，村民理事会又充实了部分企业代表、下乡市民代表到理事会中来，共同参与、协调村级事务，重大事项均通过村民理事会与村民广泛沟通，取得良好效果。

莱康村今年还从村组干部、老党员、致富能手、退伍军人、法律工作者、法律志愿者中选取一批政治素质好、宣讲水平高的村民，进行重点培训，引导他们主动担任"法律明白人”的带头人，充分发挥他们在宣传政策法规、化解矛盾纠纷中的示范引领作用，推动莱康村形成了遇到问题找法、解决问题用法、化解矛盾靠法的良好氛围。

由村里老党员、老干部和村民小组长等组成的文明评判团，深入发掘“老莱康风骨”的村民道德规范，通过修订村规民约，规范村民行事规则。文明评判团挖掘祠堂、故居、牌坊、族谱中的家风家训资源，搜集整理了全村20多个姓氏的家规家训，并把这些做成门牌，用以打造“家风家训示范街”。用陈书记的话说，“在村里，随便走走都能受到熏陶”。在文明评判团的主持下，莱康村年年评选“最美家庭”“孝德人家”，为模范树榜，助家风传扬。村里还陆续组建了篮球队、腰鼓队，每年举办农民文化体育节。通过这些活动，村民的生活充实了、心拉近了，很多积怨矛盾在无形中得到了化解。

这些年，在村两委的带动下，莱康村盘活土地资源，引进优势企业，成立养殖合作社、种植合作社、林业合作社等，逐步滚动壮大村集体经济的“雪球”。2018年，莱康村集体经济收入达到1 000多万元。收入多了，村民的生活过得越来越好。“经过大家这么多年的努力，我们有信心奔向更加美好的生活。”陈书记对莱康村的未来充满自信。

从曾经的问题村，到如今的和谐村，莱康村这些年的发展实践，为新时代的新农村建设写下了生动注脚。

问题

问题一：根据“给定资料1”，请你谈谈老马是怎样“当好基层这根‘绣花针”的。（10分）

要求：全面、准确、有条理。不超过200字。

问题二：“给定资料2”反映了乡干部小雷在窦家梁村易地扶贫搬迁过程中遇到的一些问题，请你谈谈他是如何解决这些问题的。（15分）

要求：内容全面，条理清晰。不超过300字。

问题三：邻区有关部门准备到锦林区学习考察，了解“智慧锦林”综合平台在社区治理方面的特点和运行情况。如果你是锦林区负责接待的工作人员，请根据“给定资料3”，写一份情况介绍提纲。（20分）

要求：要点完整，内容具体，条理清晰。不超过500字。

问题四：如果你是沙洲市市场服务中心工作人员，请根据“给定资料4”分别梳理三个市场存在的问题，并提出相应的解决措施。（25分）

要求：

（1）问题梳理全面、准确；

（2）所提措施有针对性、切实可行；

（3）不超过500字。

问题五：近期，S省开展乡村治理先进典型评选工作。M市打算推荐莱康村参加评选，如果你是该市有关部门的工作人员，请根据“给定资料5”写一份莱康村参评的推荐材料。（30分）

要求：

（1）紧扣资料，内容全面；

（2）逻辑清晰，语言准确；

（3）字数800～1 000字。

■ 第一题【参考答案】

1. 树立了终身为群众服务的宗旨观，有一颗全心全意为人民服务的心，不怕困难，敢于担当。

2. 注重调研，重视日常积累，讲话办事与实际结合紧密，贴近基层，走进群众的心。

3. 坚持学习，熟悉政策，经验丰富，有过硬的基层工作本领。

4. 善于总结，与时俱进，既有一套行之有效的接待群众的“规矩”方法，又能与时俱进，把握群众矛盾新特点。

5. 成立老马工作室，注意培养基层人才，带出了一支有力的队伍。

■ 第二题【参考答案】

搬迁之前：1. 通过办建房证、新村开工等让群众吃了定心丸，解决了群众不信任的问题。

2. 通过村委等找到并直面老窦所引发误解的导火索，找到了矛盾化解的关键点。

搬迁之中：1. 事前公示，事后按照规矩办，解决了新居分配标准的问题。

2. 对于牲口补偿问题，及时向县政府反映情况，争取上级支持，解决了政策考虑不周全、政策不完善的问题。

搬迁之后：1. 耐心解答群众问题，解决新的生活方式不适应的问题。

2. 早做谋划，通过招工、培训、邻村旅游业协同等方式，解决群众就业与发展问题。

■ 第三题【参考答案】

智慧锦林综合平台社区治理情况介绍纲要

智慧锦林是集管理、执法、服务为一体的锦林区社会治理智能化综合平台，是锦林区社会治理的中枢神经。

一、主要特点

1. 智能化。通过网络、视频、无人机、指挥中心显示屏等智能设备，对交通、餐饮、环境等进行监控。

2. 机制化。打造了部门联动、街道配合、群众参与的机制。

3. 全覆盖。通过专门App，大到环境治理、食品安全、治安防控、物业纠纷，小到车辆违停、占道经营等，实现信息源头全覆盖。

4. 共治化。构建了部门人员、街道社区干部、网管员、市民共治队伍。形成了3天内属于社区端自治机制，4天后启动“大联动”执法共治机制。

二、运营情况

1. 实现了以指挥中心为圆心，以网格责任体系为基础，以全方位快速响应队伍为力量的社会治理共建、共治、共享新格局。

2. 通过网上办理服务，提升了群众办事的便捷性。App里面，设置有水、电、气、物业等多种生活缴费功能，并提供养老金、老年证、低保申请等常用便民服务咨询与网上办理服务。

3. 通过平台上报，问题隐患可以在第一时间发现、处理、解决，提高了源头发现和前端处理能力。

4. 大数据有助于政府解决环境等执法过程中取证难的问题，有助于解决执法管理中的热点、难点问题。

■ 第四题【参考答案】

莲池农贸市场主要问题有：

1. 历史时间长，随着人口剧增，市场脏乱拥堵。

2. 阻塞交通，影响居民休息。

3. 需求大，搬不走，拆除重建代价大。

4. 消防设施配备不全、排水系统不好，旁边臭水沟缺乏治理，造成安全隐患突出，环境条件差。

豹岭农贸早市主要问题有：

1. 由周边菜农自产蔬菜售卖，逐步加入外来摊贩，流动摊贩多。

2. 禁止，管理粗暴；放开，管理难跟上。

月湖市场主要问题有：

1. 市场各道口未设置栏杆，市场拥堵不堪。

2. 占道经营问题突出。

3. 活禽宰杀造成污染。

主要建议为：

1. 整体规划，根据实际情况，对三大农贸市场进行改造。莲池以老市场关闭施工改造为主，豹岭以盘活闲置厂房修建农副产品交易场所为主，月湖以边营业边整改为主。

2. 增加基础设施投入，在下水道、消防、污水处理等方面加大投入。

3. 加强管理，对占道经营行为要依规处理，对流动摊贩要加强管理，对乱停乱放要加强处置。

4. 科学安排，加强宣传，解决活禽存放、宰杀、售卖三位一体体系，引导市民改变消费习惯。

5. 健全机制，形成政府部门、市场管理方、经营户、消费者组成的多元共治机制。

■ 第五题【参考答案】

（略）

[简评]

第一题至第四题答案对材料进行了总结提炼，分类清晰、层次分明、语言规范。

第五题是申论考试的重头戏，很多考生写成了单纯的议论文，扣分较多。只有将国家提倡的主流价值观适当阐释并运用到文章中，把题意提示句的精神实质与国家政策精神紧密、合理地融合，论述才能正确而有高度，符合申论的行文标准。

二、公务员面试例题

【例题1】处长要出国学习，安排你负责处里的工作，有两位老同志，老是找理由，不来上班，这时你怎么办？（证监会面试真题）

[测评要素]

应变能力、情绪控制能力、人际关系

［答题要点］

1. 处长要出国学习，安排我负责处里的工作，是处长对我的信任，也是对自己的考验，我一定会圆满完成任务。

2. 遇到这种情况，要冷静处理，不可带有情绪，首先查找原因，看两位老同志是否确实家里有困难。如果有困难，我会尽我所能帮助他们解决困难，使其尽快回到工作岗位。同时，我也会从自己身上找原因，看是不是自己的工作方式发生了偏差，我会在适当的时间和两位老同志真诚沟通，虚心向老同志请教、学习，取得他们的理解与谅解。

3. 在全处同志面前，要秉持谦虚、诚实的态度，带头多干事、干实事，把自己的本职工作做好。同时总结经验教训，并在不耽误处长事情的情况下，适时向处长汇报工作情况。

【例题 2】有群众举报附近的工厂有违规排污行为，领导让你负责此事，你如何展开调查？（财政部面试真题）

［测评要素］

计划、组织、协调能力

［答题要点］

1. 现在人们的环保意识越来越强，有人举报是值得肯定的，我首先会向举报人详细了解情况，然后进行细致的调查。

2.（1）我会根据调查目的制定调查计划。包括：调查的内容、调查的范围、调查的对象、调查的形式、调查人员的组成、调查所需要的资金等，报领导审批，并进行相应的修改，以确保调查结果具有较高的代表性与可信度。（2）进行调查准备。根据调查计划，组织工作人员，分工合作；与财务部门联系，落实资金；与工厂、员工、群众联系，请求协助调查；准备调查用具与设备。（3）实施调查。派遣调查员深入各个工厂，实地勘测，侧面了解，确保得到直接的、第一手的资料。在实施调查的过程中，要注意联络协调，确保调查顺利进行。（4）对水源进行化验检测，整合信息，撰写调查报告，呈送领导审阅。

3. 总结经验教训，以利于以后更好地开展工作。

【例题 3】某学校组织“亲情寒假报恩父母”活动，你对这件事有何看法？（最高人民检察院面试真题）

［测评要素］

综合分析能力

［答题要点］

1. 学校开展“亲情寒假报恩父母”的活动，是在学生心中播下爱的种子，崇尚孝德孝行，加强亲情教育，让孩子用眼用心去体验生活，能够培养孩子们的感恩意识，促进学生健康成长。

2. 之所以开展这样的活动，我认为是我们的一部分孩子道德缺失，缺乏感恩意识，有些孩子认为父母为子女所做都是理所当然，却不知有时当父母的也希望自己的儿女能为自己做点什么，哪怕是一丁点小事，就足以慰藉那颗操劳的心。当然并不是父母对子女的付出都要求有回报。学校正是看到了这一点，才将其与教育孩子联系到一起，开展亲情教育。

3. 总之，懂得孝敬父母、尊敬长辈很重要，懂得亲情的意义更重要。和谐社会的建设需要每个人都有一颗感恩的心。学校教育孩子以积极向上的道德风貌充实学生的精神生活，提升学生的人文素质，是素质教育的具体体现。但希望这种教育不要刻板，更不必拘泥于千篇一律的固定形式上，而是要通过此类事件让学生真正懂得应该回报父母、回报社会的道理。

【例题4】领导调动你到某一职位，你觉得自己的知识背景和能力并不能胜任这一职位，而另一职位比较适合自己，你怎么办？（最高人民检察院面试真题）

［测评要素］

自我控制能力、应变能力、工作态度

［答题要点］

1. 如果领导调我到这个职位是因为不熟悉我，那么我会在恰当的时间向领导说明我的特长和知识背景，请求调到另一职位。如果领导把我调到这个职位是想锻炼我的能力，我会坚决服从领导的安排，并对领导表示感谢。

2. 重新审视自己，给自己定位，摆正心态，把这次职位调动当作一次机会，努力锻炼自己，不辜负领导的期望。

3. 我会尽快熟悉工作内容与流程，做到干一行爱一行，兢兢业业、精益求精，做好本职工作，多向领导和同事学习，关心他人，帮助他人，与同事融洽相处，创造一个良好的工作环境，并及时向领导汇报工作。

思考题：

公务员工作看似光鲜体面，实则任务繁杂、劳心费神、劳动负荷很大。请你谈谈报考公务员的初衷和希冀。同学们可以从坚持人民立场、夯实职业使命的政治站位来科学地思考和回答这道面试题目。

拓展练习

1. 收集近年来与你有意愿报考的职位相近的申论及面试真题，并进行申论写作和面试演练。

2. 收集今年以来国内外热点问题，总结分析并提出模拟对策。

3. 请就下列材料写一篇申论。

2019国考申论真题（地市级）

［注意事项］

（略）

［给定材料］

材料1

前些年，小张辞去了城里的工作，回家乡的镇上当了一名快递员。下面是他讲的“三农”新故事：

前些年，快递公司刚进这个镇时，全镇每天收发的包裹只有几十个。到村里送快递，碰到下雨天，三轮车陷入泥里，经常要下来推车，送完快递回来，鞋子上总会沾上半斤烂泥巴。那时挺后悔把城里的工作辞了，感觉很失落。

这几年大家的生活水平上去了，网购的人越来越多，我的业务也好了起来。特别是前年，镇上的快递公司联合农林服务中心、电商协会给大伙上起了包装技术培训课，现在咱这里的瓜果蔬菜都用上了真空包装、低温保鲜技术，快递公司也更乐意接这种订单。有了销路，家里种的就不愁卖了。

比如说吧，咱这里的枇杷很有名。以前，乡亲们摘回枇杷后，要乘两个多小时的公交车到几十公里外的城里火车站广场叫卖。那时，品质优良的枇杷也卖不上好价钱，有时连本钱都挣不回来。如今，镇里的枇杷大部分是通过电商平台销售的。每到枇杷采摘季，镇里的文化广场就会成为快递员的临时收揽点，乡亲们排着队邮寄，场面好不热闹。

现在咱镇里的电商差不多有500多户了。去年镇里投资建了个农产品电子商务产业园，把大家拧在一块闯市场，今年镇上的生意就更好了。加上上个月新开的那家快递公司，我们镇里已经有了4家快递公司。

如今大家腰包里有了钱，心气足了。我同事杨大哥这几年靠送快递，摘了帽，主动要求退出了低保。大伙对生活也讲究了起来，希望村子能漂亮些、路能好走些，闲时有地儿跳跳舞、下下棋。这不，政府投了很多钱搞建设，镇里几个大的村子，都通上了柏油路，路边插上了太阳能路灯，现在我们送快递方便多了。镇边上，搞旅游的那个村子，街两旁不仅修了排水沟，统一摆上了垃圾箱，还把老百姓的房子都整了整，青瓦白墙的，远远看，像画里似的。

最近从城里回来的人，越来越多。要么像咱一样，做做快递，或者在镇里的企业打打工；要么回家接班，种点养点啥，通过快递卖出去，不比打工挣得少，还图个自在。原来乡下的钱往城里跑，现在城里的钱开始喜欢往村子里跑。城里人来我们这投资的越来越多，要么开工厂、搞农产品加工，要么办民宿、搞乡村旅游。

和刚回来那会儿比，我现在心里踏实多了。上个月和爱人商量，打算承包村西头一块撂荒的地，再把周边几家的田一起租过来，像村里老李他们一样，也办个家庭农场。我想只要好好干，生活会越来越好的！

材料2

小赵是省派驻村干部，2015年远赴大山深处的池口村担任村党支部第一书记。下面是他讲的“脱贫攻坚”故事：

我从省城出发，颠簸了10多个小时，才到了池口村。跳下车，映入眼帘的是光秃秃的石甸山。村支书老韩招呼我在村口吃了一碗石甸花椒酱面。虽然花椒麻得嘴好久没有感觉，但是花椒酱独特的鲜香口感让我赞不绝口。老韩在旁边笑着说：“石甸花椒酱可是咱这里的宝贝。”吃完饭，放下行李，老韩陪着我到村里走了走。刚开始我还挺乐观的，看上去这村子不穷啊，但是越往村里走，我的心就越凉。村民老左家的房子没有门，房间里没有家具、家电，屋子的一角堆着一堆杂粮，炕上的被子已经看不出颜色。老左告诉我：池口村地薄、种粮食收成低，只够糊口。除了种地，自己也不知道还能干些啥。现在家里穷，一天只能吃两顿饭。像他这样的人家，村里还有好几户。

回村部的路上，老韩指着周边的大山说：“我们是守着金娃娃挨穷呀！你看，石甸山上1 000多亩地，已经荒了十几年了，如果能把这地开发好，起码吃饭就不用愁了。”接下来一个多月，我挨家挨户到农户家走访，一直在想，贫困地区缺什么？种植、养殖技术老百姓都会，但是“应该做什么、怎么做、怎么能卖出去”，这些问题不解决，村子就难以摆脱贫困。问题找到了，怎么破题呢？我想到了石甸花椒酱。这十里八村的家家户户都喜欢用花椒制作花椒酱，一日三餐都离不开它。既然本地这么多人吃，是不是能产业化，做成一个产品呢？同时，制作花椒酱对花椒的需求量特别大，也能带动花椒种植。2015年当年，我几乎走遍了省内的大型超市、批发市场，发现和目前市场上的花椒酱不同，我们石甸花椒酱麻辣鲜香、口感独特，不仅在本地有市场，还有可能借助电商扶贫政策卖到全国去。

有了想法，还要有办法。听说要开发石甸花椒酱，不仅是村民，许多村干部也都不相信。老韩说：“万一卖不出去怎么办？咱们可赔不起啊！”为此，我带着村干部不但到周边县区了解情况，还专程到省食品研究院咨询石甸花椒酱产业化的可行性，请教生产加工、质量检验以及食品安全等问题，排除了花椒酱存在有害成分和菌群超标的可能性。这次调研，统一了大家的思想。老韩说：“小赵书记，咱们村干部都认定你了，今后我们跟着你好好干！”2016年10月，当地第一家村集体企业池口农副产品开发有限责任公司挂牌，村民可以技术入股或半成品入股。我代表公司与省食品研究院、省中小企业公共服务平台签订合作协议，共同开发、推广石甸花椒酱。2017年初，第一批石甸花椒酱上市后，短短几天就销售一空，村民们都乐坏了。仅靠石甸花椒酱一项，去年村集体就实现了66万元的收入。

我始终没有忘记老韩说的石甸山，没事就上去转悠，考虑到底该怎么开发。2015年外出做市场调研时，我看到梅花椒价格非常高，就帮着村里申请到“惠农贷款”，买了1 000棵树苗，种到山上。现在，石甸山已经种植梅花椒500多亩，成为池口村的“绿色银行”。现如今，我不管到谁家，都留我吃饭，谁家杀鸡或者杀羊，都会想着我。老韩风趣地说：“小赵书记，你现在是我们这的‘狗不叫干部’，乡亲们的狗见了你不但不叫，还直摇尾巴哩。”

材料3

小吴是北方某地宁堡村大学生村官。下面是她讲的“成长”故事：2016年，我被组织选派到宁堡村担任村主任助理。那时我觉得自己是大学生，肯定比农民强。村干部和村民们对我都很客气，但就是不分配活儿给我。那时我最大的活儿就是“看家”，大家出去办事，让我守在村部。我也不愿闲着，为了证明自己，一开会我就抢着发言，但不管我说得多么激情澎湃，大家一点反应也没有。第一次下田干活，我就把鞋陷进了泥里，旁边有人说：“这大学生下地还得跟个提鞋的。”

刚到村里，我看很多事不顺眼，总觉得自己在理，大家做事应该按照我的想法来。村里核发水田地补偿款，要量土地，村支书认为我是外村人，能一碗水端平，就让我负责这事。有几个人找我说情，想要皮尺松一点，好多得点补偿。我一点不让，把尺绳拽得紧紧的。结果一位村民当场质问我：“你个外来人，想干啥？”

第一年年终评议会上，有4个人给我投了不合格票。我的委屈突然爆发，回到屋里就哭了，觉得自己表现挺优秀，关键是我也一直想要给村里干事，怎么还受这气？当时，村支书跟我讲了一番话，对我触动很大：“你坚持原则是对的，关键在怎么做。有理还不够，在村里得想办法跟老百姓把理说通。要把理说通，首先你得和大家干在一起。”他建议我，每天到老乡家干农活，一次两个小时。

从那以后，我开始努力学说土方言，走水田地、学农活。每天“服役”两个小时，每次换一家。手掌上的血泡起了破，破了又起，汗水渍透了衣服。我慢慢感受到了农民的不易，也理解了“脚下沾有多少泥土，心中就沉淀多少激情”的含义。一段时间下来，和大家熟络了，村民们从自家娃娃读啥学校、看病到哪个医院、添置家电买啥牌子，到调解邻里矛盾都愿意找我帮忙。村里一户人家因为不满征地补偿，不断上访。那段时间，我不时到他们家串门、唠家常，见他们家生活困难，就帮着申办救济，这户人家深受感动，后来再也没有去闹了。我还发挥自己的专业优势，成功创建本村优质杂粮品牌并打入南方市场，为大家闯出了一条增收致富的新路。去年，我被市里评为优秀大学生村官。

现在，村里人对我的称呼，也渐渐从“那个大学生”变成了“小吴”。“小吴来了啊!”“小吴吃了吗?”上了年纪的，则直接叫我“小吴闺女”。我之前不太把这些话放在心上，体会到这些关心来之不易后，每次听到心里都暖暖的。

材料 4

为讲好新时代“中国故事”，某地市委宣传部组织文艺工作者到基层采风，体验生活。在活动结束的座谈会上，大家交流了参加此次采风活动的心得体会。以下是部分与会人员的发言记录：

甲：我创作历史剧的目的是，用艺术的手法对历史进行重新包装，通过故事唤起人们认识历史的兴趣。可是，有些作品为迎合当下的“娱乐精神”，将现代元素掺杂进历史，剥离具体的历史语境肆意发挥。虽然，让观众看着新鲜稀奇、招人耳目，收到了娱乐效果，但是，这种混淆现实与历史的做法，牵强附会、哗众取宠，是对历史的不尊重。

我正在创作一部反映改革开放 40 周年的作品。如何真实反映时代，塑造时代典型，通过人物命运变迁折射出整个时代的图景，是我常思考的问题。所有的人都是时代里的人，都有他的时代性，而追究时代性，就不能没有历史感，正是因为历史才造就了时代。岁月能滋养人的心性与才华。我们这一代人出生在改革开放开始的时候，到了这个年龄，有了一定的能力，有责任创作出富有新时代气息的作品来。

乙：我是乡村出来的 80 后。我的文字大多从儿童、女性视角入手，展现基层百姓的生活状态、普通人家的人生故事。我自己曾以一个乡村媳妇的身份在认真地生活，和乡村里那些小媳妇一样流汗流泪、上山下田、柴米油盐、家长里短。后来我进了城，但幼小多病的儿子只能暂时寄养在婆婆家里，成为“留守儿童”。从那时起，我就开始注意“留守儿童”，每当看到他们胆怯而忧郁的目光，我心里就有一种疼痛在撕扯。从此，我有空就往附近村庄跑，了解情况，搜寻故事，捕捉细节。我的写作就是从那时开始的。

我认为，创作不仅要表达自己，还要善于书写他人。如果我们的创作只停留在私人性的经验上，仅仅满足于自我倾诉的需要，那么作品就难以回应时代的提问，体现老百姓的真情实感。

丙：我写网络小说快十年了，在网上发表了不少作品。我们这一代人，在互联网的影响中建立和重构自己的精神世界。创作时我总是喜欢把自己投射到一个具体的情景中，在一个自我编织的虚幻氛围里，想象故事的情节然后记录下来，写成文字。有时需要写一些自己不熟悉的背景情节，只要坐在家里，上网搜索素材，我就能继续写。

这几年，我在网上写连载赚到了钱，但是没有写出自己满意的作品，感到现在的创作动力也没有之前那么强烈了。认真想来，手机、网络这些现代技术方便了创作，加上经济刺激，造就了我的“高产”。但是技术和金钱，在更深的层面上给创作造成了某种“遮蔽”，让我感受不到阳光的温度，忘记了创作的初心。

丁：我的新作是脱贫致富的故事。上个月，我走进大山深处的一处村落，才感到生活的落差太大了。城市经济发达、生活便利，很难想象为了供一个孩子上学，偏远地区的贫穷家庭要经历什么样的苦难。我感到，只有继续深入下去，进一步了解农村的生存状况和精神世界，对政策在基层执行有更多角度的观察，才能明白国家精准扶贫是多么伟大而艰巨的任务。现在我要把以前想象的人物情节全部推翻，重新创作。

这次采风让我感到，多走多看多聊实在太有用处了。“行走”要成为我们文艺工作者的生活常态，既要行走在书本中，更要行走在现实生活里，依靠“行走”才有可能打破乡间田野和城市高楼之间的隔阂。

……

主持人：我们组织这次采风活动，就是希望大家能够更多地深入基层，到老百姓中间去走一走，创作出更多的优秀作品来反映我们所处的这个新时代。今天大家的发言都很精彩，也谈到了当前文艺创作中存在的这样或那样的问题。特别是，丙使用的“遮蔽”这个词很形象。如果不能打破这种种“遮蔽”，就拿不出有分量的作品。创作的力量只可能来自我们脚下的大地和身边的人民。我们只有将个人情感与国家命运紧密相连，才能创作出那些有时代精神、有思想深度、有生活温度的故事。

材料 5

自古以来，我们的祖先就关注现实，关注生命，关注生命层次的提升，将“为国利民”作为至善的人生追求。

中国核潜艇第一任总设计师彭士禄，在他 3 岁时，母亲蔡素屏不幸被捕就义。第二年，父亲彭湃在上海被捕，慷慨赴死。年仅 4 岁的彭士禄成为孤儿，过起了姓百家姓、吃百家饭、穿百家衣的逃亡生活。1962 年，这位历尽苦难长大的孩子，开始主持我国潜艇核动力装置的论证和主要设备的前期开发。当时，他手里仅有的参考资料是，从报纸上翻拍的两张模糊不清的外国核潜艇照片和一个儿童核潜艇模型玩具。1967 年起，他在大西南深山组织建造潜艇核动力陆上模式堆。那些日子里，他吃住在阴暗潮湿、毒蛇蚊虫肆虐的工地上，靠着原始的计算尺和手摇计算器验证了核潜艇数不清的数据。1974 年 8 月，我国自行研制的第一艘核潜艇正式服役。从投身核潜艇研制到项目解密，隐姓埋名近 30 年，彭士禄始终忘不了周总理嘱咐他的话：小彭，记住，无论什么时候，无论走到哪里，你都要记住你姓彭，是彭湃的儿子！

苏和被誉为“沙漠愚公”。2004 年，曾任阿拉善盟政协主席的苏和，回到老家额济纳旗，在大漠中的黑城遗址旁植树造林，那一年他 57 岁。黑城遗址是一座有着近千年历史的西夏古城，沙化严重。苏和回忆说，小时候听长辈们讲，这附近林草茂密，胡杨、红柳密得骆驼进去都找不见，可 20 世纪五六十年代后，生态日趋恶化，大片植被枯死，风沙天气越来越多，额济纳旗甚至成了沙尘暴的策源地。他说：“周围风刮过来的沙子堆得和城墙一样高，眼看黑城快要被埋掉了。我当时有个想法，黑城不能在我们这辈人手上消失。”10 年间，他种植的梭木林一点点扩大，达到了 3 000 亩。最初在房后种植的两棵胡杨也长成了大树，老人被太阳和风沙磨砺过的坚毅的脸上刻满皱纹，满是伤痕的大手上，老茧褪了一层又一层。

从河南南阳市镇平县城出发，一路向北，经高丘镇，沿山路盘旋而上，攀至海拔 1 600 多米的山顶，再顺山路蜿蜒而下，下到海拔 600 多米的谷底，才能到达张玉滚任教的黑虎庙小学。这所学校被层层大山包围，村里流传着一句顺口溜：上八里、下八里；羊肠道、悬崖多；还有一个尖顶山。从学校走到镇上，需要 10 多个小时。然而，就是在这样的环境下，当年 21 岁的小伙张玉滚来到这里当小学教师，一直坚持到现在。张玉滚之所以选择留下来，是因为前任校长吴龙奇的一句话：“玉滚，泥巴砖头垒个灶台，顶多能用个十年八载。咱们教学生认的每个字，他能用一辈子。你要不来，这个班就开不了课，孩子们就得上山放羊去。”17 年间，张玉滚教过 500 多名孩子，村里出的大学生从 1 名增加到了 16 名。

阎肃是我国著名的艺术家，作品影响了几代人。他曾经感慨说：“我没有决定过自己一生的道路，或者说去想我这一生必须要怎么样。跟着时代的大潮往前走，尽到我所有的力量，做好我要做的事情。不要去挑生活，让生活来挑你。时代也好、组织也好、环境也好，需要你做什么事，努力把它做好，对你自己就是一件非常快乐的事情，别人也会觉得快乐。我的一生作品不少，只要能在老百姓的心里留下一点记号，那我此生无憾。我对我的子女也是这样的要求，不去安排自己的人生道路，听时代的招呼，做一个对社会有用的人，对得起这个时代就够了。”

[作答要求]

问题一：根据“给定资料 1”，请概括小张家乡出现的新变化。(15 分) 要求：准确全面，条理清晰。不超过 200 字。

问题二：省里召开扶贫工作座谈会，邀请小赵介绍发展花椒酱产业的经验。根据“给定资料 2”，请为小赵写一份发言提纲。(20 分)

问题三：根据“给定资料 3”，请分析小吴发生了哪些变化，使村民们对她的称呼从“那个大学生”变成了“小吴”。(10 分)

问题四：“给定资料 4”中的座谈会上，主持人说：“如果不能打破这种种‘遮蔽’，就拿不出有分量的作品。”请谈谈你对“种种‘遮蔽’”的理解。(15 分)

问题五：“给定资料 5”提到“跟着时代的大潮往前走，尽到我所有的力量，做好我要做的事情”，请深入思考这句话，自选角度，联系实际，自拟题目，写一篇文章。(40 分)

要求：

(1) 观点明确，见解深刻；

(2) 参考“给定资料”，但不拘泥于“给定资料”；

(3) 思路清晰，语言流畅；

(4) 字数 1 000～1 200 字。

任务三　做好创业计划

学习目标

1. 了解创业计划书的拟订步骤。
2. 掌握创业计划书的格式。
3. 能够利用 PPT 展示创业计划书。

任务导入

为了争取学校资金、场地方面的支持，你和几位同学一起拟订了一份创业计划书，并提交学校学生处勤工俭学部。最终，你的创业计划书在激烈的竞争中脱颖而出，有关决策人员跟你面谈，安排半个小时给你展示自己的创业计划。

思考：

1. 创业计划书应实现什么功能？
2. 拟订创业计划书时，你应该具备怎样的核心能力？
3. 你事先要为现场演示做哪些准备工作？
4. 前面我们已经模拟练习过应聘面试、毕业论文答辩、公务员面试等考察型面谈场景，有哪些经验在进行此次模拟面谈时可以借鉴？

执行流程

任务分工及实训步骤与要求	
沟通情境的描述与理解	教师：结合前期学过的计划类文书，引导学生讨论创业计划书的写作目的和投资人的阅读期待。 学生：回顾一般计划及方案的写作知识，讨论创业计划书特定的写作背景，及此背景决定的创业计划书的一般内容结构及语言特征。
任务执行	学生：撰写创业计划书，制作配套 PPT 以备在引资会议上口头表述时使用，拟定口头发言提纲。 教师：批改学生的创业计划书，制定引资会议评比规则。
现场展示及评估	学生：召开引资会议，各组在会议上口头表述本组创业计划，对资本吸引度最高的项目获胜。 教师：点评学生创业计划书，点评学生口头展示，强化重点知识。

情境一　拟订创业计划书

情境描述

入学以来，你一直在校外兼职做家教，因为教学效果良好，前来联系的家长络绎不绝，你不好意思拒绝可是又分身乏术，于是，你产生了创立大学生家教中介公司的念头。

为了争取学校在资金和场地方面的支持，你和几位同学一起拟定了一个创业计划书，并提交学校学生处勤工俭学部。

基本知识

一、创业计划书的定义

在企业中因融资的需要会拟订商业计划书。创业计划书是商业计划书的一种，它是创业阶段的企业为了得到创业的启动资金而拟订的一种商业计划书。

创业计划书是一种国际通行的融资文件，是企业针对预期展开的项目为投资方拟订的计划书。在创业计划书中，拟订者从企业的人员、制度、资金、产品、市场、生产、管理、营销、面临风险等各方面全方位地进行可行性研究。

创业计划书是投资方决定是否投资的重要依据。投资方首先根据创业计划书对项目作出判断，考虑是否进行深入谈判或投资。所以，创业计划书的质量直接影响融资的成功率。而据调查，拥有创业计划书的项目融资成功率比没有创业计划书的项目高出一倍。

二、创业计划书的拟订步骤

从根本上讲，创业计划书的拟订是一个展望项目的未来前景，细致探索其中的合理思路，确认实施项目所需的各种必要资源，再寻求所需支持的过程。我们要根据项目的性质和特点，根据创业计划书的受众特点来确定其内容和结构。具体包括以下几个步骤：

（一）创业构思

在构思阶段就要明确以下问题，这些问题是创业的关键所在。

首先，要组建优秀的经营团队，这个团队要包括技术人才和管理人才，具备运营企业的综合技能，并且能够以灵活、协调、有效的方式开展工作。

其次，要明确企业的发展和盈利模式。这需要创业者分析市场机遇，构思针对顾客需要的产品和服务。

最后，还要明确项目的竞争优势。包括潜在的竞争对手可能是谁、自身的独特优势是什么、有没有可能长期维系这种优势等。例如：设立市场准入障碍，拥有自主知识产权，会使竞争对手无法夺取你的市场。

（二）市场调研

拟订创业计划书前，我们要对市场进行充分调研。首先要进行顾客调研，以获得市场的规模、现状、发展前景等一些重要的市场相关信息。其次要进行竞争对手调研。竞争对手调研同样非常重要，分析将要进入的行业中存在的竞争，找出潜在竞争对手，并进行深入分析。

在市场调研中，除了收集各方面数据并分析以外，还可以采用采访和调查的方式，设计调查问卷，直接接触潜在顾客、供应商和竞争对手，这些都是非常有效、快速和可靠的办法。

（三）确定创业计划书读者类型

一般而言，创业计划书的读者即融资的对象，通常有两种类型。

一种是以风险投资为代表的投资者，偏好潜力巨大、增长快速的业务。写给这类投资者的创业计划书要有深入的分析和大量数字以支持所假设的市场，表现投资回报的潜力。“如果你正在创造一项业务，那你就已经获胜了。”

另一种是以银行为代表的投资者，偏好低风险稳定回报的投资项目。写给这类投资者的创业计划书则要重点表明风险降低和偿还贷款的能力。

在拟订创业计划书前，要先选择合适的融资对象，并根据对象特点确定创业计划书的侧重点。

（四）起草计划书

通常会按照以下内容分别起草：

1. 阐述市场、目标与谋略

依据前面所做的市场调查，尽量使用量化的方法分析市场机遇，论证盈利目标，详细介绍预备采取的谋略。

2. 介绍团队

一般而言，风险投资公司最看重的不是创意，而是操作创意的团队，因此，创业计划书应分别说明各负责人的专业技能与有关背景，重点表明该团队有能力实施该创业计划。

3. 预算财务

要使用正规的财务报表对项目进行全面的财务预算，包括启动资金、管理费用、盈利预估等。

4. 风险评估

任何新的商业项目总是伴随着一定的风险，应简要评估关键性风险，并制定规避风险的策略，这是投资方非常看重的。

创业计划书拟订完成后，要将重要内容提炼出来写成项目摘要，并制作封面，最后按顺序将创业计划书装订成册。

三、创业计划书的格式

由于创业计划书的项目内容千差万别，在细节表达上当然也各不相同，但总的来说，创业计划书还是有比较固定的格式，一般由以下部分构成：

（一）摘要

摘要是创业计划书所有内容的提炼，是全文精华所在，也是投资者首先阅读的章节。据调查，有85%的计划书是在投资者阅读完摘要后就遭淘汰的。

摘要虽然放在开头，但在编制创业计划书时要最后写，通常在3页之内，不宜过长，应写得全面、精练，富有吸引力。

（二）主体

在主体部分，要向投资者全面展示创业计划，其正文主体结构如图5-6所示。

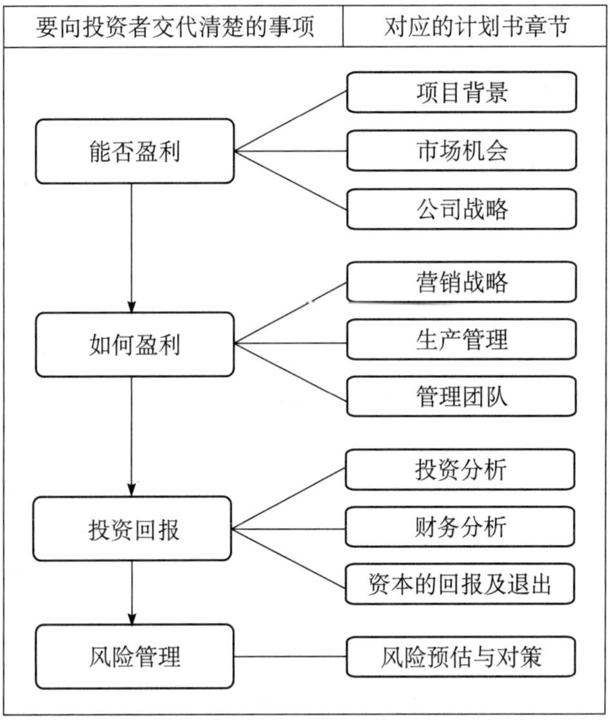

图 5－6　创业计划书正文主体结构

（三）必要的附录

在创业计划书的末尾，一般需要附上一些说明性或证明性的材料，旨在提高可信度或进一步阐明问题。例如：营业执照、验资审计报告、资信证明、法人代表证书、税务登记证、财务报表（上年度、本年度、本月）、专利证书、鉴定报告、高新技术企业证书、高新技术项目证书等各种展现企业资质与实力的资料。

情境二　模拟展示创业计划书

情境描述

你的创业计划书通过了学校的初选，得到当面展示的机会，去面谈之前，你精心准备了 PPT 以配合自己的现场展示，努力争取学校勤工俭学部的支持。

基本知识

一、讲稿及 PPT 准备要点

（一）讲稿准备要点

现场展示会对投资者的判断产生很大影响，因此要抓住机会，全力阐述你的创业计划。通常要准备一段 10 分钟左右的讲话，对该创业计划书进行讲解。在阐述时，要重点介绍创业中的关键点，而不是口头复述该计划书的摘要。具体如下：

（1）要集中阐述独到的创业优势、诱人的商机和丰厚的回报，以吸引投资者；

（2）要先阐述重点，然后分析细节部分，集中解释两三个要点；

（3）要在陈述结束时，再次强调市场机会；

（4）要简单易懂，阐述时尽量避免使用术语；

（5）要用精确的市场分析和可靠的数据来说服投资者；

（6）对于阐述中没提到的问题，要估计到投资者的可能提问，准备好答案。

（二）PPT 准备要点

有一句教育名言："你听到的你会忘记，你看到的你会记住。"这同样适用于创业计划书的演示。要想给投资者留下深刻印象，要尽量使用视听设备作为辅助手段。通常而言，创业者会选择在讲解的同时使用 PPT 加以辅助。准备 PPT 时，应注意以下要点：

（1）在重要的商业场合，PPT 模板宜采用朴素、保守的风格，不宜花哨。

（2）PPT 的结构、逻辑层次要清晰、简明。

（3）遵循 KISS 原则（Keep it Simple and Stupid），版式简单、风格简明，多图表、少文字，多留白、少动画。

（4）要美化版面，色调要有吸引力，但整个 PPT 的颜色不宜超过 3 个色系。

二、创业计划书现场展示要点

你在现场展示创业计划书时，应注意以下要点：

（1）要提早到达，以便准备所需要的视听设备等。

（2）要着装得体、大方，妆容整洁。应精神焕发，面带微笑，充满热情、自信，但不要过于激动。

（3）要跟听众保持目光接触，注意听众的反应，耐心回答潜在投资者的细节问题。

任务小结

同学们如果有创业的想法，一份好的创业计划书将给你提供莫大的帮助。拟订创业计划书时，要竭尽全力，认真严肃地对待，要用足够的时间和精力来撰写。在现场展示时，一定要记住使用 PPT 是为了使你的现场展示更加形象生动，所以要按照讲解顺序演示 PPT，而不是单纯解释 PPT 内容。

例文简评

［例文 5-3］

大学生创业计划大赛样本示例

本案例为首届"挑战杯"创业计划大赛金奖作品，为避免篇幅过长，对部分内容作了删减，相应位置以"略"表示。

目　　录

1. 执行总结

1.1　公司

甲壳质材料研究开发有限责任公司是一家拥有甲壳质纤维制备的专利技术、提倡科技为本的绿色生活新理念、为人类提供尽善尽美的天然生物产品的公司。

我国医用缝合线每年约有 15 亿元的市场需求，其中可吸收缝合线约有 7.5 亿元。公司成立初期生产医用甲壳质可吸收缝合线，以满足迅速发展的可吸收缝合线市场的需求，使用投资建厂解决方案，针对解决 PGA（Polyglycolic Acid，聚乙醇酸）类可吸收缝合线大部分依赖进口、价格昂贵、影响医疗水平的问题。

公司注重短期目标与长远战略的结合……

1.2　市场

医用缝合线市场是集团市场，购买过程属集团购买行为。

目前，我国大量使用的医用缝合线主要有丝线、羊肠线和 PGA 类可吸收线。羊肠线材料本身有缺陷，PGA 类缝合线生产成本居高不下，使用范围受到影响。医用甲壳质缝合线将就这一切入点进入市场。

医用甲壳质缝合线采用竞争定价策略进入市场。产品生产成本约 2.1 元/根，是 PGA 类缝合线的 1/10；平均定价 30 元/根（据调查，市场可接受价格为 30 元/根～40 元/根），大约是 PGA 类缝合线平均市场价格的 1/2，而且降价空间较大。

公司将在全国设立七个区域分销中心，与代理商、经销商一起建立健全的营销网络。

产品进入市场的过程中以大量赠送产品让医生试用作为促销和提高市场占有率的手段，第一年赠送 90 万根，第二年赠送 160 万根，第三年以后每年赠送 80 万根……

图 1（略）

1.3　投资与财务

公司设在上海张江高新技术园区，享受“三免三减半”的税收优惠政策。公司成立初期共需资金 1 100 万元。其中，风险投资 700 万元，东华大学投入资金 400 万元。其中，用于固定资产投资 602 万元，流动资金 498 万元。另外，天纯生物材料有限公司设备入股

100 万元。

股本规模及结构暂定为：公司注册资本 1 200 万元。外来风险投资入股 700 万元（58.33%）；东华大学（原中国纺织大学）专利技术入股 300 万元（25%），资金入股 100 万元（8.33%）；上海天纯生物材料有限公司设备入股 100 万元（8.33%）。

第二年估计盈利 1 000 万元，以后每年销售利润率在 45%左右，第二年资产报酬率为 75.39%，投资回收期为两年零一个月。

风险资本最好在第 3～5 年撤出，采用收购方式比较适合本公司。

1.4　组织与人力资源

公司性质是有限责任公司，初期组织结构采取直线制。公司所有权与经营权分离，实行总经理负责制。总经理下设营销副总经理、技术副总经理、财务副总经理。

甲壳质纤维制备技术专利属东华大学所有，郑志清教授等是专利技术发明人。郑志清教授将出任公司董事长兼技术副总经理；创业小组成员将参与公司的市场营销与财务管理工作；公司还聘请了东华大学市场营销系顾庆良教授作为营销顾问。

2. 项目背景

2.1　产业背景

近年来，我国医疗器械产业得到很大发展……

目前，我国大量使用的医用缝合线有三种……

作为一种纯生物制品，用甲壳质做原料的可吸收缝合线，能被人体完全吸收……

投产医用甲壳质可吸收缝合线，在全球范围内具有超前性……

2.2　产品概述（略）

2.3　甲壳质可吸收缝合线的优点（略）

2.4　甲壳质应用前景（略）

3. 市场机会

3.1　市场特征

3.1.1　概述

医用缝合线的实际消费者是病人，使用者和购买决策者是外科主刀医师和手术室护士长，实际购买者是采购部门。市场特征呈现为使用者、购买决策者与实际购买者分离的特殊性。

医用缝合线市场是集团市场，购买过程属集团购买行为，人员推销是最有效的销售方式。医生首先根据手术类型和要求选择缝合线种类、规格，同时会受使用习惯、品牌偏好、地域差异等因素的影响。

缝合线属于医疗器械类，医药卫生管理机构如国家药品监督管理局、卫生局等制定的宏观政策法规会对其发展产生重要影响。

医疗器械的销售要三证齐全，三证是《医疗器械生产许可证》《医疗器械销售许可证》《产品合格证》，有些地方还要求由当地卫生主管部门核发的《准销证》。

3.1.2　购买决策过程

在购买决策中，医生和手术室护士长起很重要的作用……决策模式主要如下图所示：

图 2（略）

3.2　市场细分

按市场开发程度，国内医用缝合线市场主要分为两类：

3.2.1　已开发的可吸收缝合线市场

大量使用 PGA 类可吸收缝合线的市场，这类市场……

大量使用羊肠线的市场，这类市场……

3.2.2　尚未开发的可吸收缝合线市场

这类市场分布主要在……

3.3　销售渠道分析

据调查，医用缝合线的主要销售渠道为：

3.3.1　厂家直销/当地代理商销售……

销售过程主要如图：

图 3（略）

3.3.2　通过医疗器械批发公司销售……

销售过程如图：

图 4（略）

3.4　竞争分析

3.4.1　竞争产品和竞争对手

3.4.1.1　竞争产品

丝线：价格便宜……

羊肠线：价格便宜……

PGA 类可吸收缝合线：多为进口……

3.4.1.2　竞争对手

据调查，强生在上海占有 80％以上的可吸收缝合线市场份额……

图 5（略）

3.4.2　竞争影响力分析（略）

3.4.3　竞争优势

甲壳质缝合线本身的优越性能，对专有技术与人才的垄断、成本优势、资源可获性强、高新技术符合政府政策的发展方向等。

3.5　市场容量

3.5.1　消费市场

据估算：1999 年国内医用缝合线市场容量约为 15 亿元……

3.5.2　趋势分析与预测

研究报告显示，全球医用缝合线市场年增长率为 4％……

3.6　政策方针和 WTO 的影响（略）

4. 公司战略

4.1　公司概述（略）

4.2　总体战略

公司在 3～5 年内成为医用可吸收缝合线领域的市场领导者。

4.2.1　公司使命

“向社会提供优质的甲壳质产品，提高人类健康水平”

4.2.2　公司宗旨

“关注绿色环保与生命质量，创造健康与希望”

4.3　发展战略

4.3.1　初期（1～3年）

主要产品是医用甲壳质可吸收缝合线，市场策略为替代羊肠线和一部分丝线，挤占PGA类缝合线的市场份额；建立自己的品牌，积累无形资产；收回初期投资，准备扩大生产规模，开始准备研制开发衍生产品。

第一、二年：

产品导入市场，提高产品认知度，树立品牌形象；

逐步建立健全的销售网络；

打开并初步占领医用可吸收缝合线市场；

累计产量约达到400万根，销售收入约4 300万元，利润约1 000万元；

市场占有率为可吸收缝合线4%～8%。

第三年：（略）

4.3.2　中期（4～6年）（略）

4.3.3　长期（5～10年）（略）

5. 市场营销

5.1　目标

5.2　市场

全国县级或以上的综合医院、专科医院、保健医院等。

5.3　产品

5.3.1　产品（略）

5.3.2　包装（略）

5.3.3　服务（略）

5.3.4　品牌（略）

图6（略）

5.4　价格

针对国内市场情况，我们拟采取竞争定价的价格策略……

5.5　销售渠道

拟采取的销售渠道有两种：自建销售网络、利用现有渠道。

建立以上海为中心的销售网络：将全国划分为东北、华北、华中、华南、华东、西北、西南七大区域，每一区域设一个分销中心，由区域分销中心和代理商共同开发市场，并且负责监管这一区域代理商的工作和二级网络的建设。销售网络的建立原则是为客户提供最高效率的服务。

利用现有经销商：……

5.6 推广策略

5.6.1 大量赠送产品（略）

5.6.2 人员推销（略）

5.6.3 广告（略）

5.6.4 公共关系（略）

5.7 市场开发与进入

5.7.1 对已开发的可吸收缝合线市场

市场开发与进入可以采用以下方案：

占领传统可吸收缝合线（羊肠线）市场，替代现有羊肠线……

进入 PGA 类材料可吸收缝合线市场，与进口产品竞争市场份额……

5.7.2 对尚未开发的可吸收缝合线市场（略）

6. 生产管理

6.1 生产要求（略）

6.2 厂址选择（略）

6.3 项目进度

图 7（略）

6.4 生产工艺流程（略）

图 8（略）

7. 投资分析

7.1 股本结构与规模

公司注册资本 1 200 万元。股本结构和规模如下：

表 7

	风险投资	东华大学		
		技术入股	资金入股	设备入股
金额	700 万元	300 万元	100 万元	100 万元
比例	58.33%	25.00%	8.33%	8.33%

图 9（略）

7.2 资金来源与运用

公司初期需要外借资金 300 万元（金融机构一年期借款，利率 5.85%），用作流动资金，同时考虑到合理的负债比例，公司的资产负债比为 1∶5。

资金主要用于……

7.3 投资收益与风险分析

主要假设：公司的设备、原材料供应商的信誉足够好，设备到货、安装、调试在4～6个月内完成，生产中能够保证产品质量；

租赁厂房，选址在设施完善的浦东张江高新技术园区，付租金即可运营。

投资现金流量表如下表：

表 8（略）

7.3.1　投资净现值（略）
7.3.2　投资回收期（略）
7.3.3　投资报酬率（略）
7.3.4　项目敏感性分析（略）
7.3.5　盈亏平衡分析（略）
7.3.6　投资回报（略）
8. 财务分析
8.1　会计报表及附表（略）
8.2　会计报表分析（略）
8.2.1　比率及趋势分析
表9（略）
8.2.2　预计销售趋势分析（略）
8.2.3　风险假定与分析（略）
9. 管理体系
9.1　公司性质：有限责任公司
9.2　组织形式
公司初期拟采取直线制的组织形式，如图所示：
图10（略）
9.3　部门职责（略）
9.4　创新机制
本公司着眼发展以下几个方面的创新。（略）
10. 机遇与风险
10.1　机遇
国产羊肠线无法满足医用要求，PGA类缝合线产品价格太高
…………
10.2　外部风险
国家对医疗器械的生产、销售、检验、广告等政策的影响
…………
10.3　内部风险
新技术营销策略的不确定性造成选择上的模糊与困难
…………
10.4　解决方案
熟悉该行业的法律法规
…………
11. 风险资本的撤出
风险资本撤出的成功与否关键取决于公司的业绩和发展前景……
11.1　撤出方式（略）
11.2　撤出时间（略）

附　录

1. 市场容量估算

为了使市场容量估算更合理，现用两种方法估算，均有一定依据，可以互相印证。

1.1　据二手资料推算……

据相关机构研究报告……

表 10

市值类别年份	全球（亿美元）	中国（亿人民币）	可吸收线容量（亿人民币）	增长率
1994	15.00	12.50	6.25	
1999	18.20	15.10	7.50	22%
2004	22.10	18.40	9.20	48%

1.2　根据市场调查结果估算

据《中国统计年鉴》，1997 年全国县级以上共有病床 220 万张……

2. 市场调查和定性分析

2.1　调查目的（略）

2.2　调查方法（略）

2.3　调查时间（略）

2.4　样本分布（略）

2.4.1　样本分布

表 11（略）

2.4.2　样本医院等级分布

图 11（略）

在被调查城市中，北京、广州、上海经济较发达，医学水平较高，医疗卫生事业发展较快；西安经济发展水平相对较低，医疗卫生事业发展较慢。

2.5　调查结果

2.5.1　市场现状（略）

2.5.2　产品优、劣势比较

据调查，目前市场上主要产品及其优缺点如下表所示：

表 12（略）

2.5.3　医生/手术室护士长对产品的要求（略）

2.5.4　医生/手术室护士长对服务的要求（略）

2.5.5　医院了解信息和购买途径（略）

2.5.6　价格因素在购买决策中的作用（略）

2.5.7　缝合线影响因素量表（略）

2.5.8　目标市场（略）

2.6　市场走势预测

3. 财务附表（略）

资料来源：改编自 www. docin. com/p-33828517. html.

[简评]

该创业计划书的执行总结部分既全面概括了计划书的重点，又突出了项目的独特优势。全文逻辑清晰、数据翔实，充分展示了本项目的优势，对投资者非常有说服力，是一篇优秀的创业计划书。

[例文5-4]

NPG团队在首届研究生技术创业计划大赛决赛上的答辩实录

各位领导、老师、同学们：

下午好！我们的创业项目是高质廉价的三元体系锂电池正极材料的工业生产。

能源问题过去人们谈论很少，但是现在逐渐成为人们关注的热点问题。第二次世界大战以后，主要动力支撑就是能源。锂电池作为能源的承载形式，由此迎来了它的春天，我们的产品也由此诞生了。

目前锂电池主要应用于通信领域，包括手机、笔记本电脑等。预计到2013年，这一数据将突破50亿美元大关。也就是说，它拥有很广阔的市场空间。目前，我们主要面临两大竞争对手——钴酸锂电池和锰酸锂电池。

从产品与技术本身来看，我们申请了发明专利，我们倡导的是技术和实力。我们的生产将按照标准化流程来进行。同时，我们也面临着一些困难，相信这些问题在不久都将迎刃而解。

我们的生产环节将按照严格的环保标准来设计，这也是目前国家的要求。

公司经营选址充分考虑各种因素，最终选择深圳龙岗工业区。我们必须解决好下游市场，之所以在深圳选择厂址，因为深圳有比克和比亚迪两家公司。它们是生产电池的厂商，可以说与它们合作具备天时地利的条件。

这些是我们原始车间的购置及生产材料。这张表是损益表，我们公司将在两年半内取得回报，第三年回报资金将会达到160万美元。

我们的管理团队成员可以在各自岗位上发挥自己的专长，我们核心成员之间彼此非常熟悉，大家同心同德，努力拼搏。

考虑到公司未来的发展需求以及风险投资的特性，公司将会在几年之内建立退出机制，我们准备让下游电池生产商以及相关的科研院所负责生产环节。公司未来发展计划包括上市和并购重组。当前公司股权计划分配如下：投资者40%、技术持有者35%、管理团队15%、战略合作伙伴10%。

展望未来，我们准备在锂电池的基础上，在动力电池领域也投入一定的研发力量。如果在这一领域也取得突破性的进展，我们的前景可以说是不可估量。

我们需要投资金额300万元，在深圳市龙岗区建厂。以上是NPG团队的创业计划，欢迎提问。

问：日本在材料方面做得非常优秀，会不会对你们造成竞争？比亚迪等电池生产企业和你们会有正面竞争吗？

答：比亚迪公司虽然是电池生产企业，但是电池生产是分得很细的，有做正极和有做负极的，比亚迪、比克这样的公司，它们实际上更多的是做电池封装的工作。它们是我们的一个下游厂家，不存在正面竞争的问题。

当前，就电池尤其是锂电池这个行业来说，现在全球90%的产量都集中在中、日、韩，而我国大概75%的产量集中在珠三角、长三角地区。虽然日本的研发能力确实比较强，但是我们有我们的优势，我们的产量和原材料相对来说要集中一些，我们在这方面有很强的竞争优势。谢谢！

资料来源：改编自 www. sina. com. cn.

思考题：

有人说："消费者就是市场，市场就是消费者"。创业成败的关键在于能否找准目标客户群，进行供给侧结构性改革。怎样坚持市场导向，尽可能地扩大目标客户群，增加客户黏性，提升创业成功率？

拓展练习

假设你毕业之后走上自主创业之路，请根据自身条件选择适当的项目，考虑合作的人选和投资的来源。据此，拟订一份创业计划书，并说服相关人士支持。

任务四　抓住竞聘机会

学习目标

1. 了解竞聘流程。
2. 掌握竞聘演讲的内容。
3. 掌握竞聘答辩的基本原则和技巧。

任务导入

学生会干部开始换届，你所在部门将选拔一名新的副部长。你报名参加了本次竞聘，并通过了筛选，进入了关键的竞聘演讲和答辩环节，最终你取得了最后的成功。

思考：

1. 你知道本系学生会干部的竞选流程吗？你觉得竞聘演讲与一般的演讲有什么不同？

2. 前面我们学过，成功演讲的第一步是要分析听众，你认为在竞聘演讲中演讲者面对的听众有什么特点？

执行流程

任务分工及实训步骤与要求	
沟通情境的描述与理解	教师：结合前期学过的演讲知识，引导学生讨论竞聘演讲中演讲者与听众的关系、听众关心的话题等。 学生：回顾前期所学的演讲基本知识，结合竞聘演讲的特殊语境，讨论竞聘演讲及答辩的结构内容和惯用语。
任务执行	学生：根据任务提示撰写演讲稿。
现场展示及评估	学生：现场模拟。 教师：点评学生表现，强化重点知识。

情境一　准备竞聘演讲

情境描述

你已经在学生会工作半年了，一直积极努力工作，深受大家好评。现在，学生会干部又开始换届。你所在部门将选拔一名新的副部长，你报名参加了此次竞聘。在竞聘工作正式开始之前，主办方安排了完整的竞聘流程，参加竞聘者也写了竞聘演讲稿。大家都做好了竞聘准备。

基本知识

一、竞聘流程

第一阶段：招聘需求确定、制作发布竞聘通知。

第二阶段：初步筛选，收集应聘资料，并初步筛选符合条件人选。

第三阶段：成立竞聘评审委员会。

第四阶段：面试。面试时竞聘工作组织者要依次完成如下工作：

（1）工作小组通知经筛选合格人员具体竞聘演讲时间及需准备的资料；

（2）竞聘工作小组收集面试者相关材料，如应聘登记表、演讲材料等；

（3）面试顺序及时间安排；

（4）竞聘评审委员会面试；

（5）竞聘工作小组统计评估得分，确定最终录用人员。

第五阶段：正式任命、上岗、试用。

二、竞聘演讲的特点和内容

（一）竞聘演讲的特点

现在，公开竞聘已成为很多单位提拔人才的重要渠道。竞聘演讲是一个单位或部门在公开竞聘的过程中，要求竞争者发表的公开演讲，其目的是通过口头表达的方式，综合考察竞聘者的思想素质、业务水平和管理能力，从而选拔优胜者担任某一职务。而竞聘者发表竞聘演讲的目的，就是要使听众对竞聘者有充分的了解和认识，从而鉴别其是否能胜任该职位。因此，竞聘演讲有别于其他演讲的最重要特征就是竞争性。

（二）竞聘演讲的内容

1. 开头

精彩而有力的开头非常重要。在竞聘演讲中，常用下面的方法来开头：

（1）以诚挚的心情表达自己的谢意。例如：我非常感谢各位领导、同志们给了我这次竞聘的机会。

（2）要介绍自己的有关情况。具体介绍姓名、学历、职务、经历等。例如：我叫张××，2021级电子专业学生，2021年10月加入系学生会，现任系学生会学习部干事。

（3）阐述竞聘演讲的主要内容。这种方法能使评选者一开始就能明了竞聘者的演讲主旨。例如：我今天的演讲内容主要分两部分：一是我竞聘学习部副部长的优势，二是谈谈做好学习部副部长工作的思路等。

2. 主体

在竞聘演讲的过程中，要把自己介绍给评选者，让评选者了解你的基本情况，了解你对竞聘岗位的认识和当选后的打算。所以，竞聘演讲的主体部分应该包括以下几方面内容：

（1）介绍自己应聘的基本条件，说明为什么要应聘、凭什么应聘等问题。在这一部分，竞聘者应该以直率的语态，明确表达自己的竞选动机、条件和工作目标、措施，给人留下“说真话，干实事”的印象。

其中，竞聘条件是关系到竞聘者能否被聘任的重要因素之一。竞聘者在介绍时，首先一定要有针对性，即针对竞聘的岗位来介绍；其次要提供有说服力的实例，用事实来说话。

（2）阐明自己任职后的打算。在竞聘演讲中，评选者最关心的是竞聘者任职后的打算。因此，竞聘者在竞聘演讲时，一定要紧紧围绕着听众关心的热点、难点问题，提出明确的工作目标和切实可行的措施。

3. 结尾

演讲的结尾会给听众留下深刻的印象。一般而言，竞聘演讲稿的结尾应表明自己对竞聘成败的态度，表达自己对竞聘上岗的信心，并期望得到评选者的支持等。

情境二　竞聘演讲及答辩

情境描述

竞聘正式开始了，你发表了竞选演说，经历了答辩环节，最终你获得了成功。

基本知识

一、怎样做好竞聘演讲

竞聘演讲的重要特征是具有竞争性，而这种竞争的实质是争取听众的响应和支持，这就要求演讲者必须十分注重评委和听众的选择意向和接受心理。一般而言，在竞聘演讲中，朴实又不乏生动的演讲风格比较合适。

同时，这种竞争绝不是对手之间的相互贬抑。这就要求竞聘者善于展示自己的特长，突出自身的优势，既要在演讲内容、语言气势和仪态气质上，表现出一种强烈的自信，使听众产生靠得住的感觉，又要表现出一种谦恭的良好风度，给听众留下好的印象。

因此，好的竞聘演讲应做到以下两点：

（1）要有气势。著名演说家戴尔・卡耐基曾说过：“不要怕推销自己。只要你认为自己有才华，你就应该认为自己有资格担任这个或那个职务。”当你充满自信时，你站在演讲台上，面对众人，就会从容不迫，就会以最好的心态来展示你自己。当然，竞聘中的自信必须建立在丰富的知识和经验的基础上。

（2）情理交融。在演讲过程中，竞聘者表现得理智、冷静，会激发听众的信任感。但是，竞聘演讲同样需要情感的作用，用真挚而强烈的情感，使听众产生共鸣，从而确立有利于竞聘者的情感意向。

二、竞聘答辩的基本原则和技巧

（一）竞聘答辩的基本原则

首先，在公开选拔和竞争上岗过程中，主持人讲的是公平、公正、公开原则，相应地，答辩者首先应遵循诚实原则，必须实事求是。

其次，竞聘答辩时，必须根据评选者的提问认真作答，不能答非所问，也不能扩大或缩小问题的内容或范围。因此，竞聘答辩必须要遵循一个“直”字，即直接表明观点，直接说出意愿。

（二）竞聘答辩的技巧

竞聘答辩的技巧包括：

1. 浅显问题深入答

有些答辩题看上去浅显、简单，应聘者觉得很容易回答，不做深入分析，这样的回答往往流于肤浅。如某单位竞聘时所出的一道题：在现实生活中，你认为作为一名领导干部该如何管住自己的嘴。此题应聘者容易答出表面的严防“公款吃喝”，不能以“吃吃喝喝”结伙拉派，但这仅是一方面，深入分析后发现还有另一层含义，即管住自己的嘴，讲话要谨慎，不能太随便，防止出现违背原则、毫无根据、过分夸大的话，这样才能使答案圆满。

2. 理论问题实践答

有些答辩题，乍听理论性极强，一时难以招架。其实只要仔细分析，联系自己所掌握的知识，完全可以用简单的事实与道理去解析，免得死抠字眼，让其套住自己的思路难以逃脱。如某单位答辩时出了一道题：结合你竞聘的职位，谈谈你对“中国梦”的理解。这道题涉及范围显然很大，在有限的时间里要回答好确实不易。如果根据自己平时所了解的情况，稍作综合，然后以自己在实际工作中应如何践行“中国梦”的具体事例作答。这就避开了对“中国梦”的哲理性论述，使回答浅显明确，并切中要害。

3. 实践问题理论答

有些答辩题富于实践性，目的是考察应聘者的一些经历、体验。在回答此类问题时，要注意归纳总结、提炼升华，使回答具有条理性。如某单位竞聘答辩时的问题：在你过去的工作中，请举出一次失败的经历。问题虽然是实践性的，但回答的重点不应放在陈述经历上，关键是要讲出失败的经历后，分析失败的原因，从得出的几条教训中总结出警示来，如做事要果断、紧密依靠群众、深入调查研究、处处以身作则等，使评选者认为你分析问题准确、深刻。

任务小结

竞聘是一个很严肃的过程，对一个组织来说，竞聘可以使它找到合适的管理人才；对应聘者来说，竞聘现场是展示自己能力、寻找事业发展契机的机会。无论是发表竞聘演讲还是进行竞聘答辩，自信而稳重的态度、简洁鲜明的表达方式、对所竞聘工作的深刻认识始终应该是你应表现的重点。

例文简评

一、竞聘方案例文

[例文 5-5]

生物系团委、学生会、宿舍管理委员会竞聘方案

为了充分发挥团学联的主体作用，使团学联更高效地开展工作，本着公开、公平、竞争、择优的原则，经研究决定举行生物系第六届团学联学生干部竞聘。现将有关内容通知如下：

一、竞聘条件

1. 热爱祖国，拥护党的领导，坚持正确的政治方向。

2. 学习目的明确，态度端正，成绩优良。

3. 有服务的意识，工作能力强，严于律己，宽以待人，关心和团结同学。

4. 无任何严重违纪记录，考试无作弊现象。

二、竞聘对象

生物系全体学生。

三、聘任办法

1. 本次竞聘的职务为系团委副书记、学生会主席、副主席、宿管会会长，各部门部长、副部长。

2. 本次竞聘的报名方式：全系有意竞聘的同学均到办公室报名，由学院学工科负责对应聘同学逐一进行资格审查。上届团学联全体同学有意竞聘者须重新报名，参加竞聘，否则按自动辞职处理。

3. 本次竞聘将由竞聘委员会对竞聘同学进行投票，并进行民主推荐，对拟聘任人选向全系师生进行公示并广泛征求意见。

4. 对聘任的学生干部实行试用制，两个月后通过考核胜任者被正式聘任，组建新一届学部团学联。拟聘人员任期一年。

四、竞聘程序

根据竞聘竞选志愿分为两批面试（可相互择优调剂）：

1. 团委副书记、学生会主席、副主席、宿管会会长

2. 各部门部长

演讲环节主要内容：个人简历、工作学习情况、主要优缺点、对竞聘职务的工作思路、任期内要达到的工作目标。（3 分钟）

提问环节主要内容：演讲完毕之后，评委根据演讲内容提问。（2 分钟）

五、时间及地点安排

报名时间：2021 年 6 月 1 日至 6 月 7 日

竞聘时间：2021 年 6 月 9 日

报名地点：T－103

联系人：张老师

［简评］

这份竞聘方案交代清楚了竞聘目标、条件、程序、选拔办法和参加方法，既是工作人员的执行方案，又兼有竞聘启事的功能。

二、竞聘答辩案例

［例文5－6］

一场公开竞聘答辩的实录点评

××县举行的公开选拔外经贸委副主任的竞聘面试现场三名考生的答辩实录。

■ 主考官：欢迎你来参加今天的外经贸委副主任的竞聘。请你用两三分钟时间介绍一下自己的工作经历和到任后的打算。

考生A：我叫××，今年32岁，毕业于××理工学院。1997年分配到环保部门工作，次年调到工业局任办公室主任，负责文秘工作至今。我之所以参加竞聘，就是为了更好地发挥自己的作用。在我国加入世贸组织以后，工作方面的许多问题都面临着挑战，而我喜欢在挑战中展现自己的能力。对今后的打算我还没考虑成熟，在此就不谈了。

考生B：我1991年毕业于师范学校，1995年调到县经贸委。对于任职后如何搞好经贸委的工作，我的设想是：一是加大引资力度，采用多种手段，拓展引资领域；二是开发新型产业，增加贸易项目；三是狠抓农副产品的出口，并与县里的“菜园”工程结合起来；四是为了早见成效，要加强各种制度的具体落实，做到责任到人。这是我的初步设想，谢谢。

考生C：我今年39岁，××师大本科毕业，正在读研究生课程。师大毕业后分配到乡中学教语文，当过5年班主任，所带班多次被评为先进班集体。我能很好地完成教学任务，并在报刊发表文章十多篇。1998年调到县委办公室工作，现任科长。这期间我主要抓了以下几项工作，一是……（主考官插话：请不要展开说。）好，下面我说说上任后打算。第一点，要切实做好科学技术的推广工作。做好这项工作的主要措施：一是领导带头抓，二是上下一齐抓，三是下乡亲自抓。第二点，要抓好典型，以典型引路。第三点，创造良好环境，比如，副职尽职而不越位，摆正关系，如……（主考官插话：请注意语言的简明扼要。）好，最后两条是……

［简评］

考生A对第一问“工作简历”回答得较好，简洁明确。而回答第二问时却脱离轨道。对所问的“今后打算”以“没考虑成熟”为由避而不答，却谈了他竞聘的动机，给人以所答非所问之嫌。考生B的回答，对“经历”谈得过于“简”了，但对今后的打算谈得很“内行”，简练清晰，没有废话，内容具体，联系实际。最后以一句“初步设想，谢谢”作结，显得谦虚、礼貌，主考官听了不住地点头。考生C的回答表述清楚，但他忘记了时间的限制，事无巨细一一道来，主次不分，详略不当，眉毛胡子一把抓，致使主考官不得不两次打断他的答话，而且措施中空话、套话多了些。

■ 主考官：请问，假如你是外经贸委副主任，你喜欢什么样的下属？

考生A：我喜欢有一定业务能力，能独当一面的下属。

考生B：我喜欢的下属，一是要有较高的思想素质，作风正派，不搞邪的歪的。二是要有较高的业务素质，既能在职权范围内搞好本职工作，又能在关键时候做出正确决定；既有改革创新精神，又不莽撞行事。三是要坚持原则，敢于对不良现象进行批评，乃至对上级的错误决定提出不同意见。因为这样的下属才能使自己少犯错误或不犯错误，才能使工作有效开展。

考生C：我喜欢对工作有责任心、能力强的爱岗敬业的下属。当然，为人要实在，要与上级步调一致，不能越权，对事情不经请示不能擅自做主。当然也不是越听话越好，要基本做到指哪儿打哪儿，这样的下属才让人放心。

［简评］

考生B回答得较好，全面具体、有理有据，而且思维敏捷、条理分明，最可喜的是有自己的独特见解。相比之下。考生A的回答只强调了业务能力，显得较片面单一、一般化；考生C的回答除了思想跟不上形势外，逻辑性也较差，先是强调“与上级一致”“不能越权”“不能擅自做主”，而后又说“不是越听话越好”，显得前后矛盾，而且两次用“当然”进行转折显得思维混乱。

■ 主考官：假如有一位下属，很有能力，但有一些小毛病，你将如何对待，用什么办法帮他改正？

考生A：对于下属的一些小毛病，比如工作马虎的问题，我认为可通过谈心解决。（主考官：还有别的补充吗？）考生A：没有了。

考生B：我认为，对很有能力又有些小毛病的下属，要用爱护的态度去帮助他改正毛病。其方法是动之以情，晓之以理。例如：他上班爱迟到，我先要了解他迟到的原因。如果是家庭有实际困难，我就设法从解决他的困难入手，用真情感动他；如果是其他原因，就找他谈话并指出迟到对工作的影响，并与其商讨避免迟到的方法。给他改正的机会，之后及时肯定他的进步。人是讲感情的，我相信以真诚之心会使他改正小毛病。

考生C：首先你得承认，人无完人。（主考官：是的，我承认。）因此对于下属的一些小毛病，我们应该学会宽容。当然，对小毛病要具体情况具体分析，有些小毛病看起来小，也能造成大祸害。您说他有什么毛病吧？（主考官：我是在问你，让你去分析设想。）那好，比如工作不勤快，我就先谈心，后警告，再不改就扣奖金、开除。

［简评］

考生A的回答很干脆，但解决问题的方法没有展开，给人感觉有骨无肉。考生C回答得虽然较辩证，但有三处处理欠妥：一是开头的话与提问无多大关系；二是让自己回答的内容不该反过来问主考官；三是没听清问题，问的是如何使下属改正小毛病，而不是“开除”了事的问题。相比而言，还是考生B回答得较有条理，且有血有肉，“爱护的态度”“动之以情，晓之以理”的方法，都显示了其思维的严谨和较强的逻辑性。

资料来源：庄汉山．领导干部竞争上岗面试指南［M］．2版．广州：暨南大学出版社，2001：111.

思考题：

“新官上任三把火”，竞聘演讲稿中必然涉及施政方案这一话题。施政不等于乱政。怎样处理好工作创新与稳定人心的关系，有效地调动竞争并且团结同事？同学们可以从竞争与团结的重要性及其辩证关系的角度思考和撰写竞聘演讲稿中的施政方案部分。

拓展练习

如果你有兴趣，可以试着参加班级或学生团体的竞聘活动，熟悉竞聘过程，为今后的事业发展积累必要的经验。

反思与成长

1. 2015年4月28日，庆祝“五一”国际劳动节暨表彰全国劳动模范和先进工作者大会隆重举行。习近平总书记在会上发表重要讲话指出，三百六十行，行行出状元。任何一名劳动者，要想在百舸争流、千帆竞发的洪流中勇立潮头，在不进则退、不强则弱的竞争中赢得优势，在报效祖国、服务人民的人生中有所作为，就要孜孜不倦学习、勤勉奋发干事。

2. 2020年，一方面，国家在职业教育领域出台了一系列政策，鼓励职业教育发展；另一方面，中考分流政策引起了广大家长的重视，网上讨论很多。作为职业院校的学生，请问你目前对自己的前途有什么规划?

引导：三百六十行，行行出状元。做适合自己的工作，喜爱自己的工作，刻苦钻研专业技术，在工作岗位上发光发热，任何人的人生都能光彩夺目。

参考文献

1. 丁洪荣．公文语言与修辞［M］. 北京：经济科学出版社，2014.

2. 宋倩华．沟通技巧［M］. 2版．北京：机械工业出版社，2019.

3. 高亚林．信息与调研［M］. 北京：人民日报出版社，2016.

4. 戴凡，吕黛蓉．功能文体理论研究［M］. 北京：外语教学与研究出版社，2012.

5. 黄伯荣，廖序东．现代汉语（下册）［M］. 6版．北京：高等教育出版社，2017.

6. 盛明华．常用经济应用文写作教程［M］. 2版．上海：立信会计出版社，2017.

7. 廖建国，范中丽．新媒体视野下新闻写作实训教程［M］. 成都：西南交通大学出版社，2017.

8. 罗伯特·C. 里尔登等．职业生涯发展与规划［M］. 侯志瑾，等译．北京：中国人民大学出版社，2016.

9. 张德禄．语言的功能与文体［M］. 北京：高等教育出版社，2005.

10. 颜永平，杨赛．演讲与口才教程［M］. 上海：华东师范大学出版社，2012.

11. 曾方荣，郭虹．现代写作学教程［M］. 长沙：中南大学出版社，2014.

12. 岳海翔．中国党政机关公文写作与处理答疑解惑指导全书［M］. 杭州：浙江人民出版社，2016.

13. 曾文芳．政务信息写作［M］. 北京：中国人民大学出版社，2014.

14. ［美］项目管理协会．项目管理知识体系指南［M］. 6版．北京：电子工业出版社，2018.

附　录

附录一

普通话发音

附录二

普通话正音

附录三

劳动合同书

附录四

党政机关公文处理条例

附录五

科学技术报告、学位论文和学术论文的编写格式

图书在版编目（CIP）数据

有效沟通与实用写作教程 / 吴婕主编．-- 4 版．--
北京：中国人民大学出版社，2022.3
ISBN 978-7-300-30319-2

Ⅰ.①有… Ⅱ.①吴… Ⅲ.①心理交往－高等学校－
教材 ②汉语－应用文－写作－高等学校－教材 Ⅳ.
①C912.11 ②H152.3

中国版本图书馆 CIP 数据核字（2022）第 026062 号

“十三五”职业教育国家规划教材
有效沟通与实用写作教程（第 4 版）
主 编 吴 婕
副主编 孙 丽 李 昱
参 编 黄明明 张 玲 李 衡
Youxiao Goutong yu Shiyong Xiezuo Jiaocheng

出版发行	中国人民大学出版社		
社　　址	北京中关村大街 31 号	**邮政编码**	100080
电　　话	010－62511242（总编室）		010－62511770（质管部）
	010－82501766（邮购部）		010－62514148（门市部）
	010－62515195（发行公司）		010－62515275（盗版举报）
网　　址	http：//www.crup.com.cn		
经　　销	新华书店		
印　　刷	中煤（北京）印务有限公司	**版　　次**	2011 年 8 月第 1 版
规　　格	185 mm×260 mm　16 开本		2022 年 3 月第 4 版
印　　张	15.75 插页 1	**印　　次**	2025 年 2 月第 4 次印刷
字　　数	363 000	**定　　价**	38.00 元